本书受教育部人文社会科学研究规划基金西部和边疆项目
"民事诉讼当事人具体化义务研究"资助，项目批准号：17XJA820001。

MINSHI SUSONG DANGSHIREN
JUTIHUA YIWU YANJIU

民事诉讼当事人
具体化义务研究

黄 毅 ◎ 著

中国政法大学出版社

2022·北京

声　明　1. 版权所有，侵权必究。

　　　　　2. 如有缺页、倒装问题，由出版社负责退换。

图书在版编目（CIP）数据

民事诉讼当事人具体化义务研究/黄毅著. —北京：中国政法大学出版社，2022.6
ISBN 978-7-5764-0491-3

Ⅰ.①民… Ⅱ.①黄… Ⅲ.①民事诉讼－当事人－司法制度－研究－中国 Ⅳ.①D925.112.4

中国版本图书馆CIP数据核字(2022)第097357号

出 版 者	中国政法大学出版社
地　　址	北京市海淀区西土城路25号
邮寄地址	北京100088 信箱8034分箱　邮编100088
网　　址	http://www.cuplpress.com（网络实名：中国政法大学出版社）
电　　话	010-58908285(总编室) 58908433（编辑部）58908334(邮购部)
承　　印	固安华明印业有限公司
开　　本	720mm×960mm　1/16
印　　张	14.75
字　　数	235千字
版　　次	2022年6月第1版
印　　次	2022年6月第1次印刷
定　　价	69.00元

内容简介 Introduction

  民事诉讼当事人具体化义务是指当事人在诉讼过程中负有对案件事实的陈述要具体详细,并具有基本合理性和证据线索的义务。它要求当事人在民事诉讼过程中应当采取具体明确方式为意思表示,亦即对于自己陈述内容、举证内容、诉讼请求等都应当明确具体。辩论主义是近代民事诉讼不可动摇的基础与主题,当事人具体化义务产生于辩论主义,辩论主义强调当事人的主张、抗辩责任,强调当事人之间的攻击防御力量的均衡,禁止恶意拖延诉讼、滥诉。以诉讼促进为目标,当事人具体化义务的重要作用在民事诉讼中体现在提升审理效率、促进当事人积极参与、保障诉讼各方合法利益等方面。除了在法理上辩论主义的依据外,当事人具体化义务的理论基础还可来源于法院的审理利益、对方当事人及第三人的防御利益、证据属性方面。当事人在民事诉讼程序的若干阶段都应当承担当事人具体化义务。近年来,理论和实务界涌现出不少当事人具体化义务的研究佳作。但是,当事人具体化义务在现行立法规范中还未具体明确,缺乏体系化的制度建构。本书从当事人具体化义务的基础理论出发,沿着庭前阶段当事人具体化义务——庭审对抗中当事人具体化义务——庭审后当事人具体化义务的逻辑脉络展开论证。其中,庭前阶段当事人具体化义务主要论述起诉状中的当事人具体化义务、证据目录的当事人具体化义务、管辖理由的当事人具体化义务、答辩状的当事人具体化义务、逾期举证理由的当事人具体化义务、庭前会议视角下的当事人具体化义务等当事人在正式庭审开始前所涉及的具体化义务;庭审对抗中的当事人具体化义务主要论述主张具体化义务、附理由抗辩的具体化义务等庭审对抗中涉及当事人具体化义务；庭审后当事人具体化义务主要论述法庭辩论终结后书面辩论的规制、变更诉讼请求的时间规制等涉及当事人庭审后行为的具体化义务。本书以当事人经历民事诉讼程序各阶段的时间顺序为论述逻辑，力求为我国民事诉讼当事人具体化义务的体系建构提出合理建议。

目 录

绪 论 ·· 001
  一、研究的缘起 ·· 001
  二、研究现状述评 ·· 003
  三、问题的思路与方法 ·· 005

第一章　当事人具体化义务的基本理论 ································ 006

第一节　当事人具体化义务的基本内涵 ································ 006
  一、当事人具体化义务的含义 ·· 006
  二、当事人具体化义务与其他相关制度之辨析 ···························· 012

第二节　当事人具体化义务的理论依据与效用 ····················· 016
  一、当事人具体化义务的理论依据 ·· 016
  二、当事人具体化义务的效用 ·· 018

第三节　当事人具体化义务的历史嬗变 ································ 019
  一、当事人具体化义务的域外源起与演进 ································· 019
  二、当事人具体化义务的中国源起与演进 ································· 021

第二章　庭前阶段当事人具体化义务 ································ 025

第一节　起诉状的当事人具体化义务 ································· 025
  一、起诉状的当事人具体化义务概考 ······································· 026
  二、起诉状中"诉讼请求"的当事人具体化义务 ·························· 030
  三、起诉状中"事实与理由"的当事人具体化义务 ······················· 039
  四、起诉状中"管辖理由"的当事人具体化义务 ·························· 051

第二节 证据目录的当事人具体化义务 ⋯⋯⋯⋯⋯⋯⋯⋯⋯⋯⋯ 058
　一、当前证据目录制度面临的困境 ⋯⋯⋯⋯⋯⋯⋯⋯⋯⋯⋯ 059
　二、证据目录的当事人具体化义务必要性分析 ⋯⋯⋯⋯⋯⋯ 062
　三、证据目录当事人具体化义务的具体要求 ⋯⋯⋯⋯⋯⋯⋯ 064
　四、证据目录当事人具体化义务的法律后果 ⋯⋯⋯⋯⋯⋯⋯ 072

第三节 管辖权异议理由的当事人具体化义务 ⋯⋯⋯⋯⋯⋯⋯⋯ 072
　一、滥用管辖权异议问题与当事人具体化义务 ⋯⋯⋯⋯⋯⋯ 073
　二、管辖权异议理由具体化义务视角下的权利滥用诸态 ⋯⋯ 076
　三、滥用管辖权异议的综合原因分析及负面体现 ⋯⋯⋯⋯⋯ 080
　四、解决之道：以当事人具体化义务限制滥用管辖权异议 ⋯ 083

第四节 答辩状的当事人具体化义务 ⋯⋯⋯⋯⋯⋯⋯⋯⋯⋯⋯⋯ 093
　一、答辩状的基本内涵 ⋯⋯⋯⋯⋯⋯⋯⋯⋯⋯⋯⋯⋯⋯⋯ 094
　二、对答辩状制度的省思 ⋯⋯⋯⋯⋯⋯⋯⋯⋯⋯⋯⋯⋯⋯ 095
　三、当事人具体化义务与答辩状制度的理论契合 ⋯⋯⋯⋯⋯ 099
　四、答辩状具体化义务的制度设计 ⋯⋯⋯⋯⋯⋯⋯⋯⋯⋯ 105

第五节 逾期举证理由的当事人具体化义务 ⋯⋯⋯⋯⋯⋯⋯⋯⋯ 109
　一、逾期举证问题的本土演进 ⋯⋯⋯⋯⋯⋯⋯⋯⋯⋯⋯⋯ 109
　二、倒回原点的逾期举证问题现状与逾期举证理由具体化
　　　义务的缺失 ⋯⋯⋯⋯⋯⋯⋯⋯⋯⋯⋯⋯⋯⋯⋯⋯⋯⋯ 111
　三、逾期举证理由具体化义务对逾期举证问题的修正 ⋯⋯⋯ 115

第六节 庭前会议视角下的主张具体化义务 ⋯⋯⋯⋯⋯⋯⋯⋯⋯ 120
　一、庭前会议与主张具体化义务 ⋯⋯⋯⋯⋯⋯⋯⋯⋯⋯⋯ 120
　二、庭前会议中落实主张具体化的必要性 ⋯⋯⋯⋯⋯⋯⋯⋯ 121
　三、落实主张具体化促进庭前会议功能的实现 ⋯⋯⋯⋯⋯⋯ 122

第三章 庭审对抗中当事人具体化义务 ⋯⋯⋯⋯⋯⋯⋯⋯⋯⋯⋯ 124

第一节 庭审对抗中当事人主张具体化义务 ⋯⋯⋯⋯⋯⋯⋯⋯⋯ 124
　一、主张具体化义务的含义 ⋯⋯⋯⋯⋯⋯⋯⋯⋯⋯⋯⋯⋯ 125

二、主张具体化义务的渊源与其在我国的演进 …………………… 128
三、当事人不履行主张具体化义务的实证考察 …………………… 131
四、庭审时落实当事人主张具体化义务的必要性 ………………… 134
五、我国当事人主张具体化义务的适用困境及解决之道 ………… 136
六、小结 …………………………………………………………… 140

第二节 附理由抗辩的当事人具体化义务 ……………………………… 140
一、附理由抗辩的当事人具体化义务概览 ………………………… 141
二、附理由抗辩具体化义务之缘由 ………………………………… 147
三、附理由抗辩具体化义务之要求 ………………………………… 155
四、法律后果以及释明义务 ………………………………………… 157

第三节 当事人具体化义务视角下证据随时提出主义的禁止 ………… 157
一、问题的形成 …………………………………………………… 158
二、当事人具体化义务视角下证据提出制度的基本内涵和现状 … 158
三、当事人具体化义务视角下证据提出制度的问题 ……………… 163
四、具体化义务视角下我国证据提出制度问题的解决措施 ……… 167

第四章 庭审后当事人具体化义务 …………………………………… 171

第一节 书面辩论的规制与当事人具体化义务 ………………………… 171
一、问题的提出 …………………………………………………… 171
二、法庭辩论应以口头辩论为主 …………………………………… 172
三、口头辩论的比较研究 …………………………………………… 174
四、口头辩论不具体的问题分析 …………………………………… 176
五、以当事人具体化义务规制书面辩论的理由 …………………… 189
六、以口头辩论具体化义务规制书面辩论的路径 ………………… 191
七、口头辩论的形骸化是书面辩论盛行导致的必然结果 ………… 197

第二节 当事人具体化义务视角下变更诉讼请求的时间规制 ………… 198
一、问题的提出 …………………………………………………… 199
二、变更诉讼请求与当事人具体化义务的联系 …………………… 201

三、变更诉讼请求时间规制的实施路径 ………………………… 212
结　语 …………………………………………………………… 220
参考文献 ………………………………………………………… 221
后　记 …………………………………………………………… 227

绪　论

一、研究的缘起

民事诉讼当事人具体化义务在查明事实上的强大功能，对保障法院审理利益和对方防御利益、促进争点形成、落实审理集中化、提升诉讼效率、缓解"案多人少"等方面极具价值。我国具体化义务虽已具雏形，但缺乏可供良性开展的逻辑前提、制度内核及关联制度，对此理论界的研究却尚未付以足够重视。从我国现有文献资料来看，具体化义务的讨论较为粗疏，大抵停留在"模仿"阶段，尚未形成体系并进行有效本土化。既往研究仅解决了为什么要设定当事人具体化义务，未彻底厘清它应该是什么以及应该怎么做，存在具体化义务研究不具体（空洞化）、研究碎片化等问题。具体化义务所涉理论精深、应用广泛，德日学者的研究热情已逾百年，我国学者的研究却倍显沉寂冷清，对隐藏在这"一热一冷"现象背后的原因有必要予以深度挖掘。传统理论通常将当事人具体化义务设定在主张、抗辩、否认等环节，对此，笔者认为当事人具体化义务应当贯穿于民事诉讼整个过程，应当沿着庭前阶段——庭审对抗——庭后阶段的当事人具体化义务的逻辑脉络展开论证，故有必要以专著形式进行体系化思考。

当事人基于自身利益的考虑，在诉讼过程中常会避重就轻、实问虚答或进行空言主张、抗辩或否认，此等流于抽象，甚至空泛的主张或争执在诉讼法上如何评价将直接影响民事诉讼程序能否符合目的地顺利进行。对此，德国帝国法院时期的判例曾对当事人课以具体化义务，该义务在20世纪70年代的日本得到理论上的升华与制度上的发展，21世纪初我国台湾地区学者也开始关注。在对前人智慧仔细研习和沉思之后，本书旨在重点揭示民事诉讼当事人具体化义务的如下理论和实践价值：（1）德日学者的研究热情为何持续如此之久，真是因为德日学者偏重细节的研究情结吗？答案是否定的，因为具体化义务不仅关乎诉讼效率，也与诉讼公平相连，它的正当性依据在于保障法院审理利益和当事人防御利益。随着诉讼理论的演进（如传统辩论主义朝修正辩论主义的转向）和实务背景的变化（如现代型诉讼的日益增多），如何在这两者之间实现平衡是维持德日学者研究热情的持续动力。（2）具体化义务容易让人产生这样的疑窦：在已有主张责任对当事人主张不力加以规制的情况下，具体化义务的意义是什么？我们认为：具体化义务要求当事人对案件事实的描述应当具体细致，以满足特定化要求，这一点与主张责任有重合，但这种具体化义务的具体细致应当侧重于起诉状、答辩状、法庭调查等环节，以便法官归纳争点，在争点归纳之后还是应该紧密围绕争点进行辩论，以提高诉讼效率。（3）对起诉状要求具体化义务。诉讼是一场攻防战，在这场战斗中原告常会在诉状中隐蔽自己的诉讼武器（事实或理由）。为防止事实抽象化以保障被告防御利益，应课以起诉状的具体化义务。（4）对答辩状也应要求具体化义务。我国民诉法及其司法解释未对答辩状作强制性规定，出于前述同样原因，实践中被告常常要么不提交答辩状要么提交观点模糊的答辩状。对于这种情况，一些地方法院不待立法作出统一规定，已做出了有益尝试，如《广东省高级人民法院关于民商事审判适用〈最高人民法院关于民事诉讼证据的若干规定〉的指导意见》（已失效）（以下简称《广东省关于适用民事证据规定的指导意见》）规定，被告未提交、逾期提交答辩状或答辩期有新答辩意见的，原告要求补充举证，人民法院可以重新确定举证期限。（5）对证据目录的证明目的应要求具体化义务。出于前述同样原因，实践中当事人常对证明目的做模糊表述，为保障对方防御利益，应要求证明目的的具体化。（6）立案时不能强求证据具体化，四川某市法院要求原告在立案必须提交诉争财产的产权复印件，但这类证据常保存在对方手中，原告缺乏收集手段。此种要求实乃对具体化义务的误解，是侵害诉权的矫枉过正之举。（7）审前程序应留出二次举证的机会。（8）当事人具体化义务关涉辩论主义、处分主义、协同主义、诉讼效率、诉讼公平、主张责任、真实义务等民诉基础理论，如何在当事人具体化义务制度中消弭这些理论之间的龃龉，需要用著作形式做体系性系统研究。

绪 论

二、研究现状述评

(一) 国内研究态势

我国大陆地区对具体化义务的研究虽然不够丰富，但一些论文却在这一沉寂的研究领域留下了宝贵的学术积淀。开先河的研究当属"主张的具体化研究"（占善刚，2010），占善刚教授从当事人主张具体化义务的角度，提出主张具体化在于保障法院的审理利益及对方的防御利益，禁止当事人做纯为射幸式陈述，但在情报偏在案件中应允许当事人为抽象的事实主张；三年后，占善刚教授又以"附理由的否认及其义务化研究"（占善刚，2013）一文从当事人否认具体化义务的角度，阐释了不负证明责任一方履行附理由否认义务须以对方所主张事实已臻具体化要求为前提，但在情报偏在案件中应例外承认不负证明责任一方对对方所为抽象的事实主张也负有附理由的否认义务。在"民事诉讼中具体化责任的转移：法理、条件与程度"（周翠，2021）中，周翠教授则认为，统一适用条件为负担证明责任的当事人无能力获取信息且积极主张、不负证明责任当事人可被期待具体化主张，明确不负证明责任的当事人的具体化责任与普遍的阐明义务之区别，并根据个案判断不负证明责任的当事人是否满足积极查证要求及其可以简单争辩的情形，细化拟制自认的成立条件。"立案形式审查中的事实主张具体化"（曹志勋，2016）一文从立案形式审查的角度，在比较大陆法系和英美法系的经验之后，得出我国具体化义务应采取标准较低的识别说，以生活事实而非法律事实作为立案形式审查的内容。"论民事诉讼中当事人的积极否认义务"（包冰锋，2015）一文的亮点在于明晰了积极否认与抗辩的区别。在"事实主张具体化义务的中国图景"（李凌，2018）中，李凌博士认为，我国应当在明确主张责任及诉讼行为理论的逻辑基础上，进一步完善配套规则，实现事实主张具体化义务的体系性构建。

而对当事人具体化义务进行的整体性研究有："论民事诉讼当事人具体化义务的中国路径"（胡亚球，2013）、"当事人的具体化义务研究"（陈贤贵，2015），胡亚球教授立足中国图景，梳理了我国1982年、1991年、2001年、2012年的民事诉讼法和民事诉讼法司法解释中当事人具体化义务的演进，指出由于理论界和实务界的忽略，当事人具体化义务在实践中存在诸多不足，应在规则体系上予以健全，审前程序中予以完善，阐明权针对性地充实。陈贤贵博士指出，当事人具体化义务虽初具制度雏形，但缺乏可供良性开展的逻辑前提、制度内核及关联制度。"走向动态：民事诉讼当事人的具体化义务"（周成泓，2010）一文，对当事人具体化义务做了构造、程度和界限上的介绍。

我国台湾地区学者在德日基础上对当事人具体化义务亦有较深入的研究。如："民事诉讼中当事人之具体化义务"（姜世明，2005）一文，将当事人具体化义务理解为当事人关于事实的陈述应该对细节进行剖析，该事实主张应为特定的陈述；"论民事诉讼程序中当事人之不知陈述——兼评析民事诉讼法中当事人之陈述义务与诉讼促进义务"（沈冠伶，2000）一文论证"诉讼义务"更加符合当事人具体化义务的性质；《民事证据法与武器平等原则》（沈冠伶，2007）指出，具体化陈述义务之依据来自于诉讼促进之要求及诉讼权之保障，对于具体化义务的依据，存在真实完全义务与诉讼促进义务的不同观点，具体化义务乃自真实完全义务所延伸之见解。《民事证据法实例研习（二）暨判决评释》（姜世明，2006）认为，关于具体化义务或具体化原则是指当事人对于主张或抗辩相关事实应尽可能详细与具体地为陈述；《诉讼理论与审判实务》（许士宦，2011）认为，当事人两造在诉讼上均负具体陈述之义务，应分别具体陈述请求所依据之基础事实及积极否认之事实，以便法院整理争点并保障他造之攻击防御权；《举证责任与真实义务》（姜世明，2006）认为，在职权主义诉讼模式中，诉讼资料的收集由法院主导和进行，如果事实未厘清，法院可依职权利用更多的证据调查程序，极尽调查之能事。尽管当事人的说明或提供证据的能力能够为法院所用，但在此情形下，实难认为当事人负有具体化义务。

（二）国外研究态势

德国自帝国法院时代起积累了丰富的当事人具体化义务判例，学术上也有许多研究，不过译介到我国的文献不多，只在《德国民事诉讼法》（罗森贝克、施瓦布、戈特瓦尔德，李大雪译，2007）、《民事诉讼法》（奥特马·尧厄尼希，周翠译，2003）等中有相应论述。在日本，自20世纪70年代即有学者致力于介绍德国关于当事人具体化义务的判例和学说。此后，在承袭德国学说的基础上，日本对当事人具体化义务理论有深入发展。如："民事訴訟法

の体系における証明妨害について"（阿勒斯，松本博之译，1982）"系由松本博之教授翻译德国学者的译文，该文指出释案解明义务并非德国法院认可的当事人否认具体化义务的根据，德国法院只承认诚实信用为否认具体化义务的正当理由；"主張と否認の具体化について―西ドイツにおける議論の状況"（森勇，1988）一文，系统归纳了西德当事人具体化义务的实务和学说状况；"民事訴訟における主張過程の規律（一）（二）"（畑瑞穂，1995、1997）二篇长论文，用 134 页的篇幅详细梳理了德国当事人具体化义务的立法、判例和理论，结合日本民事诉讼实际深入分析了具体化义务与辩论主义、职权探知主义、摸索证明、表见证明、间接事实之间的关系；"民事訴訟における証明責任を負わない当事者の具体的事実陳述＝証拠提出義務について"（松本博之，1997）一文，论证了不负证明责任一方当事人应承担的附理由否认义务；2015 年伊東俊明教授以《民事訴訟における主張過程についての基礎研究》为题获得日本科学研究费资助立项，其中从法制史、比较法的角度对原告的主张具体化义务、被告的应答具体化义务展开研究，现项目研究正在进行中。

三、问题的思路与方法

本书致力于运用民事诉讼法理论对民事诉讼当事人具体化义务进行系统化研究，深入解析当事人具体化义务的类型及其应当遵循的原则和规则，探寻当事人具体化义务及其配套措施在我国民事诉讼中合理存在的条件，架构起研究当事人具体化义务的概念分析工具系统。本书还致力于将民事诉讼当事人具体化义务理论与我国国情相结合，运用实证分析方法，考察当事人具体化义务在我国的具体实践情况，根据事物的内在逻辑联系来建构当事人具体化义务的理论体系。在吸纳现有民事诉讼当事人具体化义务理论研究成果合理成分的基础上，拓展传统的部门法理论和义务理论，将当事人具体化义务放在动态的民事诉讼系统中予以考察研究，形成与现行民事诉讼法制度相适应的当事人具体化义务理论，力求为民事诉讼当事人具体化义务的立法和司法实践提供理论参考。

第一章 当事人具体化义务的基本理论

第一节 当事人具体化义务的基本内涵

一、当事人具体化义务的含义

（一）当事人具体化义务的概念及范围

法律概念是法律思维的重要工具，它的科学性与完备性系考察法律文明发达程度的重要标志之一。法律概念是由人发明并用文字表述的，其内涵和外延往往又存在模糊边界，需要解释和界定。[1]但对于我等后来者来说，概念却常常是研究的起点。"概念是研究之结果，而非研究的开始。"[2]当事人具体化义务发端于德国，汉字"具体化义务"由日本学者根据德语翻译而来，是对当事人"事实陈述的程度"[3]的描述。这个概念的提出起源于德国帝国法院时期判例，具体化义务的概念首先来源于德语"substantiierungspflicht"，在德国民事诉讼法理论中被译为"实质化义务"。它要求当事人在诉讼过程中"对案件事实的陈述要具体详细，并具有基本合理性和证据线索。"[4]当事人具体化义务的实现程度会深刻影响辩论主义之下诉讼程序的开展。由于多数国家都尚未在民事诉讼立法中直接规定具体化义务，因此，它更多是作为法

---

[1] 参见梁慧星：《法学学位论文写作方法》，法律出版社2006年版，第142~145页。
[2] 李心鉴：《刑事诉讼构造论》，中国政法大学出版社1992年版，第1页。
[3] 周成泓："走向动态：民事诉讼当事人的具体化义务"，载《华南农业大学学报（社会科学版）》2010年第2期。
[4] 转引自胡亚球："论民事诉讼当事人具体化义务的中国路径"，载《清华法学》2013年第4期。

解释学意义上的术语而非立法术语来使用。

鉴于它在民事诉讼程序中适用范围较广,在某些意义上也可称之为当事人具体化原则。当事人具体化义务主要有两个层面的含义,其第一要义在于当事人对案件要件事实的描述应当尽可能具体,达到"至最小及最后之细节"[1],使得案件事实在当事人的诉讼能力范围之内能够清晰之处尽可能清晰,从而能够将其他事实与该事实区分开来;其第二要义在于当事人所陈述的要件事实应当基于一定的证据线索,不能仅是当事人的主观臆想或者随意捏造。当事人的陈述不够具体,法官就无从判断要件事实是否存在,能否导致一定的法律后果。无依据的事实主张会导致庭审拖延,还可能会错误引导法院的审理方向,影响法院审理的效率与公正。民事诉讼的目的会影响当事人具体化义务的确立及实现,越强调实体正义的实现,保护当事人实体法上权利的国家或地区,就会越重视当事人具体化义务这一制度。

当事人具体化义务的范围"贯穿民事诉讼的大部分阶段。"[2]在庭前阶段、庭审阶段和庭后阶段等每一个诉讼程序环节中,当事人对要件事实的陈述都应当是具体、明确的。具体而言,庭前阶段的当事人具体化义务包括:起诉状的具体化义务、证据目录的具体化义务、管辖权异议理由的具体化义务、答辩状的具体化义务、逾期举证理由的具体化义务、庭前会议的主张具体化义务;庭审阶段的当事人具体化义务包括:主张的具体化义务、附理由抗辩的具体化义务、证据随时提出主义的禁止;庭后阶段的当事人具体化义务包括:禁止庭后书面辩论的具体化义务、遵守变更诉讼请求时限的具体化义务。

(二) 当事人具体化义务的性质

当事人具体化义务对于当事人来言,究竟是一种诉讼负担还是一种诉讼义务,在学界存在一定分歧。这涉及性质之争,主张当事人具体化义务是一种诉讼负担的见解可称为负担说,主张当事人具体化义务是一种诉讼义务的见解,可称为义务说。负担说认为,义务是指当事人应作为或不作为,且不

---

[1] 姜世明:《举证责任与真实义务》,厦门大学出版社2017年版,第180页。

[2] 林轲亮:"论民事证据声请中的当事人具体化义务",载《社科纵横》2013年第5期。学者许林波还进一步认为,"当事人的具体化义务贯穿民事诉讼的全过程"。许林波:"具体化义务的解析与建构",载《法大研究生》2017年第1期。

可由其自主决定作为或不作为,若违反则会导致法律制裁。负担是指当事人可以自由决定是否履行行为要求,若未履行该行为要求,可能招致诉讼上的不利益。由于当事人违反具体化义务并不会导致法律直接制裁,只是可能招致诉讼上的不利益,因此,应该将其定性为诉讼负担。[1]支持这一种观点的理由还有,在民事诉讼中当事人只有通过具体陈述要件事实才能够使自己的主张得到法院的认可,从而获得于己有利的裁判结果,也就是说,当事人履行具体化义务主要是为了维护自己的利益。此外,当事人也并不会因对要件事实的陈述模糊不明、不够具体而受到法律上的制裁,只是当事人所追求的于己有利的诉讼状态或结果不会出现。可以认为,当事人可以在具体陈述案件事实与模糊陈述案件事实之间自行选择。法律义务是指特定的主体应当为一定的行为或者不应当为一定的行为,违背法律义务将会受到制裁。[2]法律义务是由法律规范所明确规定的,在具体的案件事实中要求当事人为一定行为或者不为一定行为,当事人必须无条件地遵守,如果当事人未遵守或者未完全遵守法律义务的要求,就必然会受到一定的法律制裁。强制性是法律义务的基本属性。据此可以认为,当事人具体化义务准确来说是当事人在民事诉讼中的一项"负担",当事人并不是基于法律强制力而为一定的行为,而是从自身利益出发,决定为一定的行为。这意味着"原则上当事人没有作为的义务"[3]。义务说认为,当事人具体化义务的性质是一种当事人诉讼义务。第一,主张当事人具体化义务是诉讼负担的学者对诉讼义务的理解存有偏颇。义务的本质是法律关系主体应这样行为或不这样行为的一种限制或约束,而不是"直接导致制裁"。第二,违反义务给义务人带来的是包括制裁在内的法律上的不利益,而非仅仅是制裁。因此,其认为具体化义务没有导致直接制裁而否定其为诉讼义务在理论上站不住脚。[4]笔者认为,负担说学者可能受

---

[1] 参见王聪、郑则川:"有序与效率:当事人主张的具体化义务研究——以民事诉讼为视角",载《西南政法大学学报》2012年第1期;周成泓:"走向动态:民事诉讼当事人的具体化义务",载《华南农业大学学报(社会科学版)》2010年第2期。
[2] 参见[奥]凯尔森:《法与国家的一般理论》,沈宗灵译,中国大百科全书出版社1996年版,第65页。
[3] 李浩:"民事诉讼当事人的自我责任",载《法学研究》2010年第3期。
[4] 参见胡亚球:"论民事诉讼当事人具体化义务的中国路径",载《清华法学》2013年第4期。

证明负担说观点的影响，该说主张"证明责任"这一证据法概念应改称为"证明负担"，理由为：责任一词有"义务"的含义，义务主体必须遵守义务，否则，即要承担一定程度的不利益后果，与民事行为属于私法性质的本质相左，当事人可以处分自己权利，而"负担"既可以依主体意愿接受，也可以因主体意愿去除，其总能表现出主体的自主意志，因此，"证明责任"实际上应为"证明负担"。[1]对于当事人具体化义务的性质，笔者赞成义务说，理由为：第一，制裁虽然与法律义务相关，但其属于法律责任承担方式之一，违反法律义务产生的并不一定就是制裁，刑事责任或行政责任属于制裁范畴，但绝大多数民事责任不属于制裁范畴，而属于补偿范畴。第二，负担说所主张的"若未履行该行为要求，可能招致诉讼上的不利益"，这里的"不利益"实质上是没有履行义务而导致的一种民事责任，这种民事责任不属于制裁而是补偿性质的，换言之，因为当事人没有履行其本该承担的具体化义务而遭受的"不利益"后果，在民事诉讼两造对立关系中，此消彼长，此方遭受法律上"不利益"就意味着彼方获取"利益"。因此，当事人具体化义务的性质应当是诉讼义务。

(三) 当事人具体化义务的构成

1. 当事人具体化义务的主体

当事人具体化义务的主体范围主要包括民事诉讼中的原告和被告。一般情况下，民事诉讼解决的是原告和被告之间的纠纷，法院的审判对象由原被告两造之间的法律关系构成。原被告双方为了追求于己有利的法律效果，必须向法院主张符合法律要件的具体事实。案件类型、诉讼程序的进展状况等因素的影响，原被告双方所要承担的具体化义务的程度以及承担具体化义务的时间可能会有所不同，但这并不会影响双方当事人均为具体化义务的主体。在较为复杂的诉讼形态中，会有立场区别于原被告双方的第三人作为当事人或者"准当事人"参加到诉讼中来，这两类第三人也应当是具体化义务的主体。另外，律师、证人、鉴定人等案件事实的非亲历者不需要直接承担诉讼后果，故也无须承担具体化义务。

---

[1] 参见陈界融："证明负担动态论研究"，载《证据科学》2008年第1期。

2. 当事人具体化义务的客体

当事人具体化义务的客体是指"诉讼过程中当事人对案件事实的陈述"[1]。具体来说是指关于案涉法律要件的事实，也就是过去发生的事实，当事人对于案件事实将来发展趋势的预测或估计，不属于具体化义务的范围。当事人具体化义务的客体不仅仅指直接事实，还包括了间接事实和辅助事实。查清主要事实对于作出合理的判决具有重要意义，但是，主要事实只是当事人之间过去所发生的案件事实的一部分，间接事实与辅助事实的加入才能够使得案件事实更加完整与丰富。在主要事实无法查明的一些案件中，或者在某一特定的程序中，间接事实与辅助事实"甚至可能构成左右当事人胜负的重大问题"[2]。根据诉讼阶段的不同和当事人陈述的目的及产生后果的不同，可以将当事人具体化义务的客体分为主张性陈述、争议性陈述和证据声明。以下对这三种类型进行详细论述。

（1）主张性陈述

原告在诉状、庭前准备程序及庭审过程中提出的关于权利发生要件的事实陈述即为主张性陈述。民事诉讼因原告向法院提交诉状而开启，原告在诉状中不仅要提出自己的诉讼请求，还需要陈述支持自己请求的原因事实，否则就可能因为诉不合法而被驳回起诉。原告在诉状中的陈述应当具体到法院可以据此确定诉讼标的，能够将此诉与他诉区别开来，使得该诉讼特定化。原告在这一诉讼阶段的陈述，要以"使诉讼标的特定及使其诉有理由为引导基准"[3]。但是，诉的合法性审查涉及当事人的宪法上的诉讼权的保障，再加上法官阐明义务的存在，此时尚不宜对原告的具体化义务提出过高的要求。在证据交换、庭审辩论等程序中，原告的具体化陈述程度将关系到其是否能够胜诉。原告需要具体陈述那些能够支持其诉讼请求的事实，并提出证据予以证明。

对于原告所提出的权利发生的要件事实，被告可以主张阻却法律效果的抗辩、消灭法律效果的抗辩以及妨碍法律效果的抗辩。被告的抗辩可以理解

---

[1] 胡亚球："论民事诉讼当事人具体化义务的中国路径"，载《清华法学》2013年第4期。

[2] 王亚新、陈杭平、刘君博：《中国民事诉讼法重点讲义》，高等教育出版社2021年版，第26页。

[3] 姜世明：《举证责任与真实义务》，厦门大学出版社2017年版，第188页。

为虽然原告主张的某一事实存在，但是由于另外的法律事实的存在而导致原告所主张的事实已经不能发生相应的法律效果。[1]被告的抗辩必然伴随着新的事实的提出，对于这些新的事实，被告应当尽可能详细地陈述，以使该新的事实能够得到法官的认可。否则，被告就可能遭受程序法或者实体法上的不利后果。对于被告的抗辩，原告同样可以提出再抗辩，原告对于再抗辩的陈述也应当是具体的。双方当事人在这种你来我往的攻击防御过程中，需要一直遵循具体化义务的要求，这样争议焦点才能逐渐明确，案件事实才能逐渐丰富，案件的真实情况才能逐渐明了。

(2) 争议性陈述

争议性陈述顾名思义也就是指一方当事人对于另一方当事人所提出的主张持有不同看法的陈述。对于一方当事人提出的主张，另一方当事人作出回应的方式除了抗辩，还有否认。否认也就是一方当事人对另一方当事人提出的主张表示不认可、不赞同，表示反对。一方当事人对于另一方当事人的主张可能仅仅表示反对，没有提出自己的看法并提供证据予以证明。这种情况下，当事人的争执性陈述可能会因不够具体而不被法官所采纳。但是，在当事人因对案件情况或证据的掌握较为匮乏，确实无法提出具体看法的情况下，不应当认定当事人的否认陈述为无效。被告的争执性陈述体现为对原告主张的权利发生要件事实样式的相反或者相异的看法，原告的争执性陈述体现为对被告抗辩的相反或者相异的看法。如果当事人的争执性陈述不够具体，那么就可能无法反驳另一方当事人的陈述，从而使自己处于不利的诉讼状态之中。

(3) 证据声请

证据声请所指的内容比较丰富，包括"对证据进行辩论、质证、审查以确认其证据能力和证明力"[2]的一系列诉讼活动。证据申请的适用场域也较为宽泛，包括当事人的起诉状、答辩状、庭审中的陈述以及当事人向法院申请证据调查的场合，当事人均应当向法院详细说明所举示的证据的内容、与案件事实的关联及所要证明的事项，否则法院就可能无法判断当事人的证据

---

[1] 参见王亚新、陈杭平、刘君博：《中国民事诉讼法重点讲义》，高等教育出版社2021年版，第23页。

[2] 林莂亮："论民事证据声请中的当事人具体化义务"，载《社科纵横》2013年第5期。

是否应予采信,以及这些证据的证明力大小。当事人所有关于证据的描述均应遵循具体化的要求。具体而言,所陈述与证据有关的事实及理由不应过于抽象化、空洞化,否则法院可能无法正确、迅速地判断所调查的事项与案件是否相关,从而影响审判效率。另外,于对方当事人而言,过于抽象的陈述指向不明,会使得对方当事人无法有效把握能够予以反击的事实及法律依据。

二、当事人具体化义务与其他相关制度之辨析

具体化义务是处分主义和辩论主义的必然产物,因为民事诉讼传统上通常以处分主义和辩论主义作为制度基础。处分主义要求诉讼主张由当事人提出,并相应决定了法官的裁判范围、形态及其限度。基于此,当事人的主张应当尽量明晰、具体和完整,以防止因法官诉外裁判,进而影响其诉讼利益获得保护和支持的程度。民事诉讼传统辩论主义不仅要求法官不得考虑当事人未主张的事实,且进一步要求法官不得根据自己的判断主动收集或审查任何证据。为此,当事人应就其主张所依据的要件事实作具体化陈述,否则将承受不利的法律后果。由于传统辩论主义的固有缺陷(由于当事人诉讼能力的差异,辩论主义给予了当事人中的强者以优势,弱者的攻防往往处于劣势,客观上破坏了诉讼公平),坚持辩论主义的国家都开始在理论与制度上通过加强法官的阐明职责,课以当事人真实义务等诉讼促进手段对辩论主义进行修正。法官阐明权的介入,在某种程度上减轻了具体化义务的要求,但当事人的主张责任并没有被摒弃,即裁判事实基础仍然坚持由当事人提出的宗旨,只要当事人的主张责任存在,其具体化义务就如影随形地相伴左右,仍然是主张责任是否得以真正完成的标志。修正辩论主义模式下课以当事人的真实义务除了直接要求当事人对事实予以真实陈述外,还要求当事人在陈述时负完全责任,而完全义务客观上必然要求当事人对于起诉答辩的基础事实描述是具体的。这既是真实义务的逻辑延伸,也是对完全义务的补充。因此,也可以将当事人真实化义务视为当事人具体化义务存在的基础。

(一)具体化义务与真实义务

真实义务的构建目的在于保护当事人实体法上的权利,而非还原案件的真实面貌。这将真实义务与职权主义区别开来,也使得真实义务与辩论主义之间的整合有了更多可能。真实义务的字面含义为,当事人在诉讼中所陈述

的应当为事实的真相,否则该当事人就会受到法律的制裁。[1]一般认为,真实义务主要包括以下三个方面的内容:"其一,当事人的陈述不能违反主观真实;其二,对于对方当事人的陈述,当事人认为是真实的,不得进行争议;其三,当事人不能够进行不完全陈述。"[2]第一,真实义务并不要求当事人所陈述的事实与客观事实完全一致,它所强调的是当事人在其认知范围内的主观真实。第二,真实义务是一种消极义务,它并不要求当事人主动陈述案件的真实情况,只要当事人"未违反自己的主观事实认识来提出主张或者作出否认,就履行了真实义务"[3]。当事人在诉讼中违反真实义务所进行的虚假陈述或者提交的虚假证据将不被法院采用。

一般认为,广义上的真实义务还包括完全义务。完全义务主要是指"禁止当事人有意提出一个事实的片段,而掩盖另一些片段,以使法官陷入错误认识"[4]。当事人所陈述的事实应当是完全的,不管这些事实当中是否存在于己不利的部分。不完全的陈述并不一定就是不真实的陈述,但是,若法官了解的案件事实多为不连贯的片段,则难免会影响法官对真实案件的了解情况,从而无法作出正确的判决。基于"不必向对手提供武器"的诉讼理念,完全义务并不要求当事人毫无保留地将所有的事实提供给法院与对方当事人,当事人只需完全地陈述能够支持自己主张的要件事实即可。即使当事人有意隐瞒某一事实,但只要"该事实的缺少并不影响法官对案件事实的整体认识,就不认为当事人违反了完全义务"[5]。

一方面,具体化义务与真实义务二者间的联系较为紧密。广义的真实义务要求当事人所作的陈述是完整的,而完整的陈述客观上也必然是具体的。因此,一定程度上,真实义务可视为具体化义务的法理(律)依据。[6]真实义务是对当事人在诉讼过程中对事实陈述的要求,与之相同,具体化义务也

---

[1] 参见任重:"民事诉讼真实义务边界问题研究",载《比较法研究》2012年第5期。
[2] 张卫平:《民事诉讼法》,法律出版社2016年版,第51页。
[3] 傅郁林:"论民事诉讼当事人的诚信义务",载《法治现代化研究》2017年第6期。
[4] 任重:"民事诉讼真实义务边界问题研究",载《比较法研究》2012年第5期。
[5] [日]高桥宏志:《民事诉讼法制度与理论的深层分析》,林剑锋译,法律出版社2003年版,第375~376页。
[6] 参见陈贤贵:"当事人的具体化义务研究",载《法律科学(西北政法大学学报)》2015年第5期。

是对当事人在诉讼过程中对事实陈述的要求。真实义务与具体化义务作为民事诉讼中一项独立的制度，它们都不是对当事人的道德上的要求。如果当事人不履行真实义务或者具体化义务，都可能会产生于己不利的诉讼状态，甚至可能败诉。此外，真实义务与具体化义务都贯穿了整个诉讼过程，自当事人提交起诉状开启诉讼进程直至判决的执行过程中，当事人均需要履行真实义务和具体化义务。真实义务和具体化义务也是双方当事人的义务，不会因为举证责任分配、法官的释明义务等诉讼规则的存在而变化。

另一方面，作为民事诉讼中两项各自独立的制度，具体化义务与真实义务之间也存有诸多差异。具体化义务的侧重点在于要求当事人不为抽象、模糊的陈述。当事人是否履行具体化义务在诉讼程序的启动阶段就能够判断。真实义务的侧重点在于要求当事人不为虚假的陈述。在诉讼程序的启动阶段，往往难以判断当事人的陈述是否为真实，只有随着诉讼进程的展开，案件事实逐渐明了，才能准确地判断当事人的陈述是否真实。具体化义务诞生于古典辩论主义时期，直接的理论依据为主张责任，主要目的在于提高审理效率，防止诉讼过分拖延和维护对方当事人的防御利益。真实义务是在修正辩论主义模式下出现的，是对古典辩论主义的补充，具有"防止轻率的诉讼和协助法官形成正确的事实认识的功能"[1]。具体化义务和真实义务的严格程度是不同的。在同一个案件的同一个诉讼阶段，对当事人的具体化义务和真实义务的严格程度很可能会存在差异。对当事人具体化义务的要求并没有一个一成不变的具体标准，只能在具体的案件中，根据当事人双方的证据提出情况、对案件事实的了解程度等因素，进行动态地衡量。对当事人真实义务的严格程度，也存在着很大的灵活掌握的空间。

（二）具体化义务与诉讼促进义务

随着社会的发展，各种人身关系和财产关系日渐复杂，越来越多的诉讼涌入法院。为应对这一状况，就需要尽可能快速地解决争议，诉讼促进义务应运而生。当事人的诉讼促进义务是诚实信用原则的一项基本要求。主要是指，当事人应当及时进行主张与举证，按时提出攻击防御方法，不得实施拖

---

[1] 纪格非："我国民事诉讼中当事人真实陈述义务之重构"，载《法律科学（西北政法大学学报）》2016年第1期。

延诉讼的行为，协助法院有效率地展开诉讼过程。[1]具体来看，当事人的诉讼促进义务主要包括两项内容。第一项内容是当事人应当在法律规定的诉讼期间内完成相应的诉讼行为，无正当理由不得拖延。如果当事人未能在相应的期间内完成诉讼行为，又未提出正当理由，就会丧失诉讼权利或者使已经做出的诉讼行为不发生法律效力。第二项内容要求当事人不得为了形成于己有利的诉讼状态而滥用诉讼权利，采取欺诈、隐瞒等不当手段故意拖延诉讼进程。典型的情况如故意申请无理由的回避或者故意拆分诉讼标的。当事人若违反这类诉讼促进义务，可能需要承担程序法甚至实体法上的责任。诉讼促进义务形成的理论基础为一方面在于当事人对法院（国家）所负的义务，另一方面在于当事人需要向对方当事人所负的诚实信用义务。[2]

诉讼促进义务的出现晚于当事人具体化义务，但它们的共同目标之一都在于提高诉讼效率，且这两项义务基本都贯穿了诉讼的整个过程。诉讼促进义务确立于修正辩论主义时期，致力于实现双方当事人诉讼地位的实质平等。但是当事人具体化义务并无此项目标。诉讼促进义务功能的实现主要是通过在诉讼程序的运行过程中对当事人诉讼行为的规制，它所强调的是当事人在"诉讼进程层面上的义务"。[3]具体化义务所强调的则主要是当事人在裁判资料收集层面的义务。二者的重点规制领域有所差异。在某些情况下，由于诉讼促进义务的存在，可能会产生减轻或者排除当事人具体化义务的效果。此外，诉讼促进义务的承担主体并不限于当事人，法院也应当承担诉讼促进义务。

(三) 当事人具体化义务与诚实信用义务

当事人主义模式之下的民事诉讼过程表现为当事人在诉讼中具有一定的自主性或者自治性，法院职权相应地有所削弱。为了防止当事人滥用自己的诉讼权利，造成诉讼拖延以及实体法上的不公正，诚实信用原则应运而生。诚实信用义务是诚实信用原则的具体体现。[4]在事实层面，诚实信用义务表

---

[1] 参见张卫平："民事诉讼中的诚实信用原则"，载《法律科学（西北政法大学学报）》2012年第6期。

[2] 参见许士宦：《集中审理与审理原则》，新学林出版股份有限公司2009年版，第142页。

[3] 参见傅郁林："论民事诉讼当事人的诚信义务"，载《法治现代化研究》2017年第6期。

[4] 参见傅郁林："论民事诉讼当事人的诚信义务"，载《法治现代化研究》2017年第6期。

现为不陈述虚假事实,不有意误导法官的审理思路;在证据层面,诚实信用义务表现为有义务协助对方当事人获取关于案件事实的资料。诚实信用义务在事实和证据层面对当事人的要求与当事人具体化义务的内容有诸多相似之处。

第二节 当事人具体化义务的理论依据与效用

一、当事人具体化义务的理论依据

当事人具体化义务产生于辩论主义的诉讼模式之下,滥觞于德国民事诉讼实践中"摸索证明"[1]的相关判例,最初是为了规制当事人利用法院的调查获得有利于自己的诉讼事实。其后,具体化义务在大陆法系国家或地区的民事诉讼实践和立法中得到丰富与发展。在大陆法系民事诉讼领域,辩论主义是指"作为判决资料的事实与证据的提出属于当事人意思自治的事项,法院必须尊重当事人在这一事项范围内的自由"。[2]辩论主义有三个层面的内容:第一,双方当事人均未提出的事实,法院不得自行审理和判决;第二,双方当事人一致认可的事实,法院也应当认可,不能另作判断;第三,法院不得在当事人申请之外自行收集证据。在我国民事诉讼立法与实践中所确立的"辩论原则"[3]主要是为了保护双方当事人的辩论权。辩论权所强调的是双方当事人均可以就案件事实、证据以及法律适用提出自己的意见,对对方当事人的意见提出异议,法院应当给予当事人辩论的机会,并听取当事人的辩论意见,这是平等原则与直接言辞原则的具体体现。在我国立法与实践中,与大陆法系辩论主义"含义相同"[4]的为当事人主义。

19世纪末20世纪初,自由资本主义势微,垄断资本主义逐渐兴起。以此为背景,社会本位代替个人本位成为主流的法律思潮,民事诉讼领域追求个

---

[1] 参见魏庆玉:"摸索证明论",载《当代法学》2013年第2期。
[2] 参见[日]谷口安平:《程序的正义与诉讼》,王亚新、刘荣军译,中国政法大学出版社2002年版,第139页。
[3] 《中华人民共和国民事诉讼法》(2021年修正)(以下简称2021年《民事诉讼法》)第12条规定:"人民法院审理民事案件时,当事人有权进行辩论。"这就是有关辩论原则的规定。
[4] 杨严炎:"论民事诉讼中的协同主义",载《中国法学》2020年第5期。

人利益最大化的自由诉讼观念也逐渐向社会诉讼观念转变,开始强调当事人之间的诉讼能力的平等与正义的实现。从时间维度来看,辩论主义经历了由古典辩论主义到修正辩论主义的发展历程,当事人的具体化义务在这两个时期的内涵也不尽相同,但辩论主义始终是当事人具体化义务坚实的理论依据。

(一) 古典辩论主义阶段

古典辩论主义形成于自由资本主义时期,它假设所有的当事人都拥有相同的诉讼能力,强调当事人在诉讼中的绝对平等和自由,是这一时期的自由主义思想在民事诉讼领域的体现。在古典辩论主义的诉讼理念之下,作为判决基础的要件事实以及用于证明要件事实真伪的证据均由当事人提出,是当事人的"权能及责任"。[1]法院在诉讼中处于消极被动的地位,不能主动探知事实及收集证据。如果当事人不主张于己有利的要件事实或者未能提出证据予以证明,那么法院就会认为该事实不存在,当事人需要承担不利裁判后果。按照学界通说,古典辩论主义的内容包括三个方面,但其最核心的内容在于当事人的主张责任,具体来说是指"法院不得以当事人未曾主张的事实作为裁判的基础"[2]。倘若当事人对要件事实的主张不够具体,或者无法提供证据予以证明,法院就无法将其作为支持诉讼请求的理由。该要件事实所对应的法律效果也就不会发生,当事人的诉讼请求不会得到法院的支持,或当事人将要负担一定的诉讼上的不利后果。由此可以看出,当事人具体化义务与主张责任联系密切,是古典辩论主义模式之下的必然产物,可以说没有辩论主义模式,就不会产生当事人的具体化义务。

(二) 修正辩论主义阶段

在19世纪末20世纪初,自由资本主义逐渐向垄断资本主义发展,在此背景下,个人本位的法律观念也逐渐向社会本位的法律观念转变。具体到民事诉讼领域,这一时期社会本位的诉讼观念更受青睐,以社会本位观为基础的修正辩论主义逐渐形成。修正辩论主义对古典辩论主义的内容进行了一些限制,它不再"要求彻底由当事人提供诉讼资料"[3],而是通过引入释明义务和真实义务等制度,协助当事人提出诉讼资料,在事实查明方面法院不再

---

[1] 参见[日]新堂幸司:《新民事诉讼法》,林剑锋译,法律出版社2008年版,第305页。
[2] 段文波:"当事人主义:对象、方法与程序",载《民事程序法研究》2016年第2期。
[3] 刘学在:"辩论主义的根据",载《法学研究》2005年第4期。

是完全消极被动的角色。此外，它还认为，对于那些众所周知的事实，即便当事人没有提出，法院也应当将其作为裁判的基础。[1]修正的辩论主义更加强调双方当事人之间的实质平等，注重法院与当事人之间的沟通与协作，以实现诉讼的公平与效率，保护当事人的实体权利为最终目标。虽然修正辩论主义对古典辩论主义的内容进行了较多的限制，但是诉讼资料主要由当事人提出依旧是修正辩论主义不可动摇的内容。因此，如同古典辩论主义时期一样，当事人为完成主张责任，避免不利裁判，仍然需要遵循具体化义务的相关规定。只是在修正辩论主义的行为框架之下，主张责任更加强调行为意义上的主张责任，而不再仅仅局限于结果意义上的主张责任，[2]当事人的具体化义务在某些特定情况下可以减轻。

二、当事人具体化义务的效用

（一）保障当事人的实体权利

辩论主义模式之下，作为裁判基础的主张及证据均由当事人提出，即当事人只有完成主张责任和证明责任，才有可能获得胜诉判决，以通过法律途径维护自己的实体法上的权利。如果当事人在向法院陈述案件事实及证据的过程中不够具体，不能满足实体法所规定的所有要件，则当事人想要追求的法律效果就不会发生。无法满足具体化义务的当事人将会承担一些不利后果。但是从另一方面来看，当事人的具体化义务同样发挥着引导当事人具体地陈述案件事实内容的作用。具体化义务的存在能够使当事人不至于漏掉某些重要的案件事实，从而使当事人受损害的实体权利及时得到救济。

（二）实现法院审理的效率

为实现法院审理的效率，审理应当以争点为核心并集中展开证据调查。在辩论主义诉讼模式之下，作为裁判基础的事实由当事人提出，法官负责在此基础之上整理当事人的争点。随后，由当事人在争点基础之上进行举证。如果没有当事人具体化义务，则法官整理案件事实就会花费更多时间。倘若当事人的事实主张过于抽象，则法官无从把握案件的真实情况，无法及时整

---

[1] 参见熊跃敏：“辩论主义：溯源与变迁——民事诉讼中当事人与法院作用分担的再思考”，载《现代法学》2007年第2期。

[2] 参见李凌：“事实主张具体化义务的中国图景”，载《当代法学》2018年第1期。

理出案件真正的争点。以争点为基础开展的证据调查活动也不可避免地会被延误。这无疑会导致审理的低效与拖延，加重法院的负担。是以，当事人具体化义务能够使法官更快更好地作出判决，维护法院的审理利益。

（三）保障诉讼相对人的防御利益

在民事诉讼中，原被告双方在平等而又对立的基础上展开攻击防御，其制度旨趣在于保护真正的权利人，而非保护那些依靠诉讼技巧谋取不正当利益的人。原告通过向法院提出一定的诉讼请求从而开启诉讼，是诉讼中首先发动攻击的一方。原告为支持其诉讼请求需要主张一定的事实。若原告主张的事实过于抽象，则被告无法据此辨明攻击方向，客观上会造成被告的防御权无法有效行使，使其遭受诉讼上的不利益。同理，若被告在对原告的事实主张进行抗辩时，仅抽象主张所依据的事实，也会损害原告的防御权。因而，当事人具体化义务能够为诉讼相对人指明攻击方向，保障其防御利益。

第三节　当事人具体化义务的历史嬗变

一、当事人具体化义务的域外源起与演进

（一）大陆法系国家及地区

1. 德国

在诉讼实践方面，早在德国帝国法院时期就已经形成了关于当事人具体化义务的判例。[1]德国帝国法院的判例对当事人具体化义务的阐释主要是通过摸索证明来进行的，也即"禁止当事人借助证据调查获得其原本不持有的对其有利的材料"[2]。此外，在规范层面，与当事人具体化义务相关的制度也已出现，1868年符腾堡《民事诉讼法》第181条规定了"双方当事人应就其请求或抗辩的权利发生事实关系作完全及确定的陈述"。[3]该规定可以视为当事人具体化义务在规范层面的雏形。在德国联邦最高法院时期，关于当事

---

[1] 参见［德］汉斯-约阿希姆·穆泽拉克：《德国民事诉讼法基础教程》，周翠译，中国政法大学出版社2005年版，第35～36页。
[2] 占善刚："主张的具体化研究"，载《法学研究》2010年第2期。
[3] 参见姜世明：《举证责任与真实义务》，新学林出版股份有限公司2006年版，第276页，转引自陈贤贵："当事人的具体化义务研究"，载《法律科学（西北政法大学学报）》2015年第5期。

人具体化义务的判例继续存在。但是，在该时期颁布的 1877 年德国《民事诉讼法》之中，未见当事人具体化义务的直接规定。

德国于 1933 年对《民事诉讼法》进行了修改。修改后的德国《民事诉讼法》第 138 条第 1 款是关于真实义务和完全义务的规定，第 139 条是关于不明确补充义务的规定，第 253 条第 2 款第 2 项是关于诉讼标的的明确性以及理由陈述特定化的规定。这些法律条文中虽然仍然未出现具体化义务的表述，但是这些相关制度的创设实际上已经隐含了当事人具体化义务的要求。

2. 日本

日本的当事人具体化义务来源于德国。但是，与德国不同，日本的民事诉讼法律规范中"有明确的当事人具体义务条款"[1]。日本《民事诉讼法》第 133 条规定，当事人起诉时提交的诉状应当记载请求的旨趣、请求的原因，以及能够用来支持该请求的具体的要件事实。此外，当事人还应在诉状中载明与待证事实有关的重要事实及证据。由此可见，日本的民事诉讼法律规范强调的当事人具体化义务的对象包括对事实及证据的陈述。该法第 161 条、第 162 条要求当事人在展开口头辩论前应准备相应的书状，书状应具体载明己方拟提出的攻击防御方法，以及对对方当事人的请求或攻击防御方法的辩驳，对当事人口头辩论所需书状的准备以及书状的提出时间作出了有约束力的规定。

（二）英美法系国家及地区

由于制度的差异，在英美法系国家及地区的民事诉讼理论学说中难以发现"具体化"及相关制度的内容。但是，在其诉讼规则中仍然存在着与当事人具体化义务异曲同工的制度规则。其一，英国的诉前议定书制度与大陆法系中的具体化义务的主旨相似。英国这一制度要求双方当事人在诉前应当充分陈述各自掌握的信息，不得有所隐瞒，"原告应当充分阐释案情，被告应当具体说明自己对于原告所请求事项的意见"[2]。其二，美国的合理起诉标准要求，原告应当对事实进行充分陈述以说明其诉讼请求救济权利的合理性。[3]

---

[1] 胡亚球："论民事诉讼当事人具体化义务的中国路径"，载《清华法学》2013 年第 4 期。

[2] 参见徐昕："英国民事诉讼改革之进程——兼评英国新《民事诉讼规则》的特点"，载《清华法律评论》2011 年第 1 期。

[3] 参见张海燕：""进步"抑或'倒退'：美国民事起诉标准的最新实践及启示——以 Twombly 案和 Iqbal 案为中心"，载《法学家》2011 年第 3 期。

虽然合理起诉标准在美国不乏反对意见,但是这一标准已被多个案件引用,产生了较大影响。

二、当事人具体化义务的中国源起与演进

职权主义是我国既有的民事诉讼模式。在该模式之下,法院可以依职权进行调查,因而法院在诉讼资料的形成方面具有充分的主动权,当事人具体化义务的生长空间几乎不存在。之后,随着我国民事诉讼制度的发展,也为了克服职权主义所表现出的弊端,我国在民事诉讼领域进行了系统的改革。这些改革使得我国民事诉讼中职权主义的色彩逐渐褪去,当事人主义的色彩逐渐浓厚。当事人具体化义务以辩论主义为理论根基,在我国的诉讼模式向当事人主义迈进的过程中,当事人具体化义务也逐步确立与发展。需要注意的是,虽然确立当事人主义诉讼模式是我国民事诉讼立法和司法方面长久以来的愿景,但在我国民事诉讼领域,职权主义的色彩依旧有所体现,由职权主义模式向当事人主义模式的转换仍在进行当中。[1]而当事人主义或称辩论主义是当事人具体化义务赖以生存的土壤,这就表明我国的当事人具体化义务经历了漫长的发展历程,且在今后仍有较大的发展空间。我国当事人具体化义务的发展可以简要归纳为以下三个阶段。

(一) 第一阶段:逐渐强化当事人在诉讼中的主动权

1991年,我国实施了新中国成立以来第一部正式的《中华人民共和国民事诉讼法》(以下简称1991年《民事诉讼法》),与1982年出台的《中华人民共和国民事诉讼法(试行)》(以下简称《民事诉讼法(试行)》)相比,它在一定程度上削弱了法院在诉讼过程中的主导权,倾向于调动当事人的诉讼自主性。1991年《民事诉讼法》出台的背景是改革开放带来的一系列巨大变化,计划经济逐渐退出历史舞台,市场经济悄然登场,社会中的经济交往不断增多并且逐渐复杂化。这些变化反映在诉讼方面表现为要求减少公权力的干预与支配,给予当事人更多的自由空间。另外,也表现为民事案件的类型与数量与日俱增,采取职权主义模式的法院已经不堪重负。《民事诉讼法(试行)》的规定已经无法适应民事审判实践的需要,对《民事诉讼法

---

[1] 参见张卫平:"诉讼体制或模式转型的现实与前景分析",载《当代法学》2016年第3期。

（试行）》进行修改已经迫在眉睫。1991年《民事诉讼法》的诸多内容已经初步显露了当事人主义的痕迹。

这具体表现为以下几个方面：其一，1991年《民事诉讼法》第64条第3款规定法院应当全面客观地审查核实证据。据此，收集和调查证据的任务就主要由当事人而非法院承担，这一规定为当事人在证据申请方面具体化义务的生成提供了空间。其二，1991年《民事诉讼法》第108条规定当事人在起诉时应当提供"具体的诉讼请求和事实、理由"。这可以理解为要求原告所提出的实体权利主张是具体的，能够与其他实体权利主张区分开来，并且能够在诉讼中确定下来。〔1〕实体权利的实现需要事实基础的支撑，因而对实体权利主张具体化的要求，实际上也蕴含着对事实陈述具体化的要求。

与《民事诉讼法（试行）》相比，在1991年《民事诉讼法》中，职权主义诉讼模式的属性有了一定程度的弱化，但是，从总体观之，1991年《民事诉讼法》在法院与当事人关系的配置上"几乎没有体现辩论主义的理念"〔2〕。二者之间关系的配置基本沿袭了《民事诉讼法（试行）》的内容，职权主义在我国民事诉讼中的主导地位仍然不可撼动。

（二）第二阶段：初步采纳辩论主义的民事诉讼模式

最高人民法院于2002年施行了《关于民事诉讼证据的若干规定》（以下简称《民事证据规定》），该《民事证据规定》初步纳入了有关辩论主义的部分内容，〔3〕为当事人具体化义务的发展奠定了理论基础。《民事证据规定》第8条规定了自认适用场合、拟制自认以及撤回自认的条件，这标志着我国正式建立了自认制度，尽管这些规定的内容还较为粗糙。一般认为，自认制度是辩论主义的内容之一，因此，自认制度是检验是否确立辩论主义诉讼模式的重要标准。〔4〕《民事证据规定》中关于自认的内容意味着我国民事诉讼中的职权主义色彩进一步减弱了。这为当事人具体化义务的生长和发展提供了空间。此外，《民事证据规定》第15条和第16条极大限缩了法院调查取证的范围，将其限于国家利益、公共利益及他人利益。在这些事项之外，法院

---

〔1〕 参见江伟主编：《民事诉讼法》，高等教育出版社、北京大学出版社2000年版，第230页。
〔2〕 任重："改革开放40年：民事审判程序的变迁"，载《河北法学》2018年第12期。
〔3〕 参见王亚新、陈杭平："论作为证据的当事人陈述"，载《政法论坛》2006年第6期。
〔4〕 参见张卫平："民事诉讼体制转型中的《民事证据规定》"，载《中国司法》2005年第4期。

只能在当事人申请的情况下才能调查收集证据。这使得法院更多地回归了消极中立的地位，其角色定位就在于根据事实进行裁判。也就意味着，当事人要自己提出事实，并对自己主张的要件事实负担证明责任，这与辩论主义第三要义的内容基本一致。

（三）第三阶段：扩展当事人具体化义务的运行场域

《中华人民共和国民事诉讼法》（2012年修正）（以下简称2012年《民事诉讼法》）第13条引入了诚实信用原则，旨在规制民事诉讼实践中当事人虚假诉讼、拖延诉讼、恶意诉讼等滥用诉讼权利的行为，其中已然隐含了对当事人具体化义务的追求。2012年《民事诉讼法》第133条规定法院受理案件之后，要依照不同的情形，分别进行处理。从中可以看出，法院对案件的处理方式要受到诉讼中双方当事人的争议焦点的约束，而争议焦点的确定，必须建立在对案件事实具体、详细了解的基础之上，这就要求当事人在对案件事实进行陈述时，必须详尽、具体。

最高人民法院2015年《关于适用〈中华人民共和国民事诉讼法〉的解释》（以下简称2015年《民事诉讼法解释》）对人民法院适用2012年《民事诉讼法》过程中遇到的相关问题作了全面系统的规定。其中，第208条是关于民事诉讼立案登记制度的规定，但是立案登记制度并未否定当事人在起诉阶段的具体化义务。当事人的起诉仍然建立在2012年《民事诉讼法》第119条的基础上，即当事人要提供"具体的诉讼请求和事实、理由"。

最高人民法院2019年《关于民事诉讼证据的若干规定》（以下简称《新民事证据规定》）在2015年《民事诉讼法解释》的基础上对自认、文书提出命令等制度内容进行了细化性规定，使我国民事诉讼中的当事人具体化义务制度再次向前迈进了一步。自认是当事人在诉讼过程中的一种攻击防御方法，自认具有表明"一方当事人承认另一方当事人主张的事实的效果，也表明双方当事人在某一特定事实上达成了一致意见或消除了分歧"。[1]自认是与辩论主义密切相关的一项制度。辩论主义的第二项基本内容即是"当事人自认的事实，法院无须另作判断，一般应当将该事实作为裁判的基础"。[2]《新民事

---

[1] 参见段文波："我国民事自认的非约束性及其修正"，载《法学研究》2020年第1期。
[2] 参见熊跃敏："辩论主义：溯源与变迁——民事诉讼中当事人与法院作用分担的再思考"，载《现代法学》2007年第2期。

证据规定》以六个条文的篇幅对自认进行了更加细致的规定，使得自认制度在司法实践中更具可操作性。《新民事证据规定》规定的自认制度的内容，主要表现为以下几个方面，其一，明确了自认发生的场合包括"证据交换、询问、调查过程中，或者在起诉状、答辩状、代理词等书面材料中"，扩展了自认制度的适用范围；其二，明确了拟制自认的适用，若一方当事人对于对方当事人主张的事实不承认但也不否认，经审判人员说明后果并进行询问之后，仍然立场不明的，就可以视为对该事实的承认。

《新民事证据规定》第45条至48条是对文书提出命令的细化规定，其中，该制度要求向法院提出申请的当事人具体陈述书证的相关内容，是当事人具体化义务的体现。文书提出命令也就是指一方当事人向法院申请对方当事人提交书证，[1]旨在解决一方当事人负有举证责任，但完成举证责任所需的书证由对方当事人掌握或控制的情况。当事人要求对方当事人提交书证，一方面可能会给对方当事人带来不必要的诉讼负担，另一方面也可能导致诉讼拖延。因此，当事人向法院申请要求对方当事人提交书证时，应当向法院具体并全面地说明书证的名称、书证记载的内容、书证所要证明的事实等内容，否则当事人的申请将无法得到法院的支持。

---

[1] 参见李浩："新《民事诉讼证据规定》的主要问题"，载《证据科学》2020年第3期。

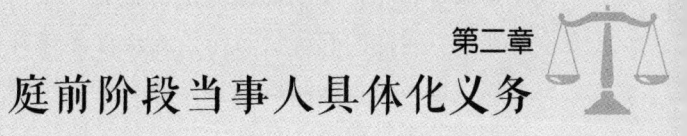

第二章 庭前阶段当事人具体化义务

十八大以来,中央强调"切实加强民事审判,积极推进司法改革",民事审判越来越多地承载着"让人民群众在每一个司法案件中感受公平正义"的重任。实现这一重任的关键在于切实保障诉讼公平,积极提升诉讼效率。如果说通往实现这一重任的道路有许多条,那么确立当事人具体化义务就是其中重要的一条。在立法和司法中确立当事人具体化义务有助于保障诉讼公平和提升诉讼效率,因为当事人攻击防御方法的提出方式及详略程度直接关系到诉讼的合目的性,其不但涉及诉讼能否有效进行,还关乎诉讼对正义的输出程度,其关键就是当事人具体化义务的实施问题,本章将着重阐述民事诉讼庭前阶段当事人具体化义务的实施。

第一节 起诉状的当事人具体化义务

起诉状作为开启司法程序的钥匙,对民事诉讼的重大意义不言而喻。作为一种实践性极强的诉讼文书,法学教育和司法实践侧重于关注起诉状的书写技巧,起诉状的学理价值并未得到应有的重视。而且在立案登记制的背景下,法院对起诉状只做形式上的审查,关注点也只在于原告对被告信息的提供上,而不在于重要事实细节的提供。

实际上,起诉状不仅仅有开启诉讼之功能,还有丰富的信息提供之功能,对诉讼程序的推进展开也有相当重大的意义。被告可以通过原告提供的诉讼信息做好防御准备,从而使庭审的争议焦点更加集中和突出。但在实践中原告为了胜诉,往往会采取大幅度简略民事起诉状篇幅的诉讼策略,对事实主张仅做抽象甚至隐藏式的描述,等到开庭时观察庭审情况后,再根据己方的需要，用口头或书面补充的形式提出具体的事实主张，以此来防止被告过早了解纠纷状况，以期在法庭上打被告一个措手不及。不容忽视的是，在司法实践中，这样的起诉状写作模式被许多律师作为一种诉讼技巧代代传承，这不仅会侵害被告的防御利益，还会进一步诱发和加剧诉讼延迟，不利于实现审理的公平与效率。有鉴于此，要求原告对自己的事实主张做出具体详尽的阐释是保障被告权利的应有之义。

当事人具体化义务的客体是当事人对事实的具体陈述，其特点在于"当事人对案件事实的陈述要具体详细"[1]，是围绕"事实陈述"或者"事实主张"而展开满足具体化之要求。在起诉阶段，学界的主流观点认为当事人具体化义务的要求在于明确诉讼标的。但诉讼标的本身就是模糊且充满着争议的问题，在起诉状中如何明确诉讼标的？此外，诉讼标的与诉讼请求、事实与理由是什么关系？起诉状具体化义务是否需要涵盖管辖理由？厘清这些问题对构建当事人具体化义务体系具有重要意义。

一、起诉状的当事人具体化义务概考

（一）起诉状的结构

民事起诉状是极其重要的诉讼文书，是原告认为自己的合法民事权益受到他人侵害，通过向法院提交的方式开启民事诉讼大门的钥匙。《中华人民共和国民事诉讼法》（2017 年修正）（以下简称 2017 年《民事诉讼法》）第 120 条规定除了极为特殊的情况，起诉状必须书面提交。[2] 2017 年《民事诉讼法》第 121 条对起诉状的内容作出了较为详细的规定，主要包括三方面的内容，一是原被告的基本信息，包括姓名，住址等；二是诉讼请求与事实、理由；三是有关证据的规定。[3]

---

[1] 胡亚球："论民事诉讼当事人具体化义务的中国路径"，载《清华法学》2013 年第 4 期。

[2] 2017 年《民事诉讼法》第 120 条规定："起诉应当向人民法院递交起诉状，并按照被告人数提出副本。书写起诉状确有困难的，可以口头起诉，由人民法院记入笔录，并告知对方当事人。"

[3] 2017 年《民事诉讼法》第 121 条规定："起诉状应当记明下列事项：（一）原告的姓名、性别、年龄、民族、职业、工作单位、住所、联系方式，法人或者其他组织的名称、住所和法定代表人或者主要负责人的姓名、职务、联系方式；（二）被告的姓名、性别、工作单位、住所等信息，法人或者其他组织的名称、住所等信息；（三）诉讼请求和所根据的事实与理由；（四）证据和证据来源，证人姓名和住所。"

基于民事诉讼法的规定，起诉状应当具备以下双重功能：一方面，起诉状具有开启诉讼之功能。原告通过提交起诉状，将双方的纠纷提交到法院进行裁判，以司法的方式去解决纠纷，开启了使用国家司法力量维护自身的合法权益的程序。另一方面，起诉状还具有相应的"准备功能"[1]，这种准备功能体现在两个方面。对法院而言，原告对被告信息的提供，能够使法院完成相应的送达程序，以及尽早地预测案件可能存在的争论焦点，做好审理前的准备；对被告而言，能够大致了解发生的事实纠纷以及分析原告方攻击的目标及方式，选择好相应的诉讼策略，为诉讼防御提前做好准备。

（二）当事人具体化义务语境下对起诉状功能的反思

当事人具体化义务作为舶来品，在我国的司法应用中需要考虑我国民事诉讼的现状与特点，以实现本土化移植。比如，我国目前民事诉讼审前程序往往流于形式，要明确双方的争论焦点，对起诉状中当事人具体化义务的要求就不能过低。

1. 关键概念依然存有疑惑

按照通说，在民事诉讼中当事人的具体化义务就是对自己的主张进行详细的阐述。民事诉讼有诸多的阶段，每个阶段当事人的具体化义务又存有一定的差异。在起诉阶段，有学者认为，当事人的事实主张以特定诉讼标的为限。[2]事实上，这样的界定存在两个关键概念的疑惑。

一是何为事实主张？通说观点认为，当事人提出的能产生独立法律效果的要件事实为事实主张。[3]该种观点将事实主张界定为要件事实之主张。这种界定存在着两个问题，一是事实主张是否就等于起诉状中的"事实与理由"部分的事实？如果等同，那么和现实相差巨大。因为在事实的阐述上，实践中绝大部分当事人都是按照时间顺序展开，若是要求当事人对事实按照法律要件展开，则显得过于强人所难。二是"事实与理由"部分理由的内容安排。既然要件事实主张就是法律要件事实，已经包含了权利主张，那么权利主张

---

[1] 刘敏："功能、要素与内容：民事起诉状省思"，载《法律科学（西北政法大学学报）》2014年第3期。

[2] 参见李凌："事实主张具体化义务的中国图景"，载《当代法学》2018年第1期。

[3] 参见占善刚："附理由的否认及其义务化研究"，载《中国法学》2013年第1期。

如何体现在"事实与理由"中？权利主张主要是指"基于实体法规定的权利而要求对方给付、作为或不作为的主张"[1]，相当于一种说理——从事实中论证出法律规定的请求权。既然要件事实已经可以论证出请求权，那么还有继续说理的必要吗？

二是何为诉讼标的？或者说原告在起诉状中的陈述达到怎样的程度才算确定诉讼标的？诉讼标的本身就是一个极具争议性的问题，诉讼标的从最简单的含义上来说，就是诉讼的对象，[2]但诉讼的对象和诉讼标的一样，也是极为抽象的概念，需要进一步识别。传统的理论认为，原告的权利主张即诉讼标的确立标准，有多少实体请求权就有多少个诉讼标的。但是按照该学说，在请求权竞合的情况下，当事人就能够同时基于侵权和违约要求当事人进行两次给付，这显然是不合理的。在新的诉讼标的说中，影响较大的是罗森贝克的"二分肢说"，该学说认为诉讼标的是由"诉的声明+事实理由"构成，而事实指的是经验生活事实而非法律事实。该学说解决了基于一个事实下请求权竞合的问题，但无法面对数个法律事实与请求权而给付目的只有一个之情景，比如基于票据关系和原因关系而主张的一个给付目的的案件。[3]除此以外，还有一分肢说、三分肢说、新实体法说等多种观点。

在我国，有学者赞同旧实体法说，认为"诉讼标的是请求法院审判的当事人之间发生争议的实体法律关系"[4]。也有学者对二分肢说进行了修改，将经验事实经过法律评价改造为原因事实，提出诉讼标的的特定依赖于诉的声明和原因事实。[5]还有学者做了折中处理，认为应当依据诉的类型来界定诉讼标的，在确认之诉与形成之诉中诉讼标的为确认和变更、消灭实体法律关系的诉讼请求，在给付之诉中则是要求对方履行给付义务之诉讼请求。[6]

通过前述分析，立足于当事人具体化义务的情景，诉讼标的在起诉状中

---

[1] 陈小龙："主张视角下的抗辩与否认识别构造论"，载《河南工业大学学报（社会科学版）》2019年第4期。

[2] 参见张卫平："论诉讼标的及识别标准"，载《法学研究》1997年第4期。

[3] 参见段厚省：《民事诉讼标的论》，中国人民公安大学出版社2004年版，第39页。

[4] 刘敏："功能、要素与内容：民事起诉状省思"，载《法律科学（西北政法大学学报）》2014第3期。

[5] 参见周成泓："走向动态：民事诉讼当事人的具体化义务"，载《华南农业大学学报（社会科学版）》2010年第2期。

[6] 参见江伟主编：《民事诉讼法》，高等教育出版社2016年版，第69页。

更多是要维持当事人攻防的平衡——原告的事实主张达到一定具体化程度能够促进诉讼的有效进行。然而，诉讼标的理论中涉及当事人是否适格、案件是否涉及重复起诉等问题并不是起诉阶段当事人具体化义务所要考虑的内容。因此，在实践中，法官对诉讼标的的要求在于案件的特定化——以区别所陈述案件事实与其他事实，而作为原告要怎么才能够实现明确诉讼标的这一目标或者如何实现案件的特定化，是一个非常现实的问题。

2. 诉讼标的的转化与衔接问题

在起诉状中，如何进行诉讼标的转化需要结合起诉状的结构、功能。基于对诉讼标的学说的简要梳理，诉讼标的的识别有两个重要的要素：诉讼请求和事实。狭义的诉讼请求即为诉的声明。但是，对事实的理解就比较多，既可以理解为不包含法律评价的生活经验事实，又可以理解为法律事实。在法律事实中，还可以详细分为法律关系与请求原因事实（即"权利产生事实或权利成立要件事实"[1]），这两个部分又恰恰与起诉状的"诉讼请求""事实与理由部分"相重合。要实现通过诉讼请求与事实共同去识别诉讼标的，就要求诉讼请求必须具体，而事实应为法律要件事实。但是，诉讼请求需要达到怎样的程度才能算得上"具体的诉讼请求"？而事实要达到怎样的程度才能算得上"具体的事实"？

3. 对起诉阶段的当事人具体化义务要求过低

一方面对事实细节要求过低。按照通说，当事人具体化义务的核心意旨是当事人对案件事实的描述应当具体细致。如果涉及案件的重要具体事实被忽略，则有可能导致事实主张的抽象化。[2]但是，在起诉阶段民事诉讼法也应当注重对当事人诉权的保障，当事人具体化义务的程度不宜过高，其最低要求仅为确定诉讼标的。我国民事诉讼并没有类似英美法系中的审前程序，庭前会议制度的建设还任重而道远，并没有很好地发挥证据交换的作用和争点整理的功能。在开庭前，被告要了解原告的攻击策略，起诉状就成了重要的渠道。如果起诉状的当事人具体化义务仅要求确定诉讼标的，则对对方当事人防御是极为不利的。事实上，为防止或避免事实陈述抽象化，起诉状通

---

[1] 邵明、周文："论民事之诉的合法要件"，载《中国人民大学学报》2014年第4期。

[2] 参见胡亚球："论民事诉讼当事人具体化义务的中国路径"，载《清华法学》2013年第4期。

常被视为具有承认当事人的具体化义务的直接目的。[1]与诉讼要件有关的重要细节，如与管辖相关的地点、侵犯著作权案件中的具体侵权细节，这些具体事实的陈述都有助于对方当事人进行有针对性的防御，进一步而言还有加快诉讼进程，起到促进诉讼的作用。

另一方面是对管辖具体化理由的遗漏。在民事诉讼中，整个攻击防御方法体系都要受到当事人具体化义务的规制。[2]当事人具体化义务主要源于德国，而在国外，管辖往往并不是影响诉讼进程的问题，所以既有的研究中并没有发现当事人具体化义务对管辖理由有所要求。移植域外先进的法律制度、法律理念，是加快中国法治建设的重要方式，但也应当兼顾我国的国情以及当前民事诉讼所呈现出的特点。在我国，管辖问题往往成为当事人之间首次争议的焦点，对于管辖权的争议已经影响到了诉讼的进程，如此重要的管辖问题却未能被涵盖在当事人具体化义务中，实属可惜。当事人具体化义务的管辖理由缺位可能会滋生出两大问题，一是作为原告方的当事人会规避管辖，二是被告可能利用管辖权异议拖延诉讼。这两大问题最终会导致审判效率的降低，进一步加剧司法资源的浪费。可以说，管辖理由已经具有了纳入到当事人具体化义务中的现实意义。

二、起诉状中"诉讼请求"的当事人具体化义务

诉讼请求是民事起诉状必不可少的部分，世界各国和地区的民事诉讼法，都对诉讼请求作出了硬性要求。[3]诉讼请求广义上理解为原告通过受诉人民法院向被告提出的实体权利的主张，但实践中诉讼请求采用的是狭义的概念，原告想要实现的实体权益内容或者想要获得法律效果的主张，即"诉的声明"。但是诉讼请求如何达到具体化义务，"具体的诉讼请求"的"具体"如何理解，需要进一步分析。

---

〔1〕参见陈贤贵："当事人的具体化义务研究"，载《法律科学（西北政法大学学报）》2015年第5期。

〔2〕参见王聪、郑则川："有序与效率：当事人主张的具体化义务研究——以民事诉讼为视角"，载《西南政法大学学报》2012年第1期。

〔3〕如德国《民事诉讼法》第253条规定："起诉以诉状之送达为之。诉状应记明下列各点，当事人与法院；提出的请求的标的与原因，以及一定的申请。"日本《民事诉讼法》第133条规定："提起诉讼，应当向法院提出诉状。诉状应记载下列事项，当事人及法定代理人；请求趣旨及原因"。

(一) 诉讼请求具体化义务的现实需求及分析

诉讼请求的具体化义务不仅仅能够保障被告的防御利益，更为重要的是能够通过对诉讼请求的梳理，减少诉讼的风险与漏洞，从而保障原告自己的利益。

1. 诉讼请求具体化义务对被告防御利益的保障

诉讼请求作为原告方最想要实现的目标，也是其提起诉讼的目的。如果作为进攻方的原告在诉讼请求中隐瞒部分信息，被告在防御中就比较被动——想要防御却不知从何下手。特别是在金钱给付的案件中，如果原告的诉讼请求没有列明具体的金额，被告就很难在开庭前对于具体金额作出有针对性防御。

案例1：在杨某妞诉王某英健康权纠纷一案中，原告提出"判决被告赔偿我治疗期间各项费用总计22 245元"，但并没有在诉讼请求中详细列明各项费用的具体构成，而且在事实与理由的陈述中也没有对金额进行具体的说明。[1]

该案例代表了司法实践中较为常见的情形——在金钱赔偿案件中的原告只给出具体的数额，隐藏了各个部分的实际数额，而且在起诉状的事实部分也没有详细展开，等到开庭之后再一一主张各部分的具体数额。这就使得对方当事人很难对构成赔偿金额的各个部分在开庭前就做出充分的防御准备，事实上侵害了对方当事人的防御利益。最后，法院在判决中指出："本院认为，公民的健康权依法受法律保护。行为人因过错侵害他人民事权益，应当承担侵权责任。王某英驾驶电动三轮车行驶未在确保安全、畅通的原则下通行，造成此次交通事故发生，应当承担全部侵权责任。原告要求被告赔偿损失的诉讼请求，本院予以支持。因原告诉讼请求不明确，仅支持原告药费的诉讼请求。原告提供交通费票据是连号，且被告不认可，本院不予支持。"[2]

2. 诉讼请求具体化义务对原告利益的保障

原告对于诉讼请求进行一定的模糊处理客观上能够达到使被告措手不及的效果，实现庭审突袭的目的。在实践中即便是没有具体的诉讼请求一般也不会引起诉讼的障碍——法院并不会因此原因而不予立案。但是诉讼请求不

---

[1] 参见河南省西平县人民法院（2017）豫1721民初2198号判决书。
[2] 河南省西平县人民法院（2017）豫1721民初2198号判决书。

具体是伴随着风险的，一旦诉讼请求未能达到当事人具体化义务的要求，又不在诉讼中加以补正，很有可能会面临败诉的严重后果，司法实践中这样的教训并不少见。

（1）给付之诉的案例

给付之诉作为实践中最常见的诉讼类型，涉及的案件最多，同时诉讼请求达不到具体化义务要求的情况较为突出。给付之诉中，诉讼请求不符合当事人具体化义务的要求主要有以下3种情况。

案例2：在原告湖南湘乡某商业银行股份有限公司诉被告杨某光、胡某新金融借款合同纠纷一案中，原告提出了数项请求，其中有一项是"请求判令被告承担本案诉讼费用和实现债权的一切费用"。但法院审理认为："原告湖南湘乡某商业银行股份有限公司要求被告承担实现债权的一切费用，该诉讼请求不明确、不具体，且没有提交证据证实，本院不予支持，原告可待实际发生后，另行主张。"[1]

案例3：在原告高某玲与被告毛某英生命权、健康权、身体权纠纷一案中，原告提出了以下诉讼请求：1. 判令被告支付原告各项经济损失合计3 641.50元（其中医疗费441.50元、误工费2100元、清洗车内坐垫100元、精神损失费1000元）；2. 判令被告向原告赔礼道歉……但由于诉讼请求中原告并未明确赔礼道歉的方式、范围及内容，法院认为这属于诉讼请求不明确，所以不予支持。[2]

案例4：在原告王某刚诉被告沈阳某新型管业有限公司名誉权纠纷一案中，被告盗用原告姓名及身份作为其法定代表人及董事长，原告提出确认被告2011年3月15日至今期间始终盗用原告姓名及身份作为其法定代表人及董事长，该行为侵犯了原告的姓名权及名誉权；确认2011年3月15日至今因被告上述侵权行为而引发的法律责任应由被告自行承担，与原告无关。法院虽然确认被告侵犯了原告的姓名权，但同时也认为原告陈述该侵权行为引发的法律责任是潜在的法律风险，现还不能确定，此项诉讼请求不明确。[3]

---

[1] 参见湖南省湘乡市人民法院（2017）湘0381民初2702号判决书。

[2] 参见宁夏回族自治区石嘴山市大武口区人民法院（2017）宁0202民初839号判决书。

[3] 参见辽宁省沈阳市于洪区人民法院（2018）辽0114民初670号判决书。

(2) 确认之诉与形成之诉的案例

案例 5：在原告侯某萍与被告赵某宇、刘某合同纠纷一案中，原告侯某萍向法院提出诉讼请求：确认两被告 2005 年 6 月就北京市东城区东直门外香河园路万国城 1 号院 1901 室房屋所签订的《房屋转让协议》对原告不产生法律效力。一审法院以诉讼请求不具体明确为由，对该案予以驳回。二审法院进一步指出诉讼请求不具体是因为"没有可以执行的内容"[1]。

案例 6：在薛某年诉庆阳某旅游汽车服务有限公司买卖合同纠纷案中，原告的诉讼请求中出现了相互矛盾的情形——既提出"确认签订的车辆转让协议无效"又提出"如果合同有效，请求依法解除，返还车辆"。一审法院认为该这样的诉讼请求不明确具体——不能同时提起确认合同效力之诉和解除合同之诉，二审法院也认为原告自相矛盾的诉讼请求不符合法律规定。[2]

(3) 小结

通过以上案例可以发现，诉讼请求未达到当事人具体化义务的要求而导致的败诉存在于各类型的诉讼中。原告败诉的原因不在于证据不足等客观情况，而在于一开始自己的实体主张就存有问题，这对于原告而言是十分可惜的。因此，原告在诉讼请求中尽到具体化义务，其实也能够降低自己的诉讼风险。

就案例 2 与案例 3 而言，从文义解释上就能够发现诉讼请求欠缺明确性、具体性。"实现债权的一切费用"，这个费用是多少，这要法院给当事人计算吗？"判令被告向原告赔礼道歉"，赔礼道歉的方式是什么，是在法庭上当面道歉还是在社交媒体上发表致歉声明？这些具体的执行方式或者权益实现的具体手段，法院根本无法量化。受辩论主义与处分主义的约束，当事人没有阐明的主张，法官是不能帮助当事人进行阐述的，比如"实现债权的一切费用"，不能由法官来定，否则法官既是运动员又是裁判者，影响司法的中立性。同样，案例 6 中的相互冲突的诉讼请求，也影响到了法官的中立性。此外，执行也是当事人具体化必须考虑的因素，例如案例 4 中"潜在的风险"导致的执行问题，如果客观上没有执行的可能性，即便是事实清楚、证据充分的案件，也可能由于诉讼请求存在问题而被驳回。

---

[1] 山西省太原市中级人民法院（2020）晋 01 民终 3589 号裁定书。
[2] 参见甘肃省庆阳市中级人民法院（2014）庆中民终字第 527 号判决书。

3. 诉讼请求具体化义务对法院审理效率的提高

具体的诉讼请求能够进一步归纳争议焦点，使法院的审理更有针对性。比如案例1中的"实现债权的一切费用"该由哪些费用构成，这些费用可能会在哪些地方发生争议？如果当事人不加以详细阐述，法官也无法判断可能的争议焦点。而在案例3中，若原告提出了经济损失的各项具体构成，法官就可以根据案情与自己的经验做出一定的预判，如误工费的认定、精神损害赔偿金的数额可能会是争议的焦点，从而确定审理的重点。

此外，当事人具体化义务的要求，也能够减少原告随意的、宽泛的诉讼请求，减少对诉讼资源的肆意使用，避免在这些诉讼请求上浪费审理时间，进一步提高诉讼效率。实践中原告有一种错误的倾向，认为诉讼请求写得越多、金额写得越大就越有可能得到法院的支持。比如案例4中"确认2011年3月15日至今因被告上述侵权行为而引发的法律责任应由被告自行承担，与原告无关"，连当事人自己也不清楚有哪些风险，这样的诉讼请求显然得不到法院支持。

最后，具体的诉讼请求有利于原被告双方矛盾的就地解决，发挥诉讼定纷止争、息诉罢讼的作用。原告的诉讼请求未达到当事人具体化义务的要求，经过法院阐释后仍然不补充，可能会导致败诉。但是，此时当事人双方的矛盾仍未得以化解，原告为了维护自己的合法利益肯定会继续起诉。特别是在案例3中，原告的部分诉讼请求被驳回，这时候基于一事不再理原则，原告不能就该事实再次起诉。如果原告不服又丧失了司法救济的资格，可能会进一步加剧矛盾，引发上访等问题。

（二）诉讼请求的具体化义务所需达到的程度

诉讼请求的当事人具体化义务可以从两个大的角度进行把握。第一，在总体上需要遵照相应的逻辑体系；第二，具体的诉讼请求在不同的诉讼类型中呈现出不同的特点，比如给付之诉就必须考虑执行中第三人协助的问题，这需要从三种诉讼类型的特点出发，对诉讼请求进行具体分析。

1. 诉讼请求的具体化义务所需遵循的逻辑体系

目前法律对"具体的诉讼请求"并没有详细的规定，这为原告隐藏诉讼攻击意图提供了操作的空间。整体上看，诉讼请求的具体化程度既需要为被告的答辩提供防御的目标，又需要减少不恰当的诉讼请求以提高法院审判的效率。因此,"具体"的诉讼请求总体上有"双重内涵"——从"具体、明确"到"排除冲突"。

一方面,当事人提出的诉讼请求应是具体的、明确的,从反面理解就是诉讼请求应当排除潜在的、不确定法律风险的事项。例如案例 4 中的诉讼请求是"确认发生的法律风险与原告无关",这种所谓的风险只是当事人认为的可能性风险,实际上这种风险什么时候会发生、是否给当事人造成了损害在审判时并不清楚,不是法院通过判决的方式能够解决的。

另一方面,具体化的诉讼请求意味着诉讼请求的不冲突性,即存有多个诉讼请求时,需要排除不同诉讼请求之间的冲突与矛盾。例如案例 6,当事人非常"聪明",基于减少风险的考量,直接给法官与当事人都抛出了难题,让法官来对合同进行选择——合同无效还是有效后解除合同,而且这也给对方当事人造成了极大的防御困难——无论证明合同有效,还是无效,从逻辑上来讲,防御哪一个都吃亏,这简直成了"上帝悖论"。

2. 确认之诉与形成之诉的诉讼请求具体化程度

确认之诉是确认原告与被告是否存在某种法律关系,形成之诉则是要求法院变更或者消灭与被告之间的某种法律关系,二者具有较大的相似性。相对于给付之诉的案件,确认之诉与形成之诉的案件中因为诉讼请求未达到当事人具体化义务程度而败诉的情况特别少,其原因在于"具体"比较容易掌握——确认之诉主要在于明确权利的范围,变更之诉在于明确变更权利的对象。在这两种类型的诉讼中,当事人所追求法律效果往往相对单一,对执行因素也考虑较少。

在确认之诉与形成之诉的诉讼请求中只需考虑两种因素——发生争议的实体法律关系和这种实体权利义务关系的法律效果。在常见的婚姻家庭纠纷领域,如果原告具体的诉讼请求为请求"解除与 xx 的收养关系",那么此时发生争议的实体权利义务关系是收养关系,法律效果是对收养关系的解除。再如确认之诉,如果原告主张"确认甲具有 xx 房屋的所有权",那么发生争议的实体权利义务关系是所有权关系,法律效果是对 xx 房屋的所有。此外,这两种类型的案件中,当事人具体化义务可以有所减轻。即便原告的诉讼请求可能不是特别具体,但只要该诉讼请求能与起诉状中的"事实与理由"部分相互关联、加以印证,也应当认定为达到了当事人具体化的要求。比如原告没有在诉讼请求中具体说明"甲具有 xx 房屋的所有权",但在起诉状随后的"事实与理由"部分详细记载了此房屋的具体地址,那么也应当视为原告已经尽到了当事人具体化义务。

3. 给付之诉的诉讼请求具体化程度

相对于确认之诉与形成之诉,给付之诉的案件在实践中比重更大,当事人具体化义务的问题也更加复杂。《中华人民共和国民法典》(以下简称《民法典》)第 179 条规定了停止侵害、排除妨碍、消除危险等 11 种民事责任的承担方式。但责任的承担方式并不能直接作为当事人的诉讼请求,需要原告把这些责任承担方式与具体案件相结合,去填充自己的诉讼请求。而这种"结合"或者"填充",必须达到当事人具体化义务的程度,为法官、被告呈现出的是"具体的诉讼请求"。给付之诉中,具体化的诉讼请求的重点在于诉讼请求的可执行性——这种可执行性主要考虑两方面因素,一是根据诉讼请求在客观上法院是否能够直接执行,二是第三方有无配合的可能性。

按照给付的标的是物还是行为进行划分,主要有以下两种情况。首先就给付的标的为物而言,最重要的是把握给付的"量"——给付的是金钱还是特定物,如果给付的是金钱,那么必须明确金额的具体数额;如果给付的是特定物,那么必须明确特定物的具体名称以及数量。此种情形,一般不需考虑第三方的协助状况,直接立足于法院执行情况。但值得注意的是,在常见的损害赔偿案中,除了应当载明金钱的具体数额,还应当载明金额的具体构成,例如案例 3 中,当事人在金额的计算中,不仅有具体的金额,还有赔偿金额的具体构成,这就尽到了诉讼请求的当事人具体化义务。此外,如果原告请求给付的是特定物,还需要说明/阐明能够区分特定物的特有标识,如请求被告返还车牌号为××的小轿车一辆。

当原告请求给付特定行为时,具体的诉讼请求就更加复杂,这种复杂性在消除影响、恢复名誉以及赔礼道歉这几类责任承担方式中尤为突出。因为在此类责任承担方式中,原告往往会直接简单地套用法律规定的责任承担方式,但这样做的后果就是诉讼请求未能达到具体化义务的要求,得不到法院的支持。以赔礼道歉为例,除了当面赔礼道歉外,实践中主要还有以下两种方式，一种是书面道歉的方式，即要求被告向原告书面赔礼道歉；[1]一种是在媒体上公开道歉的方式，如"于本判决生效后 10 日内，在省级或以上媒体向社会公开赔礼道歉"[2]，或者当面赔礼道歉，并在《人民日报》《光明日报》上刊登道歉启事。[3]但实践中许多当事人的诉讼请求就是简单地"向原告赔礼道歉"，这显然会被法院以诉讼请求不具体为由驳回。因此，具体化的诉讼请求在执行层面至少应当考虑以下两方面因素。

一方面，必须考虑在客观上对方当事人是否有继续履行的可能性。在原告要求被告承担停止侵害、恢复原状、继续履行等责任的案件中，如果侵害已经结束、物品已经毁损，原告在起诉中请求停止侵害已经没有意义。再如被告已经违约，且合同已经没办法继续履行，这时强行要求被告继续履行也不现实。

另一方面，还需要考虑到第三方的协助程度，[4]此时的诉讼请求不宜过于具体，要兼顾被告履行的成本以及第三方主体配合的可能性。在"邹某甫与北京大学名誉权纠纷上诉案"中，原告要求被告不仅在搜狐网、网易等一系列网络媒体上赔礼道歉，还要求其在《北京青年报》《新京报》等报刊上致歉，但法院仅支持在"其新浪微博首页公开发表致歉声明"[5]。在本案中，法院就充分考虑到了媒体机构并没有帮助当事人刊登致歉的义务，面对这样特别的诉讼请求可能没有配合的可能性，而且一些知名媒体版面特别昂贵，被告也难以负担。因此，涉及执行时需要案外第三人协助时，具体化义务就呈现出动态的趋势——必须考虑第三人协助的可能性以及被告所付出的成本。此外，当事人还需考虑到第三方内部的一些规定，比如对刊登的版面的要求不能过于具体，有当事人对赔礼道歉的版面提出了具体要求——"致歉版面面积不小于 6.0cm*9.0cm（名片大小）"，但事实上法院只支持"显著位置连续 3 日刊载致歉声明"[6]。

---

[1] 参见北京市朝阳区人民法院（2014）朝民初字第 07701 号判决书。
[2] 重庆市第一中级人民法院（2017）渝 01 民初 773 号判决书。
[3] 参见云南省高级人民法院（2005）云高民一终字第 88 号判决书。
[4] 参见王学棉："'具体'的诉讼请求"，载《国家检察官学院学报》2016 年第 2 期。
[5] 北京市第一中级人民法院（2014）一中民终字第 09328 号判决书。
[6] 北京互联网法院（2019）京 0491 民初 26518 号调解书。

4. 诉讼请求具体化义务的减轻与法院的释明

（1）具体化义务的减轻

诉讼请求应当自始明确且具体，但在有的案件中由于原告收集证据能力、案件复杂情况等因素影响，原告暂时无法将诉讼请求具体化，这时应当适当减轻原告的具体化义务。例如在侵犯知识产权类案件中赔偿金额的计算，部分原告受收集证据能力不足的限制，很难在起诉时准确计算出具体的金额，这时候就需要申请法院调查相关证据，计算出具体的金额。因此，法院可以允许原告在诉讼请求中只提出目前已经能够明确的金额，在诉讼过程待证据进一步明确后，再确定具体的金额。

（2）法院的释明

司法实践中许多民事案件的原告并不会聘请专业的律师，绝大多数的当事人法律素养也并不高，诉讼请求的当事人具体化义务对他们而言是一个非常陌生的概念，原告很难把握"具体化"的程度。而原告诉讼请求不具体的后果非常严重——会引发部分诉讼请求得不到支持，或者败诉等严重后果，甚至可能会涉及"重复起诉"，进而导致失去司法救济的资格。法律不能强人所难，义务以可能为前提，因此法院通过对诉讼请求的释明适当介入，是诉讼请求当事人具体化义务的应有之义。

事实上，在司法实践中已经有法院开始对具体化的诉讼请求进行了释明。比如，阿克苏某汽车销售服务有限公司诉阿克苏某房地产开发有限责任公司合资、合作开发房地产合同纠纷一案，原告要求判令被告履行双方签订的协议书，将协议书约定的房产过户登记至原告公司或原告指定的第三人名下，但原告未在诉讼请求中载明需要办理房产证的相应房屋房号，在庭审中经法庭释明，原告仍未做出应有的补充，因此法院认为原告的第二项诉讼请求不明确，对该项诉讼请求不予支持。[1]

法院的释明具体而言又可以分为两个环节。一是立案环节，尽管我国目前实行的是立案登记制度，不能因为诉讼请求不具体而对当事人不予立案，但是立案法官如果发现当事人的诉讼请求有不具体之处，可以加以释明，并告知其可能存在的法律风险，建议其修改。二是进入案件审理阶段，审判法

---

[1] 参见新疆维吾尔自治区阿克苏地区中级人民法院（2017）新29民初33号判决书。

官发现诉讼请求未达到当事人具体化义务的程度,应当继续释明并告知其不利后果,若原告仍不对诉讼请求进行修改与补充,为了诉讼的继续进行,法官应当继续审理,并根据诉讼请求不具体作出相应的判决。

三、起诉状中"事实与理由"的当事人具体化义务

(一) 事实与理由的概念

1. "事实与理由"的一般理解

对于原告而言,具体的诉讼请求是具体化义务在起诉阶段的开端,而事实与理由部分的具体阐述则是具体化义务的重中之重。值得注意的是,2021年《民事诉讼法》第122条起诉的条件规定起诉要"有具体的诉讼请求和事实、理由",在第124条又规定了"诉讼请求和所根据的事实与理由"。尽管两个法条之间存在着细微的差异,但基于逻辑上的一致性,在起诉阶段"具体的诉讼请求和事实、理由"部分的表达只能通过起诉状展现,因此以上两个规定表明了立法者对事实与理由部分的双重要求——事实与理由不仅要依照诉讼请求展开,而且其阐释部分还需要达到当事人具体化之要求。

在明确了该前提后,问题随之而来——要不要严格区分二者的边界。有学者认为原则上可以不对二者进行进一步的区别,认为二者都是原告支持诉讼请求的基础与理由;在二者具体的分工上,事实主要是指原告与被告之间发生争议的民事法律关系产生、变更、消灭的事实;理由主要是指原告用来证明前述事实并最终证明自己实体权利主张的证据材料,也指有关的法律规定。[1]而立法机关的看法却有所差异,根据全国人大常委会法制工作委员会的解释,"事实"主要是指纠纷发生的事实经过,即客观情况,"理由"是指在事实的基础上,根据法律规定提出诉讼请求的理由。[2]

以上两种观点各有可取之处。第一,事实与理由应当作为一个整体看待,在明确其功能之前提下,再做内部的分工。事实与理由应当围绕诉讼请求展开,其目的在于作为诉讼请求的基础,为诉讼请求提供法律与事实的支撑;而且根据司法实践的习惯,事实与理由也通常是作为起诉状单独的一部分,

---

[1] 参见江伟主编:《民事诉讼法(第五版)》,高等教育出版社2016年版,第259页。
[2] 参见全国人大常委会法制工作委员会民法室主编:《〈中华人民共和国民事诉讼法〉条文说明、立法理由及相关规定》,北京大学出版社2007年版,第203页。

二者边界的划分不宜过于明确。第二，在二者的分工上，则需要明确事实与理由分别发挥什么样的作用。事实部分争议点在于案件事实要不要经过法律评价，"案件事实"到底是法律事实（民事实体法律关系发生、变更与消灭的事实）还是自然生活之事实。而理由部分的争议较大，到底是支撑诉讼请求的理由还是简单地列出法条。在司法实践中，理由部分更不为原告所重视，理由的撰写非常随意。

2. 当事人具体化义务下的"事实与理由"

在以往的研究中，起诉阶段的事实主张涵盖了"事实与理由"，通说的观点为事实主张在起诉阶段的最低的具体化义务是明确诉讼标的，使案件能够特定化，能够与其他事实或者其他法律关系有所区别。但是这种观点可能与我国民事诉讼法的规定相悖，一方面如果仅需要明确诉讼标的，那么诉讼请求与事实就能够完成这一任务，理由单独列于法律中就没有必要；另一方面，事实主张再怎么做扩张解释也难以将权利主张、法律主张纳入其中，总不能说事实主张涵盖了法律主张。因此，事实与理由部分的具体化义务不能只局限在使诉讼标的明确的最低的义务要求。

事实与理由作为事实主张的重要部分，最低要求是明确诉讼目的，那么达到什么样的标准才能明确诉讼标的？近年来，在起诉的标准上，我国诉讼法学界比较赞同大陆法系的识别说，但部分学者也提出借鉴美国的合理起诉标准。事实上，这两种学说都强调当事人所提供的法律要件事实能够合理推出其诉讼请求。因此，"事实与理由"应当共同去构造"法律要件事实""权利发生要件事实"。至于这个整体中的分工，按照实践中起诉状的书写习惯，事实可以仅为包含案件重要细节的生活经验事实（记录纠纷发生的情况）。理由就是权利理由，具体而言可以拆分为事实理由与法律理由。事实理由要求原告结合法律与事实论证出"请求原因事实"，从而能够直观地推导出原告的请求权；法律理由则要求原告必须提供支撑请求权的法律条文。

此外，如上文所述，事实主张仅要求诉讼标的的特定化不足以防止原告的抽象化的陈述。因为原告可以在开庭后，再使自己的事实主张达到具体化的要求，但这对被告而言是一种诉讼突袭，是难以防御的。因此，重要案件细节的陈述是"事实与理由"部分不能忽略之处。

3. "事实与理由"部分要达到当事人具体化义务的原因

若原告在事实与理由部分阐述的事实仅为生活纠纷事实，则被告很难从事实陈述中推断其所主张的权利、支撑诉讼请求的请求权。面对模糊的事实主张，被告很难选择合适的防御方式——是选择否认还是抗辩？被告进行概括性的否认与抗辩意义不大，反而可能给法官留下不诚实的印象。如果原告对事实进行充分的阐述，被告就能够预先知晓原告的请求权，做好相应的否认、抗辩的准备。而对法院而言，也能够进一步限缩审理范围，实现审理的集中化，节约司法资源。

(二)"事实与理由"存在的问题

1. "事实与理由"所呈现的仅为简单的生活经验事实，难以推导出请求权

案例7：原告王某富与被告张某龙买卖合同纠纷一案，原告王某富诉称原告与被告张某龙达成汽车买卖协议，被告将自有的一台宝马汽车作价20万元卖给原告，并保证该车辆无经济纠纷等影响汽车交易的事项，2017年4月17日该车被他人以该车辆已被抵押为由抢走，原告王某富要求被告返还原告买车款20万元整，并且判令被告返还原告修车费用2.5万元，案件受理费由被告承担。[1]但在事实与理由的陈述中，原告并没有就支持诉讼请求的原因事实进行说明——到底是合同违约之诉，还是侵权之诉。

案例8：受害人殷某臣生前系被告武城县某保安服务有限公司的职工，后被派往被告武城县物价局，被武城县物价局工作人员羞辱后自杀。后受害人妻女提起诉讼诉要求二被告共同赔偿三原告死亡赔偿金、丧葬费、医疗费等共计40万元。但原告也没有就原因事实进行说明——到底是追究雇主的赔偿责任还是追究第三人的侵权责任，而且在法院充分释明的情况下，仍然未做选择，其诉讼请求被法院依法驳回。[2]

以上两个案例涉及诉讼标的不具体特定的问题。案例7是违约之诉与侵权之诉的竞合，案例8是雇主赔偿责任与第三人侵权责任的竞合。原告在起诉状中只阐释了纠纷发生之事实，而非原因事实，被告并不知道原告是基于何种请求权而起诉。这种仅为生活经验的事实难以支撑起诉讼请求，诉讼标的也就无法具体特定。

2. 缺乏重要的具体案件细节

在常见的事实部分的叙事指导中，很少强调案件细节的部分，反而都强

---

[1] 参见吉林省长春市九台区人民法院（2017）吉0113民初2827号判决书。
[2] 参见山东省武城县人民法院（2018）鲁1428民初493号裁定书。

调一些大致经过，比如，下面的起诉状范本中就明确指出起诉状"应简明扼要地写清提出上述诉讼请求所依据的事实和理由，所涉事实的时间、履行经过、结果等基本要件"[1]。

上海市松江区人民法院网站的起诉状范本：

通用起诉状格式

民 事 起 诉 状

公民起诉格式

原告：××，男/女，××年××月××日生，××族，……（写明工作单位和职务或职业），住……。联系电话……。

委托诉讼代理人：××，……。

被告：同上。

单位起诉格式

原告：上海××有限公司，住所地上海市××路××号（如住所地与实际经营地不一致，还须写明实际经营地）。

法定代表人：××，董事长。

委托诉讼代理人：××，……。

被告：同上。

诉讼请求：

……（诉讼请求必须明确，如要求对方给付钱款的，必须有具体的金额）

事实与理由：

（应简明扼要地写清提出上述诉讼请求所依据的事实和理由，所涉事实的时间、履行经过、结果等基本要件）

此致

上海市某某区人民法院

---

〔1〕 上海市松江区法院："立案那些事儿"，载 https：//mp. weixin. qq. com/s?＿＿biz＝MzIwMjg4OTI2NQ＝＝&mid＝2247483795&idx＝1&sn＝f48063a5670004fbae0a161ec6a5dbfe&chksm＝96d680cda1a109db18055178467957c969cd43a698437fc90ad0f89a078d18f53b9cb7a611cd&scene＝27，最后访问日期：2021年6月28日。

附：起诉状副本××份

起诉人：公民本人签名或单位公章

××年××月××日

注：1. 诉状如是手写的，必须用钢笔或水笔（蓝黑或黑墨水）书写；
　　2. 起诉状副本份数，应按被告的人数提交。

其实，这种模糊的起诉状事实与理由的表述方式是不利于被告防御的。例如，在解除婚姻关系的诉讼中，原告提出一些抽象事实——"双方常因家庭生活琐事产生口角，致原告夫妻感情破裂"[1]或则"婚后性格不合，无法共同生活，未建立起夫妻感情"[2]，被告没有防御的空间，仅能进行单纯的概括性的否认，很难对事实进行有效的争执。这种表述不仅仅出现在解除婚姻关系的案件中，在侵权案件也不少见。例如在训修公司诉腾讯公司一案中，原告提出被告腾讯公司运营管理的腾讯自选股平台刊登了题为《训修实业（01××2）主席张有沧欺诈上市走私偷税百亿行贿工作人员》的文章，该文内容与事实不符……[3]但"内容与事实不符"究竟是哪个部分不符合，事实部分并没有载明，被告很难提前进行有针对性的准备工作。

3. 忽视支撑请求权的法律规定

按照通说，事实主张才是当事人具体化义务的客体，关于证据与法律的见解并不受当事人具体化义务的约束。但是，当事人双方的争点不仅仅包括原因事实的争议，还包含对法律适用的争执。法律理由部分可以不包含当事人对法律见解，但应当包括对权利发生要件所依据的法条。尽管法律没有明确规定"理由"该如何撰写，但实践中"理由"的表述却呈现惊人的一致——"为维护原告的合法权益，根据中华人民共和国民事诉讼法等相关规定，向贵院提起诉讼……"，这样的表述事实上是没有任何意义的套话，对诉讼的进程而言没有实际的促进作用。

（三）事实部分的当事人具体化义务的要求

事实是原告在起诉状中以文字的方式呈现的案件经过，也可以称之为

---

[1] 参见辽宁省辽中县人民法院（2016）辽0122民初4742号判决书。
[2] 吉林省延边朝鲜族自治州中级人民法院（2016）吉24民初128号判决书。
[3] 参见云南省昆明市盘龙区人民法院（2019）云0103民初11490号判决书。

"叙事"。这种"叙事"叙述的是当事人想要为法官呈现出的自己所期望的案件事实,与真实的案件事实相比肯定有一定的偏好与侧重,这难以避免。但是当事人在事实部分做抽象化的陈述,尽管在实践中很难因为事实不具体就不予立案,但会直接侵犯到对方当事人的防御利益。因此基于当事人具体化义务的要求,基于对被告防御利益的保障以及法院审理利益的保障,防止原告避重就轻、避实就虚或抽象空泛地提出事实,是应有之义。

上文已经提到,事实与理由部分作为一个整体,可以共同构造要件事实,因此在此部分,当事人的叙事可以不严格按照法律要件的逻辑展开。事实部分与理由部分的事实理由共同构成了原因事实,在此情况下应当允许在事实部分的要件事实不一一列举,例如在侵权案件中,当事人可以将主观故意、因果关系放在理由部分,在事实部分着重论述侵权行为的发生过程以及损害后果的具体构成。因此,事实部分通常应当围绕纠纷而展开,这一部分可以不附带法律评价。这部分的重点主要在于叙述案件发生的起因、经过以及结果。此外,该部分应当重点突出重要的案件细节,避免空洞化的事实陈述。例如纠纷发生的地点(可能涉及管辖问题),或在训修公司诉腾讯公司一案中提到的"内容与事实不符",原告方当事人就应当明确地写出哪些地方不符,将真实情况一一列举。

(四)理由部分的当事人具体化义务的要求

在当事人具体化义务的要求下,理由部分需要实现双重目的,一方面事实理由要求当事人结合案件事实阐述法律要件事实,为诉讼请求提供实体法上的支撑;另一方面在法律理由方面,需要提供请求权所依照的实体法律规范。当然,应当考虑到当事人的具体情况对具体化义务做适当的减轻。

1. 事实理由

从理想状态而言,原告需要论证其权利主张的合理性,即如何从事实联系到法律规定最终论证出自己的请求权。事实理由不能是纠纷事实的重复,应当是着重叙述法律要件事实,即请求权的构成要件。法律事实要件存在于实体法律条文的结构中,原告需要通过对法律规范的解读,再结合纠纷事实,构造要件事实。例如案例8,如果原告要追究雇主责任,则所依据的相关规范是2003年《最高人民法院关于审理人身损害赔偿案件适用法律若干问题的解释》（以下简称《人身损害赔偿解释》）第11条[1]以及《民法典》第1165条[2]（一般侵权），当事人需要完成以下事实主张：（1）双方存在雇佣关系（2）对方当事人有侵权行为（3）侵权行为造成了损害后果（4）违法行为与损害结果之间有因果关系（5）行为人主观上有过错。如果事实部分已经做了部分阐释，理由部分就应当重点阐释因果关系与过错。

但这样高的具体化义务要求可能会抬高原告的起诉门槛，与当前的立案登记制背道而驰。因此，权利主张理由的具体化义务不宜过高，特别是在没有律师代理的案件中，其最低限度是原告必须论证出自己基于何种法律关系或者基于何种请求权而起诉。

2. 法律理由

就通常而言法律理由不是必要的，毕竟如何选择法律与适用法律是法官自由裁量权的范围，法官并不受当事人对法律理解的约束。但是法律的选择与适用也是决定案件结果的重要因素，当事人双方在法律选择与适用上的争执，也有利于加强双方对法律的理解，从而提升对判决的认可度。因此，原告应当在理由部分附加上诉讼请求成立所适用的主要法律法规、司法解释或者指导性案例、上级法院裁判的类似案件。比如在交通肇事案件中，原告应该在理由部分载明"根据《民法典》××条、《中华人民共和国道路安全法》××条、《人身损害赔偿解释》××条的规定……"。

（五）起诉状事实与理由表述不清的案例

下面这一份起诉状的事实与理由部分表述不清，没有说明人身损害侵权行为发生的具体情况，也没有说明原告具体伤情、被告二与被告一之间责任关系的情况，给法院审理和被告防御带来一定难度。

---

[1]《人身损害赔偿解释》第11条第1款规定："雇员在从事雇佣活动中遭受人身损害，雇主应当承担赔偿责任。雇佣关系以外的第三人造成雇员人身损害的，赔偿权利人可以请求第三人承担赔偿责任，也可以请求雇主承担赔偿责任。雇主承担赔偿责任后，可以向第三人追偿。"

[2]《民法典》第1165条第1款规定："行为人因过错侵害他人民事权益造成损害的，应当承担侵权责任。"

民事起诉状

原告：××，男，汉族，1958年6月22日生，住所：重庆巴南区接龙镇马路村检瓦岗组916号，公民身份号码××，电话：××。

被告一：××文悦机械设备租赁有限公司，住所：江苏省××市东海县石榴街道东安村，注册号91320722MA1MMY××，电话：××。

被告二：××，男，汉族，1985年4月7日生，住所：重庆××区五里坪港兴小区，公民身份号码××，电话：××。

被告三：××，男，汉族，1994年6月22日生，住所：重庆××区五里坪港兴小区，公民身份号码××。电话：××。

诉讼请求：

1. 请求判令被告一承担人身损害赔偿责任；

2. 判令被告二、被告三承担人身损害连带责任；

3. 判令三名被告赔偿原告医疗费、护理费、误工损失等共计人民币150 000元（暂定）；

4. 判令三名被告赔偿原告相应的精神抚慰金；

5. 判令本案诉讼费由被告承担。

事实与理由：

原告系重庆建工第××建设有限公司寸滩曙光工业园珠宝城工地上的工人，被告一××文悦机械设备租赁有限公司为自然人独资公司，被告二××系被告一××文悦机械设备租赁有限公司的自然人独资股东，被告三××系被告一××文悦机械设备租赁有限公司的吊车驾驶员。2017年8月4日重庆建工第八建设有限公司委托被告一××文悦机械设备租赁有限公司使用吊车苏GH5869进行施工作业，由于被告一的吊车驾驶员××（被告三）忽视安全义务操作不当，吊车吊臂与顶上的高压电线接触，导致在吊车附近工作的原告××等三人被高压电电击，伤情严重，给原告××的基本生活造成重大影响。

根据《中华人民共和国侵权责任法》、《中华人民共和国公司法》及《人身损害赔偿解释》等相关法律和司法解释规定，三名被告对原告的人身损害及精神损害应承担赔偿责任和连带赔偿责任。根据《民事诉讼法》第28条之规定，因侵权行为提起的诉讼，侵权行为地人民法院具有管辖权，本案三名被告的人身损害侵权行为发生在重庆××区，故原告诉至贵院，请求判决支持原告的诉讼请求，以维护生命健康权、财产权等合法权益。

此致

重庆市××区人民法院

具状人：××

2017 年 8 月 18 日

提交人：××（原告代理律师）

（六）理由与事实部分具体化义务的减轻与法院的释明

1. 当事人具体化义务的减轻

"事实与理由"部分的难点在于事实理由的陈述，因为其强调法律要件事实，需要当事人具有较高的法律素养，这相较于诉讼请求对原告提出了更高的要求。基于对原告诉权的保障，在没有律师代理的案件中应当减轻当事人具体化义务。应当容许当事人在事实理由的陈述中对部分要件的遗漏，但当事人的事实主张不能是经验事实的重复，至少要体现出请求权所依据的实体法律关系，例如案例7中，原告就应当在事实理由部分明确地指出本诉是基于与被告隐瞒抵押的违约之诉，还是基于与第三人的共同侵权之诉。当然，如果原告由于自身能力限制没有找到相关的司法解释，只要有具体的法条也应当认为其尽到了法律理由部分的当事人具体化义务。

2. 法官的释明

由于部分当事人法律专业能力的欠缺，法官的释明是有必要的。法官的释明对于定分止争、矛盾的就地解决，节约司法资源有着重要的意义。

案例9，在原告屈某廉与被告西安某置业有限公司合同纠纷一案，原告屈某廉提出要求被告退还原告商铺认购款245 000元等3项诉讼请求。但是法院经审查认为，原、被告之间签订的《商铺内部认购合同》的效力需要先行认定，合同有效或者无效会产生不同的法律后果，《商铺委托经营合同》的效力取决于前一个合同效力的认定。因此认定原告不符合起诉条件。[1]

案例10，在威海市京某房地产开发有限公司诉海某缘置业有限公司、威海明某置业有限公司合资、合作开发房地产合同纠纷案中，原告在事实部分

---

[1] 参见陕西省西安市雁塔区人民法院（2017）陕0113民初14424号裁定书。

中既要求被告基于上述合作开发协议书第 27 条约定的违约金计付标准即工程总造价万分之一承担违约金 3050 万元，又要求被告基于拒绝撤离工地的侵权行为共同赔偿损失 3050 万元。而法院认为，基于不同的请求权基础对同一损失主张权利，客观上存在请求权竞合，经法院释明，威海市京某房地产开发有限公司坚持同时主张而不做选择，应承担对其不利的法律后果，即其诉讼请求因缺乏明确的请求权基础而不应支持。[1]

上述案例表明，原告进行原因事实的叙述时，可能会出现遗漏某一项法律构成要件（如案例 9），或出现请求权相冲突之情景（如案例 10）。立案法官在受理案件时，发现法律要件有遗漏后，应当充分行使释明权，建议当事人在起诉状中对遗漏的构成要件事实进行补充，冲突的事实要件进行修改。更为最重要的是，在进入庭审阶段法官发现遗漏了其中的构成要件事实或事实要件有冲突之处，此时法官应当选择介入，此种介入主要是为了查明案件事实。法官可以通过发问的方式，引导原告补充遗漏的法律要件。如果是请求权存在冲突，则应当明确告知原告应当对请求权进行选择以及不选择的法律后果。如果法官尽到释明义务，而原告拒不改正的，就可能会承担败诉之后果。

（七）起诉状事实理由部分书写具体详实的范例

以下这一则案例的起诉状，原告在起诉状中具体详实地阐述了起诉的事实理由，有利于审判人员快速准确归纳案件争议焦点，提升司法效率。

民事起诉状

原告：××，汉族，女，1987 年 5 月 26 日出生，住所：重庆××区××小区 15 栋 1 单元 901，身份证号码：××，联系电话：××。

被告一：重庆××装饰工程有限公司，住所：重庆市××区五江路 9 号负 2-1，法定代表人：××，统一社会信用代码：91500105563474××，联系电话：023-8816××。

被告二：南京××家信息科技有限公司，住所地：江苏省南京市玄武区玄武门 22 号，法定代表人：××，统一社会信用代码：91320102080277××，联系电话：025-5667××。

无独立请求权第三人：××，汉族，男，1974 年 11 月 12 日，重庆××装饰

---

[1] 参见山东省威海市中级人民法院（2019）鲁 10 民初 132 号判决书。

工程有限公司董事长,住所:重庆市××区五江路9号负2-1,身份证号码:××,联系电话:023-8816××。

诉讼请求:

1. 请求判令两名被告返还和赔偿原告相应款项共计23 688元。

2. 请求判令两名被告对其实际施工的基装部分承担"2+5"质保。

3. 请求判令本案全部诉讼费用由两名被告承担。

事实与理由:

被告一重庆××装饰工程有限公司系挂靠被告二南京××家信息科技有限公司的企业,其在重庆××区有冠以一号家居的办公机构和营业场所。被告一对外公开以被告二的名义招揽业务和现场施工,并使用被告二的网络平台和广告要约,被告二也在其网络平台的"联系我们"、"报价系统"和"装修团队"等栏目中公开承认被告一是其下属企业。2015年《民事诉讼法解释》第54条规定:"以挂靠形式从事民事活动,当事人请求由挂靠人和被挂靠人依法承担民事责任的,该挂靠人和被挂靠人为共同诉讼人。"因此,被告一和被告二是本案的共同被告。因本案装修工程合同款是在被告一的工作人员授意下汇入被告一法定代表人的银行私人账户,多缴纳的预付款等款项可能需从其法定代表人的银行私人账户中退还。2015年《民事诉讼法解释》第222条规定:"原告在起诉状中直接列写第三人的,视为其申请人民法院追加该第三人参加诉讼。是否通知第三人参加诉讼,由人民法院审查决定。"因此,为提高诉讼效率,列重庆××装饰有限公司董事长为本案无独立请求权第三人。

2016年12月31日,原告与被告一签订《重庆市家庭居室装饰装修工程施工合同》,双方约定由被告一承包原告位于重庆市××区沿海赛洛城红堡15-2-901的家庭装修(后因单元顺序不符合规定,公安部门责令沿海赛洛城物业管理公司调整房号为15-1-901),基装合同总价29 820元,采用包工包部分材料,工期90天,若因乙方(被告一)原因造成工期延误,按合同价0.1%/天向甲方(原告)支付违约金,不满意退还管理费。原告依合同约定当场支付基装首付款19 450元,后又在被告一工作人员的授意下,于2017年2月18日和4月21日分别支付了一期款12 486元和二期款11 928元至被告一法定代表人××的银行私人账户。2017年2月15日工程队进场开工,时至2018年1月14日才完工,严重超出合同规定的90天施工期限。装修过程中,原告一再向被告一要求加快工程进度，并向被告一挂靠的总公司南京××家信息科技有限公司（被告二）致电投诉未果，原告向重庆市××区人民法院起诉，案件于 2017 年 10 月 26 日受理，公司才派张姓总监等人庭外和解，承诺尽快完工，并在工程完工后退还原告超出实际发生额的预交合同款。鉴于工程并未完工，被告一处理问题态度积极，且一再保证工程质量和进度，并承诺返还原告多付的预交款，原告同意撤诉。工程完工后原告于 2 月 12 日验收，后上报工程存在的瑕疵和应退还的金额，然而被告一一直恶意拖欠，其间原告多次催告无果。2018 年 4 月 28 日和 5 月 3 日，被告二法定代表人在网上公开致歉，因盲目扩张，导致资金紧张，公司已陷入经营困境。

综上所述，被告一违反合同约定，单方面拒不履行合同义务，长期无理拖延工期，致使原告及时入住的合同目的不能实现，出现经营困难后又恶意拖延应退还的预交合同款，已经给原告造成了较大的经济损失和精神压力。因此，原告提出上述诉讼请求，其中诉讼请求 1 具体包括：退还原告预交合同款中多缴纳的款项共计 14 427 元及相应利息、工程逾期违约金 5771 元、赔偿原告交通费支出 624 元、赔偿原告因延长工期推迟入住的物业管理费损失 2527 元，法院起诉费 339 元等。

查阅被告一的既往被诉判例，发现其习惯利用管辖权异议制度。根据《民事诉讼法》第 33 条及 2015 年《民事诉讼法解释》第 28 条之规定，装饰装修合同纠纷属建设工程项目，适用不动产专属管辖规则，本案装修工程合同纠纷发生在重庆市××区，贵院依法享有管辖权。因此起诉至贵院，请求保护原告之合法权益。

此致
重庆市××区人民法院
附：
1. 起诉状一式三份；
2. 证据材料一式三份。

具状人：××
2017 年 10 月 20 日

四、起诉状中"管辖理由"的当事人具体化义务

(一) 管辖理由当事人具体化的现实需求

1. 案例引入

案例 11：在启东某公司诉海门某公司一案中，原告的卡车与被告的客车在海门市开发区相撞，原告预先垫付了 33 000 元的治疗费。后原告向启东市人民法院起诉被告海门某公司，要求其偿还预先垫付的费用。原告在起诉时，将顾某平（住所地为启东市）列为共同被告，理由是顾某平为被告提供了担保。被告提出管辖权异议，认为顾某平不是本案适格被告，启东市人民法院没有管辖权。

一审法院认为，顾某平系本案适格被告，法院对本案有管辖权。二审人民法院经审查认为，应当从主诉法律关系和担保法律关系的角度出发，认为本案应当根据主诉法律关系——原告与被告的财产损害赔偿法律关系来确定案件管辖，故认定原审法院对本案没有管辖权，裁定撤销一审判决。[1]

案例 12：在潘某、许某民间借贷纠纷中，潘某在答辩期内提出管辖权异议，并未提供任何证据，认为本案为合伙纠纷，应由潘某住所地西藏拉萨市中级人民法院管辖，一审、二审法院的审查均认为潘某提出的管辖权异议的请求及理由均不成立，依法驳回了潘某管辖权异议。[2]

2. 案例透视

(1) 缺乏管辖理由主张，原告规避管辖成为可能

案例 11 反映的就是原告利用被告住址这个重要的连接点，通过增加被告的方式，改变管辖权的问题。原告规避管辖有以下几种原因：首先是基于降低诉讼成本的考量，选择就近的法院或本地诉讼，可以减少车旅费、住宿费等一系列的开支，能够减少诉讼的成本，而且还方便证人出庭作证。其次，在本地法院有可能利用熟悉的人际关系，有的地方还存留着地方保护主义，存在一些"本地法院要为本地经济保驾护航"的说法。最后，规避管辖并不

---

[1] 参见江苏省南通市中级人民法院（2009）通中民一立终字第 0064 号裁定书。
[2] 参见四川省泸州市中级人民法院（2019）川 05 司惩复 2 号决定书。

是一件困难的事情，法律的规定留下了规避管辖的空间，[1]如案例11当事人找了一个与案件有关联的人作为被告，从而使得本地法院产生管辖权。但规避管辖对被告而言是一件极为不公平的事情，意味着要被告需要花费更多的精力和时间应诉，其合法权益遭受了损害。

（2）缺乏管辖理由主张，可能间接助长对方当事人滥用管辖异议

案例12反映的是被告滥用管辖异议问题。管辖权异议的滥用固然与被告想要拖延诉讼有关，但这也从另一个侧面反映出原告在起诉状中对管辖理由主张的缺位埋下了被告滥用管辖权异议的隐患。原告没有提出管辖理由，被告也无法就原告的管辖理由进行有针对性的异议，于是就有被告随便提出管辖权异议的情况发生，法官很难直接通过起诉状和被告的管辖权异议理由就判断双方在管辖上的争论焦点。

（二）管辖理由的当事人具体化义务之原因

1. 管辖已经是当事人之间争论的首要问题

民事诉讼始于管辖，当事人要想案件进入诉讼程序的第一步不在于诉讼请求与原因事实，而在于受案法院的选择。而且管辖问题已经是我国诉讼的首要问题，双方当事人首要的争议点也在于管辖，打官司先打管辖似乎是一个默认的共识。按照理性的思考，在各个法院都能够公正公平地审判的前提下，案件无论在哪一个法院都会得到相同的结果，管辖不应该成为一个特别突出的问题。但管辖问题备受当事人关注的原因在于诉讼成本以及当地人脉的利用等因素。传统当事人具体化义务理论中并不包括管辖理由的具体陈述，但在管辖争议已然成为诉讼大问题的现实背景下，与其坚守当事人具体化义务的客体仅为事实陈述，倒不如用当事人具体化义务的理论去解决管辖问题。

2. 保障诉讼主体间的利益

被告为了拖延诉讼，随意找一个借口就申请管辖权异议的案件在实践中并非少数。这样的做法不仅大大降低了诉讼效率，造成诉讼拖延，而且使得法院为此额外支出相应的人力和时间，办案效率大幅降低，严重浪费了司法资源。但如果原告在管辖中明确地写出了管辖的理由，那么被告提出管辖权

---

[1] 例如2021年《民事诉讼法》第22条第3款规定："同一诉讼的几个被告住所地、经常居住地在两个以上人民法院辖区的，各该人民法院都有管辖权。"

异议时就不再局限于猜测，有了一个具体防御的点，其提出的管辖权异议更有针对性。法院在审查管辖权异议的案件时，能够迅速发现管辖问题争论的焦点，提高审判之效率，避免诉讼迟延。

(三) 管辖理由的当事人具体化义务之程度

首先，管辖理由需要表明案件的性质。原告需要在管辖理由部分注明案件的性质，因为案件的性质决定着管辖。特别是涉及请求权竞合的情形，选择不同，管辖的法院就不同。比如2021年《民事诉讼法》第24条规定："因合同纠纷提起的诉讼，由被告住所地或者合同履行地人民法院管辖。"，第29条规定："因侵权行为提起的诉讼，由侵权行为地或者被告住所地人民法院管辖。"原告就应当在管辖理由主张部分写明"由于本案为侵权之诉，管辖应当依照《民事诉讼法》××条……"

其次，需注明选择管辖的连接点。如果有协议管辖，原告应当在管辖理由部分明确指出。如果没有协议管辖，则需注明选择管辖的连接点。以案例11为例，如果原告在起诉状中写出管辖理由，指出顾某平作为担保人是共同被告，因为其住所地在启东市，所以启东市法院有管辖权。那被告就能够快速地明确原告选择管辖的理由，可以以顾某平并非适格被告为由进行抗辩。

最后，当涉及多重法律关系且不涉及请求权竞合时，原告在主法律关系外又追加与被告有关联的其他主体为共同被告后，主张以被追加的被告所在地法院为管辖法院时，就需要特别注意，必须要求原告说明管辖的正当理由，以防止其恶意规避管辖。

(四) 违反管辖理由的当事人具体化义务之后果

在起诉阶段，当事人具体化义务的设计承担着保障原告诉权与保障被告防御利益的双重要求，在起诉阶段如果就管辖理由设定过高的具体化义务，则不利于诉权的保障，但具体化义务过低，则会产生原告规避管辖以及被告滥用管辖权异议之后果。原告并不会因为不说明管辖理由就承担不予立案的后果。但在立案时，立案法官应当对原告在管辖理由的陈述中是否尽到当事人具体化义务做一个初步的审查，如果发现管辖理由部分未尽到具体化义务，告知其可能存有的诉讼延迟等风险并建议原告进行修改与补充。

但如果案件是由律师代理的，经立案法官提醒后，原告及其代理人仍拒绝说明管辖理由的，若审判法官发现确实存在恶意规避管辖的情况，法院可以向律师协会说明问题的严重性和危害性，要求规范代理行为，并建议予以其处分，当然这还需要一系列配套的法律法规予以保障。

(五) 起诉状管辖理由具体化的书写范例

以下二则案例的起诉状中，原告清楚明白地写明了本案应该由其提交起诉状的法院管辖的理由，方便法院立案庭对管辖问题的审查，有益于法院正确受理案件，提升司法效率。

例1：

民事诉讼起诉状

原告：××，男，汉族，××年××月××日，身份证号码：××，住址：重庆市××区××路××号××幢××，联系方式：××。

被告：××，男，汉族，××年××月××日，身份证号码：××，住址：重庆市××县××镇建设街××号，联系方式：××。

诉讼请求：

1. 请求被告偿还借款本金 1 000 000 元（大写：壹佰万元）；

2. 请求被告偿还逾期还款利息 1 248 000 元（大写：壹佰贰拾肆万捌仟元，暂计算至 2019 年 7 月 2 日，实际利息请求至被告偿还全部借款之日）；

3. 请求判令被告承担本案原告向法院垫付的诉讼费用。

事实与理由：

一、本案应由原告经常居住地××区人民法院予以管辖

《民事诉讼法》第 23 条规定："因合同纠纷提起的诉讼，由被告住所地或者合同履行地人民法院管辖。"2015 年《民事诉讼法解释》第 18 条第 2 款规定："合同对履行地点没有约定或者约定不明确，争议标的为给付货币的，接收货币一方所在地为合同履行地……"《最高人民法院关于如何确定借款合同履行地问题的批复》指出："……除当事人另有约定外，确定贷款方所在地为合同履行地。"为此，未对管辖法院及合同履行地约定的情况下，出借人所在地为合同履行地，原告有权在其所在地法院提起诉讼。

二、被告应偿还原告借款本金 1 000 000 元（大写：壹佰万元）

双方并未对还款日期进行确切的约定，根据《中华人民共和国合同法》

(以下简称《合同法》)第206条:"借款人应当按照约定的期限返还借款。对借款期限没有约定或者约定不明确,依照本法第六十一条的规定仍不能确定的,借款人可以随时返还;贷款人可以催告借款人在合理期限内返还。"原告曾多次催告被告还款,而被告却以各种理由拖延还款。据此,原告在履行催告义务后,有权要求被告返还借款本金1 000 000元。另依据《最高人民法院关于审理民事案件适用诉讼时效制度若干问题的规定》第10条之规定,具有下列情形之一的,应当认定为"当事人一方提出要求",产生诉讼时效中断的效力:①当事人一方直接向对方当事人送交主张权利文书,对方当事人在文书上签字、盖章或者虽未签字、盖章但能够以其他方式证明该文书到达对方当事人的……对于1 000 000元借款,原告于2016年5月29日对其中的214 500元借款要求被告更新借据,被告应约重新向原告出具借条,并在借条上捺印。此后原告经常催促被告还款,诉讼时效一直处于中断后开始计算,尔后又中断的状态;原告还于2016年9月17日就借款的800 000元要求被告更新借据,被告又应约重新向原告出具借条,并在借条上捺印,由此该项借款的诉讼时效中断。根据《中华人民共和国民法总则》第188条的规定,向人民法院请求保护民事权利的诉讼时效期间为三年,显然,原告请求被告偿还借款本金1 000 000元,该请求权尚在诉讼时效期间内。

三、被告应承担逾期还款利息

《合同法》第二百零七条规定:"借款人未按照约定的期限返还借款的,应当按照约定或者国家有关规定支付逾期利息。"根据中国建设银行出具的转账凭证显示,第一笔借款200 000元于2013年3月4日到达被告方的账户,第二笔借款300 000元和第三笔借款500 000元相隔时间较近,分别于2014年8月24日和2014年9月17日到达被告方账户。因此,在2016年9月17日原告方向被告方主张权利时,双方协商一致将两笔借款合在一起,被告向原告出具了向原告借款800 000元的借条并捺印。在两份借条中,双方协商一致约定借款利息为月息二分,据此还款利息为1 248 000元,计算公式为:200 000×24%×6+800 000×24%×5=1 248 000元。

由于时至今日原告向被告多次催要借款未果。为维护原告合法权益,依据《民事诉讼法》一百二十三条等法律规定,请求法院查明事实,支持原告诉讼请求。

此致
重庆市××区人民法院

附：

1. 起诉状一式二份；
2. 证据材料一式二份。

具状人：××

2019 年 7 月 3 日

例 2：

民事诉讼起诉状

原告：××，男，汉族，1984 年 11 月 28 日，身份证号码：××，工作单位：四川××建材有限公司，住所：四川省××建材宿舍楼 201 室，联系方式：××。

被告：××，男，汉族，1978 年 12 月 14 日，身份证号码：××，工作单位：四川××投资管理有限公司，住所：四川成都××新城管委会武青南路××号），职务：总经理，联系方式：××。

诉讼请求：

1. 请求被告偿还借款本金 500 000 元（大写：伍拾万元）；
2. 请求被告偿还逾期还款利息 71 000 元（大写：柒万壹仟元，暂计算至 2017 年 9 月 10 日，实际逾期利息请求至被告偿还全部借款之日）；
3. 请求判令被告承担本案诉讼费用。

事实与理由：

一、本案应由原告经常居住地××区法院予以管辖

《民事诉讼法》第 23 条规定："因合同纠纷提起的诉讼，由被告住所或者合同履行地人民法院管辖。" 2015 年《民事诉讼法解释》第 18 条第 2 款规定："合同对履行地点没有约定或者约定不明确，争议标的为给付货币的，接收货币一方所在地为合同履行地……"《最高人民法院关于如何确定借款合同履行地问题的批复》指出："……除当事人另有约定外，确定贷款方所在地为合同履行地。" 为此，未对管辖法院及合同履行地约定的情况下，出借人所在地为合同履行地，原告有权在其所在地法院提起诉讼。另外，《民事诉讼法解

释》第四条规定:"公民的经常居住地是指公民离开住所地至起诉时已连续居住一年以上的地方,但公民住院就医的地方除外。"原告于2008年7月13日至今任职于四川××建材有限公司,已在四川××建材宿舍楼201室连续居住九年,原告有权在其经常居住地××区法院提起诉讼。

二、被告应偿还原告借款本金500 000元

《合同法》第206条规定:"借款人应当按照约定的期限返还借款……"双方在借条中约定还款时间在2015年4月底还款到位,据此,被告应当在2015年4月30前偿还借款本金500 000元。在还款期满后,原告曾多次向被告催要借款,而被告却以各种理由拒绝还款。另外,依据《最高人民法院关于审理民事案件适用诉讼时效制度若干问题的规定》第5条之规定:"当事人约定同一债务分期履行的,诉讼时效期间从最后一期履行期限届满之日起计算。"被告出具的还款计划中最后一期的还款时间为2016年12月底,为此,原告有权请求被告偿还借款本金500 000元,并且该请求权尚在诉讼时效内。

三、被告应承担逾期还款利息

《合同法》第207条规定:"借款人未按照约定的期限返还借款的,应当按照约定或者国家有关规定支付逾期利息。"《最高人民法院关于审理民间借贷案件适用法律若干问题的规定》第29条第2款第1项规定:"既未约定借期内的利率,也未约定逾期利率,出借人主张借款人自逾期还款之日起按照年利率6%支付资金占用期间利息的……"双方的借条中明确约定被告于2015年4月30日偿还,但时至今日,原告多次催要被告均未做出任何偿还。另外,双方借条中既未约定借期内利率又未约定逾期利率,为此,原告有权请求被告按年利率6%承担逾期还款利息,截至2017年9月10日,被告应承担逾期还款利息71 000元(实际逾期利息计算至被告偿还全部借款之日),计算公式为500 000×6%×2+500 000×6%÷360×132=71 000元。

综上所述,时至今日,原告向被告多次催要借款,均未收到任何还款。鉴于此,为维护原告合法权益,依据《民事诉讼法》123条等法律规定,请求法院查明事实,支持原告诉讼请求。

此致

××区人民法院

附：

1. 起诉状一式二份；
2. 证据材料一式二份。

起诉人：××
××年××月××日

第二节 证据目录的当事人具体化义务

证据目录是民事司法实践中常见的诉讼材料，尽管法律没有强制性规定原被告双方当事人必须提交，但在开庭审理阶段法官往往会做出要求。证据目录作为诸多证据的集中展示，与当事人的事实主张联系紧密，当事人的事实主张需要证据一一印证。证据问题是诉讼的核心问题，从一定意义上可以说"打官司就是在打证据"。但在一些繁杂案件中，证据往往数量、种类众多，如何对证据进行排列，如何对证据进行分类组合，以此来对案件事实进行清晰的呈现，对于依法正确裁判都具有十分重要的意义。但以往的民事诉讼实践中，证据目录常常只发挥着证据的清点功能，并未很好地起到促进诉讼的作用。

在目前的当事人具体化义务研究中，学界重点关注诉讼中当事人对事实主张的详尽阐述，而对证据目录的当事人具体化义务尚缺乏深入的研究，证据目录的当事人具体化义务却有极强的现实意义。在当事人具体化义务的要求之下，原告应当详细地陈述请求原因事实，但如果原告仅主张经验生活事实也不会出现不予立案的结果，同时即便是原告详细地阐述了案件的请求原因事实，也难以使证据和法律要件相结合。因此，证据目录就必须发挥补充作用，通过对证据的逻辑排列清晰地勾画出请求、原因、事实的全貌，这不仅可以进一步阐明当事人的事实主张，也能够为对方当事人的防御提供更加具体的防御目标。

一、当前证据目录制度面临的困境

（一）证据目录的概述

民事诉讼法并没有强制性规定原告必须提交证据目录，提交证据目录属于任意性规定。1991年《民事诉讼法》第110条规定，起诉状要记载证据和证据来源，证人姓名和住所，这可以看作证据目录的早期形态，暂且将之称为"证据清单"。常见的证据清单一般表现为在起诉状的最后一部分附加上各类证据的汇总，其作用主要在于对证据清单与提交的证据进行初步的核对，以免证据有所遗漏，使被告及其代理律师能在收到起诉状时，大致知道对方有哪些证据，能初步把握案件，作出相应的应对。

民事诉讼法对证据清单的规定，就当时特定的社会背景而言，无疑是符合当时的时代特征的。20世纪90年代，我国的司法水平有待提升，同时也缺乏一支具备高度专业水准的律师队伍，因此法律层面不宜对证据在起诉状中的汇总形式作出过高的要求。随着学界对民事诉讼法的认识的深入以及我国司法水平的提升，在当事人具体化义务的这个宏大的命题下，证据清单难以承担起民事诉讼赋予它的使命。因此，证据目录开始在实践中大量出现，逐渐替代证据清单。

（二）证据目录常见的形态以及存在的问题

尽管法律上未强制要求当事人提供证据清单，但是为了审理的方便，法官往往会要求当事人或者代理律师提交。但是，由于欠缺统一的标准，以及原告基于隐藏自己攻击方向、目标的考量，证据目录往往也会"缺斤少两"。因此，实践中常见的证据目录虽然形态各异，但有一个共通问题即对部分重要事实的有意隐藏，事实上这是有悖于当事人具体化义务的。证据目录常见以下几种共通问题。

1. 证据仅有简单编号

一些原告为隐藏自己的意图，只对证据进行简单的编号，总体上来说只是将证据清单转化为表格的形式，本质上并没有发挥证据目录应有的功能。以下面的交通肇事案件的证据目录为例，该表格仅简单地列举了一系列证据的数量，既无逻辑关系，也不知道其所证明的对象。

序号	名称	备注
1	伤者的身份证	
2	交通事故认定书	
3	肇事车辆保险单	
……	……	

2. 无效的信息过多，有用的信息较少

在一些简单的案件中，很多证据并无单独罗列的必要。如下面这个物业租赁合同纠纷，证明被告（物业公司）身份的证据有编号1、2、3、5，其实四个证据可以整合在一组共同证明被告身份。而在诉讼中最为关键的证据如被告违约的证据仅提供了一份合同，没有其他的违约证据，这就有隐瞒部分证据之嫌。

编号	证据名称	证据来源	证明事实	份数
1	营业执照复印件			
2	组织机构代码复印件		证明被告身份	
3	法定代表人身份证明			
4	授权委托书			
5	工商登记资料		证明原告身份	
6	物业租赁合同复印件		合同无效	

3. 证据目录欠缺逻辑化地展开，且无法印证案件具体事实

当事人具体化义务要求要对事实进行具体的陈述，证据目录的逻辑展开不仅要与事实陈述保持大致的一致，而且需要与待证的事实具体对应。而在一些案件中，证据目录的展开逻辑难以与法律要件事实一一对应。以下面的侵权纠纷为例，在侵权案件中原告就侵权事实的陈述主要有以下两种逻辑，一是按照时间顺序展开——购买手机的事实，手机发生爆炸的事实，爆炸导致损失的事实；二是手机爆炸的侵权事实，手机爆炸的损害事实（如医院治疗费用清单等），因果关系等。但该证据目录所罗列的证据并未按照上述逻辑，这就导致了证据目录所呈现的事实较为混乱。

编号	证据名称	证据来源	证明事实	页数
1	购机发票		该手机是在XX手机店购买	
2	医院治疗费用清单		原告治疗所支出的费用	
3	照片		加重的损害程度	
4	证人证言		该手机是XX手机店购买	
……	……		……	

4. 关键具体细节的隐藏

在一些案件中，原告会在起诉状中可能会对案件的重要细节或者待证事实做出一定的隐藏，这种隐藏也会延续到证据目录中。例如下面的确认物权所有权纠纷，最重要的待证事实应当是购房款及其来源的证据，但是在证据目录中只有证人证言，这让被告很难在庭审前对最为关键的事实主张做好防御准备。

编号	证据名称	证据来源	证明事实
1	房产证	XX房管局签发	房屋产权
2	A的证词	证人证言	原告母亲全款买房
3	民事调解书	XX区法院	双方已经离婚
4	结婚证	XX民政局	结婚的时间
……	……	……	……

（三）证据目录的当事人具体化义务之缺失

从表面上看，证据目录出现种种问题的重要原因是法律规定的缺失。法律没有强制规定当事人必须提交证据目录，也没有规定证据目录的具体内容与格式。是否提交以及如何撰写证据目录，都是由原告或者代理律师所决定的，原告或者代理人不交，或者随意地应付，法官也无可奈何。而且从法律规定的角度看，提交了证据目录的原告还需要在起诉状中明确记载证据清单，如果只提供证据目录，从法律规定的角度看似乎又有违民事诉讼法之规定。

从本质上看，证据的目录之所以存在上述问题主要还是由于长期忽视证据目录的当事人具体化义务所导致。一方面，当事人具体化义务重视起诉状中事实与理由的详细阐释，往往不会对证据目录做出要求；另一方面，从扩大法院受案范围方便原告立案的角度，法院并不会因为证据目录问题而不予立案，这使得原告提交证据目录欠缺动力，对答辩的被告也是如此。此外，我国并没有律师的强制代理制度，而且我国目前律师代理率并不高，当事人欠缺相应的法律素养与起诉状撰写的相关技巧，甚至很多当事人并不会用EXCEL制作表格。即便有律师代理的案件，往往也会延续起诉状中对事实进行隐藏的诉讼策略，自然不会在证据目录部分多花笔墨。

二、证据目录的当事人具体化义务必要性分析

（一）证据目录具体化义务有利于保障被告防御利益

司法实践中，原告在起诉状的事实与理由部分往往就是简单的生活事实，即简单地记录案件发生之起因、经过以及结果，对诉讼标的、重要的案件细节没有做出记载。其出发点是基于"诉状规则作为一般规范适用于没有律师代理的当事人，因此不宜设定过高的标准"，[1]同时在理由部分也很少阐释事实理由与法律理由。原告在起诉状的事实与理由部分阐述生活事实可以理解为一种书写习惯，那么证据目录可以满足当事人具体化要求，这样既能保障原告的书写习惯，又能维护被告的防御利益。

证据目录在起诉阶段对落实当事人具体化义务发挥着补充作用。当事人具体化义务核心是事实主张的具体化阐述，在起诉阶段要求诉讼标的的明确与呈现重要的案件细节。证据目录不仅建立起证据与事实主张之间的关联——证据目录中每组证据能够证明一个待证事实，而且还能够通过将证据按照请求原因事实进行逻辑排列，印证起诉状中的事实主张。此时，证据目录不仅仅是对起诉状中的经验生活事实的回顾，而且为被告与法官呈现出了一种"法律事实"或"权利发生要件事实"，既有事实发生的重要的细节，又包含请求权背后的逻辑思路。

（二）证据目录具体化义务有利于确保法院审理利益

一方面，有利于提高法院的审理效率。我国法院长期面临案多人少的困境，审理效率仍有提高的必要性。证据目录的混乱状态又影响了审理效率的

---

[1] 参见曹志勋："立案形式审查中的事实主张具体化"，载《当代法学》2016年第1期。

提高。提高审判效率的方式众多,就起诉阶段而言,重要的一环是提前归纳出双方可能存在的案件焦点。证据目录能够将当事人所主张的事实以表格或者文字方式清晰呈现,法官将当事人双方的证据目录一一对比,自然就能快速地找到争议焦点,确定审理的重心,避免在细枝末节上消耗大量时间。具体而言,在简单案件中法官通过对证据目录的分析,能够快速地总结案情,初步预设双方可能的焦点,在案件进入审理阶段后可以进一步限缩审理的范围,提高庭审的效率。在复杂案件中涉及的证据众多,而且双方当事人所呈现的事实又往往相反,如果没有证据目录,那对事实的理清、法律关系的梳理和证据的判断等工作将是一个繁琐的过程。证据目录的出现有利于理清混乱的逻辑,帮助法官更快地了解案情,把握争议焦点,并判断出证据调查的方向。

另一方面,有利于还原法律事实,提升审理的质量。在起诉状的事实部分,原告对于不利自己的事实可能会有意隐瞒,对案件事实做出的具体陈述也会夹杂着当事人的主观价值判断;同样,作为被告方所呈现出的事实也是一种利己事实。这样的叙事方式会对法官造成一定的误导,而证据目录呈现的是法律要件事实,其表述更加精简与客观,有不夹杂当事人的个人情感的优势,这有利于法官借助证据目录进一步查明案情,减少不当判决发生的可能性。

(三)证据目录具体化义务有利于减少原告的逻辑漏洞

证据目录的制作对原告而言并非不利,在一些案件中,涉及的法律关系复杂且可能涉及法律关系的竞合,如果原告要保持整个诉讼阶段攻击思路的一致性,则需要借助证据目录理清自己的攻击思路。满足当事人具体化义务的证据目录至少有以下三点好处。第一,有利于证据的筛选。有的案件涉及的证据可能特别繁杂,需要将证据材料按相应的体系进行重排,形成完整、全面的证据链条去呈现其中的法律关系,理清当事人双方之间的权利义务。特别是有的证据模棱两可,如果从反面进行解读,甚至会对原告一方不利,这样的证据就需要排除。也有一些证据之间相互矛盾,也需要通过对证据进行整理来避免这种现象。第二,证据目录的制作有助于构建原告的事实主张。事实主张就是当事人"叙事"之过程,无论是原告还是被告都想要叙述对自己有利的事实。想要构建这种事实,也需要通过证据目录,将证据进行证的体系化,围绕法律要件挑选证据,再根据证据进行事实主张的叙述。第三,有利于原告作出最优选项。特别是在法律关系竞合的情况下,可能会出现多种责任的承担方式,比如说侵权责任与违约责任的承担,这种情况下通过证据目录的梳理,就可以选择自己更有胜诉可能、利益最大化的那一种方式。

三、证据目录当事人具体化义务的具体要求

（一）总体要求

1. 基础要求

与起诉状所阐述的事实不同,证据目录应更偏向于对法律要件的阐述,在时间逻辑上可能与起诉状中的事实并不是严格的对应关系。证据目录需要沿着请求权构成要件的逻辑对证据进行编排。比如在侵权案件中,就应当按照侵权行为、侵权结果、主观过错以及因果关系的顺序对证据分类组合。在违约案件中,原告必须先证明合同合法有效,再证明被告存在违约的事实以及确定自己的损失金额、合同规定的违约金额等。同时,证据目录还应当阐释重要细节的证据,比如纠纷发生的具体地点的证据,以便于被告能够对管辖法院是否具有管辖权迅速做出判断。

2. 形式要求

常见的证据目录有两种形式：文字式和表格式。文字式主要是通过WORD、WPS等文档,将证据名称、证据内容、证明对象等要素进行文字性阐述,优点在于较为简洁,而且没有格式束缚,对证据内容和证明目的的论述也较为充分。在一些事实比较清晰的民间借贷纠纷中,借贷关系已经非常明显（比如有借条以及转账记录）,此时证据目录无须过于复杂,简要的文字表达即可。而表格式的证据目录适用在复杂案件中就更为适宜。

（二）简单案件的要求

在一些简单的民事案件中,法律关系并不复杂、涉及的证据也不多,法官甚至通过对证据简要整理就能很轻松地归纳出争议焦点,此种情况下可以不以表格的方式来制作证据目录,以一个简单的文字说明即可。以下面的买卖合同违约为例：

证据一：

证据名称：XX商品购买合同,共XX页。

证明事项：1. 原告与被告之间存在买卖合同关系。
2. 双方规定违约金的数额。

证据二：
证据名称：XX 商品的收货单，共 XX 页。
证明事项：原告已按照合同规定履行了自己的交货义务。

（三）复杂案件的要求

对于一些证据众多，法律关系复杂的案件，对证据进行分析、筛选和分组，以表格的方式呈现就尤为必要。以交通肇事案件为例，在此类案件中往往会涉及以下几类证据：（1）交通肇事中被告侵权行为的证据（照片、交警部门出警记录等）；（2）原告人身、财产受到侵害证据（如医疗费、误工费、护理费及交通费等证据）；（3）被告有过错的证明……这种情况下，以文字的形式呈现就有些不合适了。证据目录应该有以下要求：

第一，证据目录构成的要素。

此时，证据目录的制作需要建立相应的表格。这些表格至少需要包含以下要素：序号、证据名称、证据来源、证据份数、证明内容、页码、证明对象等。而证据目录的构成要素也并非一成不变，可以根据各地法院的习惯或具体案件目的进行增减。值得注意的是，证据目录需要附加上证据的来源，如是否为原件等要素，以便法官对证据的合法性、真实性进行审查。此外，一份、一组证据可能有多个证明目的，可以分别列出不同证明目的，多个证据也可能有一个证明目的，证明目的应尽量简洁（主要证明相应法律关系，结合诉讼请求及起诉状撰写）。

第二，证据目录的要素之分组。

一般而言，将能够证明同一要件事实的证据编为一组，实现同一证明目的，这样便于要件事实的集中呈现，逻辑上也较为清晰。如果案件过于复杂，同一组里面涉及的证据特别多，就可以在大的证据组里面区分小组。比如可以用"第三组证据——1""第三组证据——2"表示。

第三，证据名称的编写。

在一些案件中由于证据众多，可能存在证据名称重复的现象，如同一案件中当事人先后形成多份借条或签订多份合同书，此时要对证据名称进行处理，以相互区别，避免混淆。例如可以根据证据的形成时间，将借款协议写为：20××年××月××日《借款协议》；或根据目录制作主体，写成××公司与××公司《合作协议》等。这样可以避免多份证据的前后混淆，也便于举证和质证。

1. 以货物买卖合同纠纷为例：

组别	证据名称	份数	证据来源	证明对象
第一组证据：原被告之间的销售合同。	20××年××月××日销售合同。	1		原告与2被告已订立买卖合同。
第二组证据：被告收货的证据。	收货单。			被告已收货。
第三组证据：原被告双方对货款的确认情况。	原告开具给被告的增值税发票。			证明货款的金额。

2. 以析产纠纷为例：

被告提交法院证据目录及证明目的

组别	证据名称	证明目的	原/复印件	页码/份数
第一组	1. 被告名下××银行调取的银行账号为××的部分《账户交易明细》。 2. 被告名下××银行××支行调取的银行账号为××的部分《账户交易明细》。 3. 被告名下××银行××支行调取的银行账号为××的部分《账户交易明细》。	1. 证明当原告说他需要用钱时被告给其打款累计××余万元（这仅为我方本次提供证据显示的金额）。 2. 证明被告在××年××月××日往原告账户打款××万元，被告已经将其在购买位于××房时原告于××年××月××日代为支付的××万购房款返还原告。 3. 证明原告在××年××月××日刷卡支付的××元、××年××月××日刷卡支付的××元以及××年××月××日刷卡支付的××元实际上均系从被告当原告说他需要用钱时，由被告给其打	复印件	1—18 （2份）

续表

组别	证据名称	证明目的	原/复印件	页码/份数
第二组	4. 位于××房屋的房产证一份。 5. ××省契税纳税申请表、税收缴款书、税务发票。	款累计××余万元中抵扣的，被告使用的实际上是自己的钱。 证明该房屋的房产证一直由被告持有，购买房屋的税务手续和费用是由被告负责。原告一直对该房屋占有、使用和维护。		9—23
第三组	6. ××房屋的房产证。 7. ××号房屋的税务发票。	证明该房屋的房产证一直由被告持有，且该房屋的纳税手续和费用都是由被告负责。		24—25
第四组	8. ××号房屋房产证。 9. 不动产销售发票、契税完税证、税务发票。 10. 个人贷款还款凭证。 11. 管理费发票、住宅专项维修资金缴款通知书。	1. 证明该房屋的房产证一直由被告持有，且该房屋的纳税手续和费用都是由被告负责。 2. 证明该房屋的后续房款按揭是由被告个人偿还的。 3. 证明该房屋由被告居住并负责物管费、维修费用。		26—31
第五组	12. ××号房产证。 13. 置业付款计划书、认购书。 14. 税务发票。 15. ××银行汇款凭条、房贷还款明细表。	1. 证明该房屋的房产证一直由被告持有，且该房屋的纳税手续和费用都是由被告负责。 2. 证明在××年××月××日被告向××房地产有限公司汇款××万元，是用于支付该购房款。		32—41
第六组	16. 原告名下位于××号房的房地产权证。 17. ××市商品房销售登记备案表。	1. 证明原告的经济情况。 2. 同时证明原告不需要借用被告名字，即可单独购房。	复印件	42—43（2份）

3. 以房屋买卖合同纠纷为例：

例1：

案号：（2018）××民初××号　　审判长：××　　书记员：××

案由	房屋买卖合同纠纷
原告	××
被告	××

序号	证据名称	证明目的	原/复印件	页码/份数
证据1	证人出庭证言。	证明双方约定用原告的首付款去支付被告银行贷款解押还款，原告拖延首付款，导致被告无法解押。		
证据2	双方微信聊天记录。	证明被告自筹资金于5月17日解押并通知原告，但原告直至6月2日也不支付首付款，超过合同约定的10日履行期限，达到被告合同解除条件（合同第七条）。	复印件	2份
证据3	××银行贷款付款凭证。	证明被告于5月17日自筹资金还款解押。	复印件	2份
证据4	被告邮寄给原告的解约信函。	证明被告已经履行合同解除通知义务。	复印件	2份
证据5	被告邮寄给原告的寄件联。	证明被告已经履行合同解除通知义务。		

续表

序号	证据名称	证明目的	原/复印件	页码/份数
证据6	被告发给原告的通知解除合同的短信、微信。	证明被告已经履行合同解除通知义务。	复印件	2份
证据7	被告与××银行工作人员通话录音记录。	今年6月1日前××银行的贷款解押不需要提前预约,只需当天还款即可办理。	复印件	2份

提交人:××

××年××月××日

例2:

案号:(××)××民初××号　　　法官:××　　　书记员:××

案由	房屋买卖合同纠纷
原告	××
被告	××

序号	证据名称	证明目的	原/复印件	页码/份数
证据1	3月27日被告的丈夫与原告在中介公司协商时的谈话录音文字记录。	(1)原告根本没有按约凑齐51万元购房款;(2)被告27日16:44在房管局按原告要求做了产权调查的事实,原告诉状和中介催告函所言不实;(3)被告与原告订立房屋买卖合同的合同目的是购买大一点的新房。	复印件	1-2(2份)

续表

序号	证据名称	证明目的	原/复印件	页码/份数
证据2	3月27日被告与原告的通话录音文字记录。	（1）原告承认在3月31日前不能凑齐51万元购房资金，不能按时履行合同规定的先履行义务的事实；（2）双方约定由原告先履行51万元付款义务，被告后履行签订正式房屋买卖合同和办理合同公证义务。（证据2第三页画线部分）	复印件	3-6（2份）
证据3	3月31日10点被告与××地产中介的通话录音文字记录。	（1）原告未按约凑齐51万元购房款，不能履行先履行义务的事实；（2）原告未按约定先履行51万元购房款义务。	复印件	7-8（2份）
证据4	3月31日17：09被告与××地产中介的通话录音文字记录。	同上	复印件	9-12（2份）
证据5	被告与原告3月31日微信聊天记录。	（1）被告与原告之间对31号来签约的通知方式未达成合意，且合同中也未有约定；（2）原告未按约定先履行51万元购房款义务。	复印件	13-17（2份）
证据6	3月27日16：44××市国土资源和房屋管理局××新区分局档案查询结果。	3月27日被告确实在房管局办理了产权调查报告，原告的诉称不实。	复印件	18-18（2份）

续表

序号	证据名称	证明目的	原/复印件	页码/份数
证据7	被告致原告的解约信函。	（1）原告未按约完成先履行51万购房款义务；（2）被告已经通知原告按合同约定解约。	复印件	19-20
证据8	被告致原告解约信函的快递单。	被告的解约信函已经送达原告，本案合同已经解除。	复印件	21-21（2份）
证据9	被告致××房地产经纪有限公司的回复信函。	（1）××地产催告函所述事实不实；（2）原告未按约完成先履行51万购房款义务。	复印件	22-22（2份）
证据10	被告与案外人的房屋买卖合同。	被告订立本案的合同目的是买新房子，但由于原告迟延履行先履行义务致使被告的合同目的不能实现。	复印件	23-23（2份）

提交人：××

××年××月××日

（四）当事人证据目录具体化义务之减轻

在司法实践中，还存在着律师代理率较低、部分当事人缺欠专业的法律素养等因素，要求原告在证据目录中按照具体化义务的要求去整理证据，可能太过强人所难。因此，在一些简单的案件中，法律关系简单，涉及的证据不多，且未聘请专业的代理人，就可以对当事人具体化义务进行适当的减轻。这种减轻并不是免除了当事人提交证据目录的义务，而是不强行要求当事人在证据目录中按照法律要件事实进行证据的整理，但当事人提交的证据目录至少要与起诉状中所阐述的事实相对应。当然，减轻原告在证据目录上的当事人具体化义务，还需具有相应的条件。

四、证据目录当事人具体化义务的法律后果

（一）保障条件

在当事人具体化义务的要求下，证据目录应当按照法律要件事实的逻辑进行编排，这无疑会暴露当事人的攻击思路。原告为了自己利益——通过庭审中的突袭，让自己在诉讼中占据有利地位，即便是法官要求提交证据目录，原告也可能会有所保留。因此，证据目录应该被纳入民事诉讼法的规定，并应当成为起诉状中重要的补充部分，成为起诉时必须提交的诉讼材料。

事实上，绝大多数原告都会遵守法律的规定，并不会刻意地规避具体化义务，即便是存有与当事人具体化义务相悖之处，常常也是由于当事人法律能力的不足。因此，法院可以为原告提供不同类型的证据目录的模板，为当事人编排证据目录时提供参考。在实践中，为了解决起诉状的问题，有法院采取了"填空式起诉状"的模式，这获得了当事人的认可，具有良好的指导作用。这种模式也可以运用到解决证据目录的问题中。

（二）惩罚措施

在实践中，可能还是会有极少部分原告拒不提供证据目录，因此在立案时，立法法官应当告知情况，要求当事人一同提交证据目录，待当事人提交证据目录后再予立案。如果当事人提交的证据目录存在上文所述的几种问题，且案件没有代理律师，此时对当事人的具体化义务不宜过高，只需要证据目录能够对应案件发生的大致过程即可。

但是，如果是律师代理的案件，就应当予以律师更高的要求，律师提交的证据目录必须达到证据目录的具体化义务的要求——证据目录必须围绕法律要件事实展开，而且还要按照相应的格式。如果律师提交的证据目录达不到此要求且拒绝改正，可以将此情况反映给所属的律师协会，建议律师协会对其进行相应的批评教育，屡教不改的甚至可以建议律师协会给予相应的处罚。

第三节 管辖权异议理由的当事人具体化义务

随着当今社会经济的不断发展，法治化的程度不断提高，诉讼作为一种

解决纠纷的形式，越来越受到人们的青睐。管辖制度作为民事诉讼中的一种重要的制度，其理论研究并没有受到足够的重视，这就导致了管辖制度在司法实践中缺乏法学理论的支撑和指导。加之其制度本身在确立之日便具有许多缺陷，使得人们在司法实践中随意提出管辖权异议拖延诉讼时间，导致地区的司法诉讼效率大打折扣，引起许多不必要的舆论问题。一般来说，利用管辖权异议来拖延时间的诉讼当事人在事前都查阅了相关法律，使其拥有法律程序上的理由，[1]但是究其本质，大多数当事人提出的原因却是为了己方收集证据而拖延时间，增加对方诉讼成本，从一定程度上导致了诉讼的不公。如果这种现象不能得到及时遏制，会严重影响司法机关的诉讼效率，增加社会的运行成本，并且不利于诉讼的公平。因此，为了保证诉讼的公平与效率，解决社会主体间的矛盾，有必要对管辖权异议理由的当事人具体化义务进行深入的理论研究，并且结合我国的司法实践，提出切实有效的解决之道。

研究管辖权异议理由的具体化义务需要理论与实务相结合，并且能够指导司法工作人员的工作。基于此，本章节明确了当事人滥用管辖权异议制度的基本含义，阐释了其与当事人具体化义务之间的关系。在阐述我国现行管辖制度的基本问题后，搜集了大量的案例，力求揭示出当事人如何在实际案件中通过该制度拖延庭审时间，反思当事人不履行管辖权异议理由的具体化义务之原因与危害。最后，结合既往研究成果以及当今社会的法律实务问题，提出构建规范管辖权异议理由的当事人具体化义务以及完善当事人滥用管辖权的救济程序和惩戒责任等对策建议，确保该制度能够切实保障人民群众的利益，从而保证我国司法工作的公平与效率，化解社会矛盾。

一、滥用管辖权异议问题与当事人具体化义务

（一）当事人滥用管辖权异议问题概考

管辖权异议制度是民事诉讼中保障答辩方利益的一项重要制度，立法者制定该制度的原因是希望明确不同法院的分工、保障公平、提升司法效率，但在司法实践中，当事人出于拖延诉讼时间、疲惫对方维权意志等目的经常

---

[1] 民事诉讼实践中也存在许多诉讼代理人滥用管辖权异议制度的情形，当然诉讼代理人的滥用管辖权异议行为应视为当事人的行为。

在法庭上对管辖权的问题提出异议,这种现象可谓是愈演愈烈,虽然近年来法院将其作为违反诚实信用原则的行为加以限制和处罚,但该行为仍未能从根本上得到遏制。当事人的这种滥用诉讼权利的行为,不仅仅降低了诉讼的效率,而且从一定程度上损害了起诉方的利益,从而造成客观上的司法不公。在司法实践中,当事人滥用管辖权异议制度想要达到的目的主要有以下几个,在一起诉讼案件里,这些目的通常可以并存:第一,通过提出管辖权异议,使目前立案法院丧失审理权,重新更换地区审理能够增加对方当事人的诉讼负担,提高对方的诉讼成本。[1]第二,因为丧失管辖权导致的审理机构更换,可以为提出异议的一方争取更多时间,准备更加充分的证据,也从另一个层面降低了对方的诉讼效率。[2]鉴于此可以明确,如果当事人在诉讼中以非正当的目的提出管辖权异议,会直接导致诉讼时间的拖延,降低诉讼效率。对于原告来说,无疑会增加其诉讼负担。申言之,对普通的原告而言,发起诉讼无疑需要一定的勇气来下决心,但如果被告一再以不正当理由拖延诉讼,势必让原告陷入"一鼓作气,再而衰,三而竭"的精神状态,消磨其维权意志,造成诉讼拖累。

　　管辖权异议制度作为保障答辩方[3]利益的一种民事诉讼制度,在司法实践中正在被越来越多的当事人以不正当的目的而提出。这不仅仅因为管辖权异议的提出对于当事人来说成本较低,而且即使该异议被法院驳回,当事人也无需承担较为严重的责任。同时,不仅仅是当事人,实践中有一些地方法院,为了争夺案源或者出于地方保护的非正当目的,往往也会滥用管辖权异议制度。滥用管辖权异议制度,究其行为本质,是属于一种违反民事诉讼诚信原则的行为,这会严重扰乱我国的司法秩序,不利于社会主义法治的建设。因此,研究管辖权异议理由的当事人具体化义务便显得尤为重要,通过诉讼

---

〔1〕参见彭世忠:"新二元诉权说论纲",载《诉讼法论丛》2000年第2期。

〔2〕参见江伟、单国军:"关于诉权的若干问题的研究",载《诉讼法论丛》1998年第1期。

〔3〕对原告、第三人是否有权提出管辖权异议,理论界存在一定争议。但是,《最高人民法院关于第三人能否对管辖权提出异议问题的批复》指出:"一、有独立请求权的第三人主动参加他人已开始的诉讼,应视为承认和接受了受诉法院的管辖,因而不发生对管辖权提出异议的问题;如果是受诉法院依职权通知他参加诉讼,则他有权选择是以有独立请求权的第三人的身份参加诉讼,还是以原告身份向其他有管辖权的法院另行起诉。二、无独立请求权的第三人参加他人已开始的诉讼,是通过支持一方当事人的主张,维护自己的利益。由于他在诉讼中始终辅助一方当事人,并以一方当事人的主张为转移。所以,他无权对受诉法院的管辖权提出异议。"

理论研究，能够正确指导司法实践中各主体的行为，从而规范其行为。

（二）滥用管辖权异议制度现象与当事人具体化义务的联系

在民事诉讼中，当事人出于趋利避害以及各种诉讼策略的考虑，在诉讼过程中总是会提出一些避重就轻、泛泛而谈的抽象性或射幸式的主张和抗辩。这使得法庭在审理过程中为了确定案件的事实而花费很长时间，降低司法程序的效率。有时一些当事人还会进行证据突袭，临时拿出证据当场质证，使法庭无法固定证据和争议焦点，不能实现审理集中化。[1] 当事人的具体化义务就是指：在诉讼过程中，当事人对其主张理由、抗辩理由、争议焦点等应当做出较为详细的陈述和说明，而不是抽象地泛泛而谈。[2] 简言之，如果当事人向法院提交了一份起诉状，起诉状内规范地写明诉讼请求、事实理由和法律依据。如果该案件涉及多个法院管辖，还应当写明选择该法院管辖的法律依据。但在司法实践中，很难看到这样内容完整的起诉状，这也间接增加了法院在审判过程中的工作量，降低了司法效率，从而会产生一些司法不公的事件。

管辖权异议制度作为民事诉讼制度之一，在当今的司法环境下，应当受到当事人具体化义务的约束。如今，当事人滥用管辖权异议制度之风盛行，给法院的审判工作带来许多困难，因诉讼效率降低带来的各种投诉问题不断，大大影响了司法机关的司法公信力。这就使得管辖权异议制度在当事人具体化义务的约束中具体包括以下几个内容：①案件涉及了多个法院管辖时，起诉方应当在起诉状中写明选择其中之一法院管辖的事实理由和法律依据。②答辩方若要对管辖权提出异议，应在诉讼初期就提出，并依据法律条文为自己的异议提供法律证明。虽然以上内容只是规范当事人提出管辖权异议的书面结构，并没有从根本上杜绝当事人滥用该制度的渠道和源头，但也是对法律程序的一种补充和完善。现在理论界和实务界可以达成共识的是：完善当事人具体化义务中的内容，明确界定在对管辖权出现争议的情况下，何为正常行使权利、何为滥用权利，才能遏制当事人的滥用之风。

---

[1] 参见齐树洁：《民事审前程序新论》，厦门大学出版社2011年版，第32~35页。

[2] 参见姜世明：《举证责任与真实义务》，厦门大学出版社2017年版，第257页。

二、管辖权异议理由具体化义务视角下的权利滥用诸态

由于民事诉讼法以及相应司法解释没有对提出管辖权异议的理由设定具体化义务，导致实践中管辖权异议常被滥用，成为拖延诉讼的"利器"，权利滥用的形式主要包括以下几个方面。

（一）当事人明知法院管辖正确，依旧提出管辖权异议

案例1：A市甲公司与乙公司委托合同纠纷一案由A市B区法院受理，被告乙公司以其实际办公地点在C区为由，请求B区法院将案件移送。经过裁决，B区法院认为根据《民事诉讼法》，该案件既可以在B区法院审理，也可以在C区法院审理，并不存在管辖权纠纷，且对管辖权提出异议的当事人并未向本院提供证据证明其公司的实际办公地是在甲市C区；通过被告乙公司向法院提交的营业执照副本，也可以由乙公司的注册地裁定该案可以在B区法院进行裁定，故被告对本案管辖提出的异议不成立。但乙公司依旧提出管辖权异议，刻意干扰司法程序，故B区法院裁定驳回其异议。

案例2：甲公司与乙公司签订的《工程总承包合同》里明确规定，若发生纠纷，则双方需到A区法院进行审理和裁定，但甲公司出于拖延庭审时间等考虑，坚持以A区法院无审理权限为由提出管辖权异议。经过法院审理，裁定该案件根据合同，属于专属管辖范畴，故驳回了甲公司的异议申请。但甲公司不依不饶，再次上诉。据此，A区法院在收集各种材料事实的基础上，根据相关法律法规对甲公司进行处罚。

案例3：2015年，黄某与隆某、甲公司签订《房地产买卖合同》，合同约定：隆某将其名下位于甲市B区红珊瑚花园9栋1501号的房屋（房产证号17××54）出售给黄某，价款1 100 000元；B区法院认为该诉讼属于专属管辖，且该合同可看作是三方真实合作意向的体现，手续齐全，具备法律效力。隆某提出管辖权异议后，法院驳回时已经将理由阐明，但隆某依旧上诉以拖延时间，导致黄某的利益受到了损害。最后，法院以隆某滥用管辖权异议并且损害原告利益为由，判决隆某承担黄某33 000元的律师费。

案例4：原告曹某以借款合同纠纷为由将被告甲公司诉至A市B区法院。被告甲公司在提交答辩状期间对管辖权提出异议，认为曹某与甲公司之间不是借款合同纠纷，是基于《投资协议》的履行、变更、解除过程中对开发权

益约定分配而产生。甲公司住所地在 C 市 D 区，合同履行地也在 C 市 D 区，A 市 B 区法院对本案无管辖权，请求将此案移送到 C 市 D 区法院进行诉讼和审理。最高人民法院明确规定："合同对履行地点没有约定或者约定不明确，争议标的为给付货币的，接收货币一方所在地为合同履行地"，在本案中，诉讼当事人曹某主张甲公司给付欠款，为接受货币一方，且其住所地为 A 市 B 区怡海花园富泽园，属于 B 区辖区，故 B 区法院对本案具有管辖权，故将甲公司管辖权异议驳回。

案例 5：被告徐某因做销售化肥生意需要周转资金，多次向张某借款，并写下欠条，约定其所借本金均按照 15% 的年利率按月付息，一年后还本。然而徐某因经营不善，没有能力按期支付上述款项。经双方协商，以前借条作废，双方重新签订 5 万元借条，按照 15% 的年利率按月付息，一年后还本。一年后，该笔款项到期，张某催要徐某还款不成，一纸诉状告到法院，本案在答辩期限内，当事人徐某提出管辖权异议，要求更换审理法院，且在法院驳回其请求时，又继续上诉，A 市中级人民法院依法维持一审法院作出的裁定。本案中被告明知该案属于原法院管辖，依旧提出管辖权异议，在异议被驳回后还继续上诉，明显是为了造成原告诉累，增加原告负担，违反了诚信原则，应当承担相应责任。

（二）当事人在提出管辖权异议时，没有写出具体事实理由和法律依据

案例 1：A 市甲公司因承揽合同纠纷诉乙公司至 B 区法院，请求被告乙公司给付广告制作费 76 000 元，支付逾期利息，并且承担诉讼费用。但被告方乙公司认为本案属于应由中院审理案件，根据管辖条例，应当移送至 A 市中院审理。法院以案件不符合中院受理标准为由驳回了乙公司的管辖权异议，之后开庭时乙公司并未到庭参加庭前会议。且 B 区法院安排的第二次单独谈话中要求乙公司对其提出管辖权异议的理由进行说明，其代理人回复"我不知道"。截至本裁定作出时，乙公司仍未向法院说明其提出管辖权异议的具体理由。乙公司自始至终都没有说明提出管辖权异议的具体理由，只是在滥用其对管辖权提出异议的权利，从而达到拖延时间、降低诉讼效率的目的，其行为应当受到当事人具体化义务的约束。

案例 2：2017 年被告陈某以作为原告的江某户籍地与审理地区不相符为由，请求更换管辖权属地，对此，法院出具的意见是：原告户籍地并不构成

影响本案管辖地的因素。被告依旧提出管辖权异议，并坚持这是自己的合法权益，是否准许可以由法院依法裁决。对此，法院对被告陈某作出处罚通知，对其进行教育和处罚，最终判定罚款2000元。本案中的陈某就是滥用管辖权异议的典型案例，他明知自己的主张没有法律依据，依旧向法院提出，以期拖延诉讼效率，违反了诚实信用的原则。

案例3：廖某因房屋买卖合同纠纷将梁某诉至A市B区法院，作为被告，梁某出于各种不可告人的目的，要求更换诉讼地区，其理由更是荒唐至极，认为A市法院处理此类案件较少，应将案件打回C区进行审理。梁某提出的更换审理法院的理由可以用荒唐来形容，不难看出这样的理由既没有事实依据也没有法律依据，被告提出该理由只是为了降低审判效率，拖延时间。如果一味地纵容此种行为，有悖于该项制度的立法精神，促使大量当事人违反诚实信用原则，不利于法治化建设。

案例4：李某因民间借贷纠纷将陈某起诉至A市B区法院。答辩期间，被告第一时间对管辖权提出了更换申请，认为B区法院的案件太多了，请求移送到案件更少的A市C区法院。A市B区法院作为本案唯一有管辖权的法院受理原告的起诉，适用法律正确。被告陈某利用法律程序，滥用管辖权异议，企图达成其赖账目的，应当承担相应的法律后果。

案件5：A市B区法院近期受理了一件民事案件，某开发商为解决其现金流回流不及时问题，在不具备预售条件的情况下提前预售了一批商品房，被因购买其商品房与其签订预售合同的业主告上法庭。在法院审理的初期阶段，被告方对管辖权提出异议，其更换管辖法院的理由令人啼笑皆非，表示该属地法院设备和桌椅都非常破旧，欠缺法律威严，并怀疑可能由此产生不公正现象。被告同时提出，办公环境是经济发展的重要参照物，办公环境差说明经济发展停滞，经济类案件较少，从而怀疑B区法院缺乏审理该类案件的经验，故而要求去C区法院重新审理。对此，B区法院郑重函告被告：法律的公平和正义来自双方当事人对法律的尊重，来自法律从业人员的职业操守和职业道德，与办公环境是否简陋无关，因而驳回了被告更换审理法院的请求。在该案例中，虽然法院没有对被告处以罚款，但是这样毫无法律依据的管辖权异议理由依旧对法院的审判工作造成了许多困扰，扰乱了司法秩序，不应当被效仿。

(三) 小结

随着社会民商事案件的增多,许多诉讼案件的当事人熟知法律条款和自己在诉讼中拥有的权利,为了达到拖延时间、降低司法效率等目的而滥用自己的权利。随着这种行为越来越普遍,管辖权异议的实践已经违背了该制度的立法精神。虽然近些年关于管辖权异议的案件数量已经下降不少,但总量依旧很多,管辖权异议制度越来越成为某些当事人拖延诉讼时间、降低诉讼效率的"合法工具"。民事诉讼制度中之所以会设置管辖权异议制度,其初心一是为了维护答辩方的合法利益,二是为了方便法院的审判工作。[1]但是,这样的制度在实践中却经常遭到某些当事人以不正当的目的行使,损害了司法秩序。针对这种情况,笔者阅读了大量案例,从而发现,之所以会大量出现这种无底线滥用自己庭审权利的情况,主要是因为:第一,当事人滥用管辖权异议需要满足的条件太少。在诉讼中,当事人提出管辖权异议,只需要向法院交100元即可。而这种针对司法程序的异议一旦被提出,就不可置之不理,法院就要开启新的流程去裁定到底是驳回还是赞同,且即使法院通过裁定确认驳回,当事人还可以提出上诉,尽管这一行为拖延了时间,但是当事人无需为诉讼效率的降低承担责任。第二,管辖权异议理由的提出并未受到当事人具体化义务的约束。当事人具体化义务要求当事人对其主张理由、抗辩理由、争议焦点等应当做出较为详细的陈述和说明,而不是抽象地泛泛而谈。在管辖权异议制度中,提出该异议是诉讼当事人的权利,诉讼当事人甚至可以随便编造一个理由来对管辖权提出异议,即使这个理由非常荒唐。但法律对此要求十分不明确,也就导致了实践中有当事人提出"空气不好"或者"案件太多"之类的奇葩理由。第三,法律对滥用自己提出异议权利的诉讼当事人没有太多的管理和处罚的权力。一般来说,各地的法院对这些人的处罚方式不一,大部分都是以训诫或者少量罚款了结。在轻微的惩罚和巨大的利益诱惑下,许多当事人选择过度利用自己的权利,为自己争取利益。由此可见,如果当事人的管辖权异议的理由不能受到当事人具体化义务的约束,将会导致大量滥用管辖权异议制度案件的发生,损害守规则一方的合法利益。

---

[1] 参见黄川:《民事诉讼管辖研究——制度、案例与问题》,中国法制出版社2001年版,第47页。

三、滥用管辖权异议的综合原因分析及负面体现

(一) 滥用管辖权异议现象存续的原因

最近两年，在最高院的支持下，各地法院开始对诉讼当事人滥用此类权利的行为进行处罚，且处罚标准根据滥用程度有所不同，使得法院受理此类案件数量有所下降，但滥用管辖权异议类案件的总量依旧居高不下。造成这样的局面是多种原因相互作用的结果，此处主要论述三个较为突出的原因。

1. 管辖权异议理由具体化义务缺失的原因

管辖权异议制度在民事诉讼中本来秉承属地管辖原则，保证司法公正，但在民事诉讼法中并没有进行详细规定，最高院关于民事诉讼法的司法解释也仅规定了实践中可能发生的各种管辖关系，并没有对滥用管辖权异议制度的具体行为进行详细解释。同时，实践中当事人提供的各种法律文书也大多不遵守当事人的具体化义务，给法院的审判工作增加了不少难度。在具体的个案中，就当事人的行为是否属于滥用管辖权异议，留给法院的自由裁量权比较大，因此每个法院对具体滥用行为的认定都不同，对当事人的惩罚力度也没有统一的标准，通过梳理提出异议的理由可以发现，我国对管辖提出异议理由的相关法律规定缺乏，导致法院对于此种行为的自由裁量权幅度太大，缺少统一的裁量标准。在这种情况下会产生一种严重的后果，那就是现行的法律和司法案例不能有效地指引当事人关于滥用管辖权异议的行为，不利于当事人正确使用权利。与此同时，我国法律在赋予当事人权利的同时，没有为其匹配相应的管辖权异议理由具体化义务，其在我国的司法实践中也并未得到有效的开展。[1]既然当事人在民事诉讼之中不能习惯于当事人的具体化义务，那么作为当事人具体化义务中的一种——提出管辖权异议理由的具体化义务，当事人更不可能去严格遵守。因此，最高人民法院还应根据各地法院的审判工作细化司法解释，用于指导并规范诉讼双方当事人在案件具体审理过程中的行为。

2. 法院系统内部的原因

在我国当前的司法环境下，法院倾向性保护的现象依然存在，而一旦法

---

〔1〕参见陈贤贵："当事人的具体化义务研究"，载《法律科学（西北政法大学学报）》2015年第5期。

律程序被认定是不公正的,就必然会影响司法机关的公信力,造成不好的舆论风向。[1]对于答辩方来说,由于其被动地进入了一个案子,对于起诉方选择的法院有一种天然的不信任感,总会认为起诉方与法院的关系更近一些。这种观念往往是人们多年来形成的一种惯性假定,尽管绝大多数法院都会站立在中立的角度保护当事人的合法利益,但是由于答辩方对起诉方及法院的不信任,这种观念很难被改变。[2]因此,被告方当事人往往提出各种各样的管辖权异议理由,尽管这些异议基本都会被驳回。对于实践中出现的这种现象,仅有相关的法律规定是不够的,还需要提升法院在社会中形象,坚持法院的居中裁判,不偏向任何一方当事人。只有增加人民对法院的信任感,消除隔阂,才能更好地指导司法机关工作,让人民在司法领域得到程序和实体上的绝对正义。

3. 当事人心理的原因

在我国民事诉讼法中,大部分民事诉讼都是采取"原告就被告"的管辖规则。起诉方需要去被告的住所地起诉,也就是说对于大多数被告来说,住所离法院都非常近。当考虑到诉讼成本时,就会发现大多数原告的诉讼成本要比被告高。在司法实践中,被告收到法院传票时一般会先提一个管辖权异议,因为法院必须审查异议理由,被告可以以此来拖延诉讼时间。对于原告来说,诉讼时间越长付出的成本也就越大,形成讼累。即使法院在程序上对该异议作出驳回的裁决,被告依旧可以就该裁定向上级法院提出上诉,又能够拖延一些时间。就这样,有些案件即使最后原告能够胜诉,但考虑到相关诉讼成本后,许多原告会做出让步,与被告尽快达成和解协议以结束诉讼。

而反观被告,他们却可以用极低的成本拖延诉讼。毕竟,提出司法管辖属地不合法,请求更换审理法院,被告只需要支付100元,异议经过法院审查后,即便被法院裁定驳回,新增加的驳回审理也拖延了庭审时间、降低了司法效率,被告仍不需要承担任何罪责和费用,只有少部分法院会作出处罚当事人的决定。由此可见,当事人面对巨大的利益诱惑(得到和解协议),需要支付的成本却极低,再加上我国现行法律中并没有强制要求当事人的具体

---

[1] 参见江伟主编:《中国民事诉讼法专论》,中国政法大学出版社1998年版,第323~332页。
[2] 参见王立强:"民事诉讼'规避管辖'现象研究",载《山东审判》2012年第1期。

化义务，导致越来越多的当事人滥用管辖权异议制度，使得滥用此制度以谋取个人利益的事件屡见不鲜。

（二）负面体现

在民事诉讼中，当事人滥用管辖权异议制度的不诚信行为，使得司法程序增加，案件审理时间加长，导致了司法实践中出现了许多不公平的判决。

1. 违反民事诉讼中的诚信原则

诚实信用原则不仅适用于市场经济和日常生活，也是我国司法领域需要遵循的基本原则之一。诉讼双方当事人必须本着诚实和遵守信用的基本原则来完成司法程序，从而保障国家司法程序的完整和公严正义。当事人滥用管辖权异议制度明显违反了民事诉讼中要求的诚实信用原则，损害了对方当事人的合法权益，同时妨碍了正常的司法秩序。如果任由这种行为发展，将会严重影响到社会各主体之间的关系，造成相互之间的不信任，不利于社会的发展。不仅如此，如果法院对于这种滥用管辖权异议的行为不加以控制，将会破坏法院在社会中的威严，严重降低人民对法院的信任感。

2. 影响司法审判的效率

在民事诉讼法中，对于审限的设置是为了保障法院的审判效率，防止某一案件拖延的时间过长。但是诉讼当事人行使权力、提出异议这一程序却不计入审限的范围，这样审限看似没有延长，但是该案件的实际审理时间却被延长。不管出于何种原因提出的异议，法院都必须通过调查给出裁定，如果当事人对法院的驳回裁定不服，还可以对该裁定上诉。这就导致如果当事人出于某些不可告人的目的，对该案件提起恶意的管辖异议，司法机关也必须停止审判的准备工作去审查异议的理由，这必然会拉长审限，从而降低司法审判效率。司法审判效率的降低，一方面会造成社会资源的浪费，另一方面还会损害其他当事人的合法权益。因此，滥用管辖权异议的行为必须得到遏制。

3. 影响民事诉讼的公平与公正

上文提到，某个案件的审理期限越长，当事人付出的诉讼成本就会越高。所以，当事人以不正当的目的提出管辖权异议来拖延诉讼时间，不仅会降低司法审判的效率，而且还会给对方当事人造成损失。诉讼结束后，即便是对方当事人赢得了诉讼，算上诉讼成本之后，依旧不会取得应有的利益，变相地影响了民事诉讼的公平与公正。所以，如果不能够采取有效措施遏制当事人滥用管辖权异议的行为，那么其他当事人的合法利益将无法获得保护，也就无法保证司法审判里的公平与公正了。

四、解决之道：以当事人具体化义务限制滥用管辖权异议

（一）完善民事诉讼法中的管辖权异议制度

在我国当前的司法环境下，我国当前法律中允许案件当事人在法律许可范围内协议约定管辖法院，体现了对于案件当事人选择权的一种尊重。[1]而与此同时，规范异议提出的相关法律法规还不完善，具有许多法律空隙，因为行使权利几乎无任何成本，很多人不惜提出一些荒唐的理由来保住自身不正当利益，影响了司法公正。因此，目前解决这一困境的当务之急就是尽快完善该权利的相关法律法规。首先，由于受民商事法律中"法无禁止即自由"原则的影响，当事人提起管辖权异议制度时不受任何约束，也就导致了该滥用行为的泛滥。因此，国家应该将管辖权异议的禁止性规定写入民事诉讼法，同时对于提起管辖权异议的条件和细则予以详细规定，只有在法定条件下才可以提起管辖权异议。[2]其次，法律中相关禁止性规定是无法列举完的，随着社会的发展，当事人滥用管辖权异议的理由多种多样。所以，最高院还应当及时出台相关司法解释，用更加明确的条款约束当事人的法律行为，为司法审判提供法律支持和保障。最后，基于各省市自治区实际司法执行情况不同，各省人大及其常委会也应当结合本地的具体情况，以地方性法规的形式确定滥用管辖权异议的各种情形以及处罚措施，确保区域内相关规范的统一，做到因地制宜。

（二）完善管辖权异议的处理机制与程序

在司法活动中，管辖权异议之所以能够拖延诉讼时间，威胁司法公正，是因为针对管辖权的异议一旦被提出，法院就必须将对管辖权的审理提前，在做出裁决后，上诉人还可以针对裁决继续上诉，该期间不会计入审限。法

---

[1] 参见李浩："民事诉讼管辖制度的新发展——对管辖修订的评析与研究"，载《法学家》2012年第4期。

[2] 参见张弘、于洋："从防止诉权滥用角度来完善管辖权异议制度"，载《西南科技大学学报（哲学社会科学版）》2013年第1期。

院受理管辖权异议申请的程序独立于后面的审判程序,这样不仅会拖延诉讼时间,而且会将两个程序割裂开,不符合集中审理的原则。所以,法院应当将管辖权异议理由的审查并入诉讼程序,[1]使其作为一项庭前会议的内容出现。这样,在庭前会议上,法院集中审查管辖权异议问题和双方当事人对案件的争议焦点,双方当事人可以举示各自的证据,这样也提高了诉讼效率。除此之外,笔者认为,若法院裁定不予更换管辖法院,应该修改当事人针对该裁定的上诉流程,当事人就被驳回的管辖权异议申请只能在本院提起复议,不能影响到诉讼程序的进程,这样符合国际上通行的做法。当然有人会反对,取消管辖权异议裁定制度会导致受到地方保护主义侵害的当事人无法得到救济,导致不公正现象的发生。但是需要注意的是,我国当前地方保护主义现象的深层次原因是法院不能够完全独立于地方政府,审判活动会受到当地政府的影响。因此,取消管辖权异议裁定的上诉制度并不会直接导致地方保护主义之风盛行。此外,诸如提高提出管辖权异议的申请费用等措施也是值得我们一试的。

(三)对管辖权异议的具体化理由加以限定

上文提到,正是因为民事诉讼法对当事人提出管辖权异议的行为缺少制度上的监管和约束,对当事人的具体化理由也并没有加以限定,所以才导致了当事人滥用管辖权异议行为屡见不鲜。所以,通过对当事人的具体化理由加以限定,能够减少滥用管辖权异议制度现象的发生。

所谓当事人具体化义务,主要包括:庭审前阶段的具体化义务、庭审对抗中的具体化义务以及庭审后的具体化义务,通俗来讲,就是指当事人在诉讼活动中对自己主张的事实理由和法律依据的理由具体说明的义务,其方式包括提交相关法律文书和口头传达。而管辖权异议制度的当事人具体化义务主要是指当事人对其主张的管辖权异议需要相应的具体理由,该理由必须有相关法律法规作为依据。对于当事人的具体化义务应当规范在法律条文内,从而对当事人起到法律引导作用。同时,在司法实践中法院也要严格遵守当事人具体化义务的相关规定,引导案件当事人参与诉讼时严格遵守其具体化义务。因此,需要加强当事人具体化义务对提出管辖权异议的限定。首先,

---

[1] 参见王福华:"解决民事管辖权争议的两种模式",载《烟台大学学报(哲学社会科学版)》2002年第1期。

对于多个法院均有管辖权的案件，原告在起诉时应该写明选择其中之一法院的法律依据。当被告提出相应的管辖权异议时，若没有充足的理由推翻原告写明的法律依据，法院可直接驳回被告的申请，节省案件的时间，提高诉讼效率。其次，对于没有管辖争议的案件，被告在提出管辖权异议时应写明相关的事实理由和法律依据。若申请被驳回，当事人提出上诉时若不能提出推翻原法院裁定的充足理由，上一级法院在收到上诉书后可以直接驳回其上诉，这样也能够节省一定的诉讼时间。最后，如果当事人在申请管辖权异议时不能够写明具体的事实理由和法律依据，或者写出的理由有悖于常理，法院在收到申请后可以直接驳回。对于此类申请，有滥用管辖权异议的嫌疑的，法院应当在不超过三日内作出驳回申请的裁定，防止当事人诉讼期间拖延。只有案件当事人自觉履行其具体化义务，加强法院等对其的监督，才能够有效防止当事人因个人利益滥用管辖权异议制度，恶意拖延诉讼时间。

（四）设立滥用管辖权异议制度的惩罚制度

日本学者谷口安平教授曾在其著作《程序的正义与诉讼》中说道："诉讼迟延或积案不审实际上是对案件的拒绝审判。"[1]所以，面对日益猖獗的当事人滥用管辖权异议制度的现象，应当出台强有力的惩罚措施，惩罚那些不遵守诚信原则的当事人，保障其他当事人的合法权益。当前国内许多学者认为，建立惩罚制度应该着重从以下几方面考虑：一方面是健全法律法规，使当事人的法律行为受到法律法规的约束；另一方面是制定针对滥用该权利的处罚机制。[2]建立赔偿制度的前提是民事诉讼法中必须以列举式或者概括式的方法写出当事人滥用管辖权异议制度的情形，这点上文已经谈到。其次是赔偿的金额问题，可以比照2021年《民事诉讼法》第十章"对妨害民事诉讼的强制措施"中的罚金规定设立。在上文的案例中，A市B区法院的当事人用十分荒唐的理由和行为，干扰法庭调查，法院开出了2000元的罚单。可见，建立罚金制度不仅是学界在呼吁，也是司法实践中可以接受的做法。除此之外，建立程序性处罚制度是指，如果提出异议的当事人，用十分荒唐、不合理的

---

[1] [日]谷口安平：《程序的正义与诉讼》，王亚新、刘荣军译，中国政法大学出版社1996年版，第55页。

[2] 参见张晓薇："滥用诉讼权利行为的法律规制"，载陈刚主编：《比较民事诉讼法2001—2002年卷》，中国人民大学出版社2002年版，第78页。

理由提出异议，且其损害到法院的正常诉讼程序或者其他当事人的合法权益，法院应当参照《中华人民共和国人民法院法庭规则》对其行为予以训诫，严重的还要对其进行司法拘留。只有建立健全滥用管辖权异议制度的惩罚制度，提高当事人的违法成本，才能促使诉讼活动朝着正确的方向进行。

在司法审判程序中保留当事人提出异议的制度是民事诉讼法的一个重大进步，承载着诉讼权利的保障价值。但国内学界对其研究少之又少，且我国的法律中管辖权异议制度的相关法律法规并不健全，使得当前滥用管辖权异议制度之风盛行。通过文中的案例分析也可以看出，当事人之所以滥用其权利，其一是因为该制度存在法律空隙，当事人违法成本低，其二是法律对当事人的行为没有进行有效地管辖和约束，当事人的行为不能被有效约束，故其做出一些违反诚实信用原则的行为。作为当事人具体化义务中的一个分支，我们必须积极促使管辖权异议理由与当事人具体化义务相结合，对管辖权异议的具体化理由加以限定，使得该义务能够有效约束诉讼中当事人的行为。同时还应该建立健全相关法律法规，完善民事诉讼中关于管辖权异议申请的审查程序，建立违法惩戒制度。只有这样多管齐下地明确当事人的具体化义务，才能保证我国的司法公正，既保证当事人对司法程序提出异议的权利，又使其在行使权利时严格遵守法律法规，保证正常诉讼活动的有序进行，提高诉讼效率，提高司法机关在人民心目中公平正义的形象，提高公信力。

（五）管辖权异议申请书及上诉状范例二则

以下二份法律文书分别是管辖权异议申请书和管辖权异议上诉状，它们较好地阐述了管辖权异议的理由。

管辖权异议申请书

申请人：××，女，1980年11月13日出生，汉族，住所：重庆市××县××街，身份证号码：××，电话：××。

委托诉讼代理人：××，重庆××律师事务所律师。

被申请人：××，女，1964年9月5日出生，汉族，住所：重庆市××区××路一段1015号4单元10-2，身份证号码：××，电话：××。

请求事项：请求贵院依法裁定将本案移送至被告住所地重庆市××县人民

法院审理。

事实与理由：

申请人于 2017 年 7 月 21 日签收贵院已受理的房屋买卖合同纠纷［（2018）渝××民初××号］一案的应诉通知，申请人现根据民事诉讼法及其司法解释的相关规定，对本案的管辖权提出异议，理由如下：

一、本案不应适用不动产专属管辖

本案属于合同纠纷而非物权纠纷，不应适用不动产专属管辖，法律依据为：2015 年《民事诉讼法解释》第 28 条第 1 款"民事诉讼法第三十三条第一项规定的不动产纠纷是指因不动产的权利确认、分割、相邻关系等引起的物权纠纷"。根据该司法解释并结合类似司法判例，房屋买卖合同纠纷并不当然地适用不动产专属管辖规定（《民事诉讼法》第 33 条第 1 项），只有与不动产物权相关的纠纷方能适用。本案纠纷系双方在履行房屋买卖合同过程中是否存在违约法律关系以及是否应当解约法律关系的合同之争，而非物权之争，同时我们注意到贵院也将本案案由确定为"房屋买卖合同纠纷"，因此本案不应适用不动产专属管辖。

二、本案不应适用合同签订地和合同履行地管辖

《民事诉讼法》第 34 条规定"当事人可以书面协议选择……合同履行地、合同签订地……与争议有实际联系的地点的人民法院管辖……。"本案的当事人并未通过合同或其他方式书面协议选择管辖法院，因此不应适用合同签订地和合同履行地管辖。

《民事诉讼法》第 23 条虽然规定"因合同纠纷提起的诉讼，由被告住所地或者合同履行地人民法院管辖。"但 2015 年《民事诉讼法解释》第 18 条又规定，合同约定履行地点的，以约定的履行地点为合同履行地。合同对履行地点没有约定或者约定不明确，争议标的为给付货币的，接收货币一方所在地为合同履行地；交付不动产的，不动产所在地为合同履行地；其他标的，履行义务一方所在地为合同履行地。即时结清的合同，交易行为地为合同履行地……合同没有实际履行，当事人双方住所地都不在合同约定的履行地的，由被告住所地人民法院管辖。本案中，当事人之间并未约定履行地，争议诉讼标的是履行签订正式购房合同的法律关系而非交付不动产的法律关系，履行义务一方所在地亦为被告住所地（××县），因此本案不应适用合同签订地

和合同履行地管辖。

三、本案不应适用申请人之弟（被告代理人）住所地管辖

从民事程序法来看，2015 年《民事诉讼法解释》第 71 条规定，原告起诉被代理人和代理人，要求承担连带责任的，被代理人和代理人为共同被告，根据该司法解释，只有原告要求代理人承担连带责任时，才应将代理人列为共同被告。本案中原告并未在诉讼请求中要求代理人承担连带责任，而且在诉状的事实与理由中也只字未提连带责任的承担，因此申请人之弟不应被列为共同被告，更不应以其的住所地为管辖地。

从原告的诉讼请求来看，其诉讼请求第 1 项为"请求人民法院依法判决被告依法履行合同，办理房地产过户登记"，这项（主要）诉讼请求并未提到我方代理人在本案中有任何法律责任或法律义务（在事实与理由中也未看到这样的表述），那么原告的第 2 项（次要）诉讼请求"判决二位被告负担诉讼费、律师代理费"则为无据可依、无中生有的诉讼请求。申言之，既然原告不认为我方代理人应负法律责任（或义务），那么何来要求其承担诉讼费、律师代理费之说？须知，诉讼费、代理费的承担是需要以存在法律责任（或义务）为前提条件的，因此原告第 2 项诉讼请求中要求我方代理人承担诉讼费、代理费与其第 1 项诉讼请求矛盾，而恰恰是这样自相矛盾的诉讼请求导致法院错误地适用管辖地。实践中不乏原告通过故意虚增被告以达到规避管辖规定的例子，本案中原告是否有此意图，在此不敢妄加推测。

从民事实体法来看，申请人之弟在本案中亦无需承担法律责任，既然没有要予以追究的法律责任怎可将其列为被告？因此将其列为共同被告是错误的，应予以纠正，并将该住所地从管辖地中排除。

四、本案应该适用被告住所地（××县）管辖

综合上述理由，申请人认为，贵院对本案不具有管辖权。为此，特向贵院提出管辖异议，请求依法裁定将本案移送至有管辖权的被告住所地重庆市××县人民法院审理，恳请支持。

此致

重庆市渝北区人民法院

申请人：××

××年××月××日

提交人：××（申请人代理律师）

提交时间：××年××月××日

民事上诉状

上诉人（原审被告1）：××，女，1980年11月13日出生，汉族，住所：重庆市××县××街，身份证号码：××，电话：××。

委托诉讼代理人：××，重庆××律师事务所律师。

被上诉人（原审原告）：××，女，1964年9月5日出生，汉族，住所：重庆市××区××路一段1015号4单元10-2，身份证号码：××，电话：××。

上诉人因"原告诉被告1、2房屋买卖合同纠纷"一案提出管辖异议，上诉人不服重庆市渝北区人民法院（2018）渝××号民初××号民事裁定书，现提出上诉。

上诉请求

1. 请求依法裁定撤销渝北区人民法院（2018）渝××号民初××号民事裁定书。

2. 将本案依法移送至重庆市××县人民法院审理。

事实与理由

上诉人因"原告诉被告1、2房屋买卖合同纠纷"一案提出管辖权异议，认为渝北区人民法院没有管辖权，应当将案件移送至重庆市××县人民法院审理。2017年8月1日，重庆市渝北区人民法院作出（2018）渝××号民初××号民事裁定书，裁定驳回上诉人提出的管辖权异议。上诉人认为裁定书认定事实及适用法律错误，应予以撤销，并将本案依法移送至重庆市××县人民法院审理。具体理由如下：

一、原审认定事实和适用法律错误

原审裁定认为："本案系合同纠纷，被告住所地具有管辖权，现被告人2住所地位于渝北区，故本院依法具有管辖权。被告人1称被告人2不应为共同被告，不应以其住所地确定管辖。根据法律规定，起诉时仅需有明确的被告即可，无需考虑该被告是否承担实体责任，故对被告的意见不予采纳。"

上诉人认为：

1. 本案不属于共同诉讼，法院不应合并审理

（1）共同诉讼分为两种，一为必要共同诉讼，二为普通共同诉讼。就必要共同诉讼而言，法律以列举立法的方式对必要共同诉讼进行严格限制，从本案原告诉状所呈现的法律关系进行形式上考虑即可知道，被告人2不是本案的必要共同被告，且不符合任何一种应该被列为共同被告的情形；就普通共同诉讼而言，合并审理需要当事人同意，但本案中法院从未询问过被告是否同意合并审理。

因此，原告只能以分别起诉的方式起诉，而不能以共同诉讼的方式一并起诉两位原审被告。

（2）根据原告诉讼请求、事实和理由来看，被告人2与原告之间不存在任何实体权利义务争议

2015年《民事诉讼法解释》第71条规定，原告起诉被代理人和代理人，要求承担连带责任的，被代理人和代理人为共同被告。根据该司法解释，只有原告要求代理人承担连带责任时，才应将代理人列为共同被告。从原告的诉讼请求来看，"1. 请求人民法院依法判决被告依法履行合同，办理房地产过户登记"，其在诉状请求中并未要求代理人承担连带责任，而且在诉状的事实与理由中也只字未提连带责任的承担。诉讼请求"2. 判决被告负担诉讼费、律师代理费"则为无据可依、无中生有。申言之，既然原告不认为被告应负法律责任（或义务），那么何来要求其承担诉讼费、律师代理费之说？须知，诉讼费、代理费的承担是需要以存在法律责任（或义务）为前提条件的，因此原告的第2项诉讼请求中要求承担诉讼费、代理费是与其第1项诉讼请求矛盾的，而恰恰是这样自相矛盾的诉讼请求导致法院错误地适用管辖地。诉的构成要素包括当事人和诉讼标的。本案中原告与原审被告1间民事法律关系、原告与原审被告2之间民事法律关系属于完全不同民事法律关系，即不同诉讼标的，根本不能作为共同诉讼审理。

从民事实体法来看，申请人之弟（原审被告2）即使存在代理人责任，那也只能由被代理人（申请人）予以追究，断无由合同相对方原告追究之逻辑。退一步讲，即使沿着原审法院在裁定书中驳回异议理由的"起诉时……

无需考虑被告是否承担实体责任"之逻辑,我们在管辖权异议申请时也不要求考虑被告是否承担实体责任,仅请求法院从形式上判断其应当承担何种责任,那么不难得出其仅应当承担代理责任的结论,而这种责任原告根本没有权利予以追究,强要追究的话,就有滥用诉权之嫌。因此,将原审被告人2列为共同被告是错误的,应予以纠正,并将其住所地从管辖地中排除。

(3)原审被告人2不符合本案适格必要共同被告的法律要件

本案审理的民事法律关系为原审原告和原审被告人1之间的房屋买卖合同关系,即本案的诉讼标的。而原告与原审被告人2之间的民事法律关系根本不能被房屋买卖合同关系所覆盖,二者之间也不存在必须合并审理的牵连关系。即使原告认为原审被告人2存在对其权利侵害的,也只能另诉。该另诉与本案只有在诉讼标的类似、都属于同一法院管辖才能合并审理,成立普通共同诉讼。但通过上述分析可知两者之间纠纷根本不存在合并审理之可能。

如果非要将原审被告人2列为必要共同被告,则必须属于法律明确规定的必要共同情形才可以。2015年《民事诉讼法解释》第71条规定,原告起诉被代理人和代理人,要求承担连带责任的,被代理人和代理人为共同被告。显然,本案中原告诉讼请求根本不符合法律规定,不符合必要共同被告的法律要件。

综上,原审被告人2根本不是本案适格被告,原审被告人2是与本案争议没有利益关系的第三人。显然,法院不能依据其住所地确定本案管辖法院。

二、法院对立案审查的"有明确的被告"理解错误

渝北区人民法院认为"被告人1称被告人2不应为共同被告,不应以其住所地确定管辖。根据法律规定,起诉时仅需有明确的被告即可,无需考虑该被告是否承担实体责任,故对被告的该意见不予采纳。"但是,《民事诉讼法》第119条规定,起诉必须符合下列条件:(一)原告是与本案有直接利害关系的公民、法人和其他组织;(二)有明确的被告;(三)有具体的诉讼请求和事实、理由;(四)属于人民法院受理民事诉讼的范围和受诉人民法院管辖。在该法条中,(二)、(三)应并列理解,则"有明确的被告"并非只在起诉状中列明被告姓名、地址、联系方式即可,而是要看其在起诉状"诉讼请求"是否要求其承担责任。如果只需要列明被告即为被告,则起诉状中要

求有"诉讼请求、事实和理由"则无任何意义。渝北区人民法院裁定驳回上诉人的管辖权异议，其理由是法院只需要审查"有明确的被告"。实质上，这不符合立案的工作要求。立案登记并非法院不审查，法院审查也并非完全只限于形式。法院立案登记审查时，不需要审查实体法律关系，但不能割裂"（二）有明确的被告"和"（三）有具体的诉讼请求和事实、理由"的并列关系。法院立案时仍需要审查原告起诉状中当事人信息、诉讼请求、事实理由之间的一致性、连贯性，而非只是形式上有即可。否则，任何人都可以通过只列明被告名称来实现规避管辖规则的立法目的，使得法定管辖制度形同虚设，也可能带来更多虚假诉讼。实践中不乏原告通过故意虚列虚增被告以达到规避管辖规定的案例。本案中，原告是否有意规避管辖，在此不敢妄加推测。但是，通过前述可知，原审法院孤立地审查"有明确的被告"，忽视了立案审查时对起诉状各要素之间整体的把握，进而裁定驳回上诉人的管辖权异议，驳回理由不能成立。况且，与"有明确的被告"并列的《民事诉讼法》第119条第4项明确规定"属于……受诉人民法院管辖"是衡量起诉符不符合条件的重要指标。

造成这种情况的原因在于立案时审查过于机械，故出现这种本不应该的共同诉讼。对此，如果法院不加纠正，强行进入实质审理，就会发现应当裁定驳回对原审被告人2的起诉，而不能判决驳回对原审被告人1诉讼请求，因为原告对原审被告人2没有诉讼请求，也根本不存在对原审被告人2的诉。此时，审理法院就会发现管辖错误，不享有管辖权。但那时，审理法院也不能因其应诉而取得管辖权，因为其提出过管辖权异议，只是法院未采纳。最终，审理法院还得依法裁定将案件移送至××县人民法院。因而，为避免案件将来存在程序上的错误，空耗宝贵司法资源，徒增当事人讼累，希望上级法院及时予以纠正。

三、××区人民法院对本案无管辖权，应将本案依法移送至××县人民法院审理。

《民事诉讼法》第23条虽然规定"因合同纠纷提起的诉讼，由被告住所地或者合同履行地人民法院管辖。"但是，2015年《民事诉讼法解释》第18条规定，合同约定履行地点的，以约定的履行地点为合同履行地。合同对履行地点没有约定或者约定不明确，争议标的为给付货币的，接收货币一方所在地为合同履行地；交付不动产的，不动产所在地为合同履行地；其他标的，履行义务一方所在地为合同履行地。即时结清的合同，交易行为地为合同履行地。合同没有实际履行，当事人双方住所地都不在合同约定的履行地的，由被告住所地人民法院管辖。

本案中，当事人之间并未约定履行地，争议诉讼标的是履行签订正式购房合同的法律关系而非交付不动产的法律关系，履行义务一方所在地亦为被告××住所地（××县）。

综上所述，上诉人认为：原审法院认定事实和适用法律错误，导致裁判的错误，故上诉人依法向贵院提起上诉，望裁如所请。

此致
重庆市××中级人民法院

上诉人：××
××年××月××日
提交人：××（上诉人代理律师）
提交时间：××
原审裁定送达时间：××

第四节　答辩状的当事人具体化义务

民事诉讼制度是国家给予国民保护私权、解决争议的重要救济方式。而在民事诉讼制度中，虽然有答辩状的制度设计，但是司法实践对其重视度还不够，使得答辩状制度在整个民事诉讼过程中显得可有可无。理论上答辩状被视为被告对原告的一项防御武器，是被告对原告诉讼请求的回应和反驳，并且一般是书面性的[1]，所以答辩状在整个诉讼程序中对于促进诉讼和厘清争议焦点都有着不可小觑的作用。尽管我国学界鲜有讨论，现行法律及司法解释对于答辩状制度也缺乏系统的规定，但基于现在司法实践对于辩论主义的重视度和促进诉讼效率的迫切要求，实有必要将答辩状制度结合当事人具

---

[1] 参见蔡彦敏、张珺："答辩状及提交答辩状行为的性质定位——兼论民事审判方式改革"，载《中山大学学报（社会科学版）》2000年第1期。

体化义务进行进一步的探讨，以发挥答辩状制度的积极作用。

一、答辩状的基本内涵

(一) 答辩状的概念

关于民事诉讼答辩状这一概念，在民事诉讼法中尚没有明确界定。虽然缺乏权威性的定义，但是答辩状本身的意义是清晰的。可以认为，民事答辩状是一种对应起诉状而设计的法律文书，是答辩人[1]对原告起诉状的一种回应性的书面文书，表明自己对原告的诉讼请求的承认、否认或抗辩主张的文书。

虽然民事答辩状的概念和具体规则目前在我国还没有明确，但是纵观域外典型国家和地区现行立法可以对其进行进一步的定义。在英国《民事诉讼规则》第16.5条对于答辩状的内容有所规定[2]，明确答辩状的内容由两部分构成，即对于原告诉讼请求的一种反驳或承认，该回应可以是否认、承认；对自身的否认附有否认的理由。英国民诉法是将答辩状作为一种对原告的诉讼请求的回应性文书来看待的，是对原告的请求的一种回应。

在德国的民事诉讼中，对答辩状制度作出了更严格的规定，答辩状制度本身视为积极促进之后庭审工作展开的有效措施。德国《民事诉讼法》规定，原告的答辩状内容必须有他将提出的防御方法；答辩状本身是诉讼进程和程序上的必要要求。德国《民事诉讼法》将答辩状视为一种被告的防御方法，这种防御方法是针对原告的诉讼请求而言的，并且更强调其对于程序的保护和诉讼进程展开的作用。

(二) 答辩状制度的立法目的

首先，笔者认为，答辩状作为一种对应原告的诉讼请求而做出的回应性文书，是为了通过和原告的初步对应性陈述、厘清双方的争议点而设立。从实践来说，原告的诉讼请求被告一般会采取承认、不承认、抗辩三种形式予以回应，若承认对方请求，则之后的争议范围就会有所缩小。若否认原告的请求，则分为两种情况：单纯否认和附理由的否认，当单纯否认时其实对于诉讼进程的展开无太大意义，但是若做附理由的否认，则可以使原告明晰被

---

[1] 广义上民事诉讼的答辩人包括被告和第三人。
[2] 参见徐昕译：《英国民事诉讼规则》，中国法制出版社2001年版，第73页。

告的诉讼主张和防御策略，并据此充分地准备进一步的陈述和证据。当被告提出抗辩时，同样原告也可以据此更好地行使自己的请求权。其次是提升法院的司法效率，可以明确的是，无论被告作出了何等回应，只要其存在便具有实际意义，那么对于法院而言都是有利的，法院可以迅速明确双方争议焦点，缩小争议范围和待证事实范围。法院可以据此更有效的促进当事人和解，同时，因为双方争议焦点得以厘清，法院接下来的庭审工作可以更有效率。最后，答辩状本身作为对应起诉状的文书，是在原告陈述自己的主张后给予被告同样的陈述权利，使得被告和原告双方都能明晰对方的诉讼主张。

所以，答辩状制度的立法目的在于通过给予被告陈述对原告诉讼请求回应的权利，促进庭前审理工作有效地开展，保证双方当事人明确对方的攻击和防御主张，进而达成节省司法资源，促进诉讼效率，维护诉讼公平的目的。

二、对答辩状制度的省思

（一）答辩状制度的实践困境

1. 被告不提交答辩状是常态

在现有的司法实践中，被告放弃提交答辩状的情况屡屡出现。这主要是由于现行立法对答辩状制度的设计中，将提交答辩状看作是被告的一项权利，如果是看作权利的话，就意味着被告和被上诉人自然可以依照自身意思自治自行处分，而不应受他人干涉。

根据 2021 年《民事诉讼法》第 128 条第 2 款[1]，可推知被告是否提交答辩状并不体现为一种义务性规定。而在 2019 年《新民事证据规定》第 49 条中，对被告提交答辩状的用词虽然为"应当在答辩期届满前提出书面答辩"，但事实上因为并未规定不提交答辩状的后果，所以依然不能视之为义务而更像一种具有任意性的条款。综上，我们可以看出现行立法中对答辩状制度本身其实欠缺一种强制的约束力，使得被告和被上诉人可以充分依照自身意愿决定是否提交答辩状。而被告往往就会基于隐藏信息怠于答辩或忽视其重要性疏于答辩。

基于现行立法中对于答辩状制度设计的欠缺，被告和被上诉人也往往产

---

[1] 2021 年《民事诉讼法》第 128 条第 2 款规定："被告不提出答辩状的，不影响人民法院审理"。

生同样的忽视心理,对于答辩状的提交存在着主观上基于故意隐瞒信息以给予对方突袭辩论从而占据优势的目的和客观上被动疏忽能少一事则少一事的心理而不提交答辩状。不过,广东省高级人民法院的一个指导意见〔1〕针对实践中答辩方经常不在庭前答辩期间提交答辩状的行为作出了有利于原告方的规定,为保持答辩方和原告方的攻防平衡做出了有益尝试。

2. 答辩状内容不具体

基于被告主观的故意和客观的忽视,加之立法本身对于答辩状的提交没有明确规定,在实践中出现了即使被告提交了答辩状,但是答辩状内容也空洞而缺乏实际内容,对于厘清争议点和推动诉讼进程毫无帮助的现象。具体来说,被告往往在答辩状的内容中通过避重就轻、避实就虚或者使用一些过于抽象和空洞的表述来混淆视听。

答辩状的内容一般是被告和被上诉人对于原告的诉讼请求的书面回答。前文提过,提交答辩状的立法目的在于使事实进一步得到具体化。所以,当原告说明诉讼请求之时,其对应的法律关系其实并没有完全特定,只有等到口头辩论和被告防御时,才能将事实进一步具体化。〔2〕在被告提出答辩状的同时,原告提出的诉讼中的争议的法律关系才得到进一步细化,双方通过这种攻防方式使待证事实显现出其雏形。就大陆法系来说,答辩状的提交意义主要在于区分同类法律关系,所以本身对于答辩状内容的具体化要求较低。再者,我国答辩状制度缺乏实体要件的规定与惩罚性后果的约束,造成了被告在提交答辩状的过程中多持敷衍了事的态度,答辩状往往只是单纯否认对方主张,或者干脆只是陈述一些不相关的事实,少有提出抗辩或者有效的否认。

---

〔1〕《广东省关于适用民事证据规定的指导意见》第 3 条规定,举证期限届满后,具有下列情形之一的,人民法院可以重新确定举证期限。重新确定的举证期限可少于 30 天。(一)被告未在答辩期内提出答辩意见,而在答辩期届满后才提出答辩意见,原告据此要求补充举证的;(二)被告在答辩期届满后提出新的答辩意见,原告针对被告新的答辩意见要求补充举证的;(三)由于送达等原因,原告收到答辩状时已超过其举证期限,原告针对被告的答辩意见要求补充举证的;(四)当事人在举证期限内向人民法院提交的证据未经庭前交换,一方当事人在开庭时针对对方提交的证据要求提交反驳证据的。

〔2〕参见曹志勋:"立案形式审查中的事实主张具体化",载《当代法学》2006 年第 1 期。

(二) 答辩状不具体之弊

1. 对于法院：妨碍诉讼效率

毫无疑问，答辩状制度的设计核心是立足于法院利益而言的。答辩状的提交是庭前审理的关键一环，而庭前审理主要是为了保证诉讼效率，节省法院时间和资源。故答辩状制度的设计立足于减轻法院负担，节省司法资源。

如被告提交了具体而有意义的答辩状，那么被告一般会在答辩状中对原告的诉讼请求予以回应，这种回应可能是否认和抗辩，也可能是对原告提起反诉。在此过程中，被告通过这种回应方式明确了原告诉讼请求的具体范围，双方争议事实可能因此得到进一步缩小。此时就会有助于法院明确诉讼中真正争议的部分，对于诉讼进程的展开有着关键的作用。当被告实施了提交答辩状这一行为，实际上原告与被告双方的攻防关系已经展开，双方已经就争议的诉讼标的进行了初步的辩论和证据交换。诉讼标的和争议点在此时得到了明确，法院的调解工作可以更顺利地进行，庭前审理工作的顺利进行也为之后庭审奠定了基础。

我国法院现今面临着因效率低下、诉讼历时长而饱受当事人抱怨的情形，所以诉讼效率的提高在近年来被作为一项主要目标落实于法院。从法院的角度来说，最好的状况就是双方当事人积极推进诉讼，而答辩状制度的设计目的就是促进被告一方积极主动地进行防御，对原告的诉讼请求主张予以回复。如果被告选择不承认原告的诉讼请求，可以据此分析出原被告真正争议在于何处。在被告选择抗辩这一防御主张时，因为提出抗辩需负有一定的理由否则不能成立抗辩，所以被告就会对抗辩的事实做出一个具体的说明，故原告就可以根据被告的抗辩做出更为充分的准备，明确自己的防御目标。

然而现今的答辩状制度因其任意性和非强制性，往往达不到立法者所希冀的目的，甚至往往还存在相反的效果。当被告放弃提交答辩状时，庭前审理工作可能达不到它应达到的效果。法院此时可能因为面临不知被告争议点在何处的问题而欠缺效率，诉讼进程的展开因答辩状功能的缺席而依旧停留在只有原告主张而无被告答辩的阶段。换言之，庭前审理的工作其实也停在原地，诉讼只能在庭审中真正开始，白白浪费了庭前审理阶段给予双方的时间。

2. 对于原告：妨碍诉讼公平

原告在起诉阶段即提交了起诉状，自己的诉讼请求和初步证据在诉讼一开始时就展露出来。这时其实原告跟被告之间就处于一个信息不对等的状态，被告知悉双方争议的法律关系后，可以围绕此诉讼请求进行防御性准备。无论是被告即将进行否认还是抗辩，被告此时的准备程度相较于原告都更加的充分。

当答辩状没有尽到它实际上的职责时，原告就处于一个对被告的主张和证据完全不知情的状态，这实质上也侵犯了原告的诉讼知情权，破坏了原告跟被告之间本应平衡的攻防地位。被告可以在原告不知情的情况下突然在庭审中提出否认、抗辩和反诉，此时原告因为准备不充分，无法明确防御对象而只能处于被动地位，客观上陷入一种诉讼防御权难以行使的境地。基于诉讼双方攻防地位的平衡、民法上诚实信用原则、证据优势地位等理论，这实质上妨碍了诉讼公平，极大地破坏了双方当事人的平等地位。

在现今司法实践中，被告不愿意提交答辩状或者即使提交答辩状其内容也缺乏实际意义的情况屡见不鲜。对于被告来说，第一，主观上被告积极地希望自己手中的证据和信息不被原告知晓，以"诉讼突袭"的方式使原告措手不及而无法有效对被告的主张进行防御，继而获取诉讼优势地位；第二，其也是想以模糊答辩状内容的方式通过摸索来侥幸地被认定为新事实或者成为有效证言。因此，被告于此行为中通常可以得到利好，从而更加消极地对待答辩状的提交。

当然也并非所有被告都是期望从消极对待答辩状提交的行为中获取优势地位，法院也要考虑一部分被告是碍于专业知识受限、语言障碍、交流障碍等问题，无法提交一份清晰全面的答辩状。鉴于我国本身诉讼代理率较低的国情，这种状况亦不在少数。

3. 对于被告：怠于行使权利而蒙受损失。

依据现行立法，将答辩状的提交视为被告的一种权利。那么这种权利的怠于行使是否会面临不利益？答案是肯定的。

其实，从实践上来说，并非所有诉讼中的被告都是因想要获取诉讼优势地位而不提交答辩状。其一，当事人可能碍于语言、文化程度低、残疾、经济原因等无法提交一份有真实意义的答辩状，而缺乏答辩状来确定双方争议焦点，可能时常面临诉讼进程拖延的状况。尤其是在一些诉讼中的被告可能面临往返两地进行诉讼的情形，为此可能会付出更多的经济成本和时间成本。

其二，怠于行使权利也可能对法官心证造成影响，最终造成事实上的不利益。因为怠于行使权利不利于厘清争议焦点，法官可能基于公平正义和诚信原则，在庭审阶段的辩论中对于被告提出的主张和抗辩予以更多质疑，最终导致被告实际上承担了不利益的后果。

三、当事人具体化义务与答辩状制度的理论契合

（一）答辩状具体化义务是诉讼公平与诉讼效率的要求

民事诉讼法是调整民商事纠纷的法律，由于民商事法律本身调整平等主体之间的权利义务关系，在民事诉讼中原告和被告应是平等的地位，享有平等权利和义务，以维护诉讼公平。诉讼公平要求在诉讼中当事人的实际诉讼地位平等，即双方诉讼攻防地位平等，双方攻防信息也应是平等的。在民事诉讼中，起诉状与答辩状互为原被告的权利义务，具有对等性。但是若被告提交的答辩状含义模糊甚至不提交答辩状，则原被告在诉讼中的权利义务就处于不对等的状态，原告必须要承担明示自己诉讼请求和依据的义务，否则可能会面临因欠缺诉讼要件而被驳回起诉的境况，而被告却可以不明示自己的主张，且不用承担任何后果。显然此时原告承担了更重的义务，继而造成一种实质上的不平等。这种实际上的不平等主要是从双方攻防地位上体现的，原告在起诉状中已经对自己的诉讼请求和依据作出了一定的说明，被告可以就起诉状内容有针对性地对原告的主张进行防御，此时双方攻防关系尚处平等。但若被告的答辩状不够具体，那么原告此时就处于己方无防御目标，而被告拥有明确的防御目标的状况，双方针对对方的主张的准备充分程度就显示出了差距，这在之后的庭审辩论中会使原告处于被动地位，难以使自己的请求权得到有效地使用。

在答辩状制度中贯彻诉讼公平有其现实意义。它可以使法院更容易发现待证事实的真实面，从而能够做出公正的判决。所以坚持当事人平等是程序正义的重要保障，也是宪法中关于公民在适用法律面前人人平等原则的体现。

诉讼效率是当今国情下立法者和当事人共同追求的目标，于立法者而言，诉讼效率意味着可以使司法资源得到更优配置。于当事人而言，迅速解决纠纷是其共同期待。答辩状制度的设计之初亦是为了提高诉讼效率，在庭前审理程序中通过双方初步的攻防交流可以使法官在庭审之前对案件的情况有更

清楚的认知。因为就案件本身来说，没有人比当事人更清楚其中的状况，在原告提出诉讼时，其实双方法律关系对外而言尚处不明阶段，法院必须对双方争议事实作出初步判断才能积极推进下一阶段诉讼程序的展开，而被告提出答辩状是使待证事实得到明晰的良好方式。因为相较于法院的审查，当事人双方本身就更加清楚明白争议事实处于何种状态，更容易厘清待证事实。所以在庭前审理工作中，被告积极具体的答辩是最有利也是最低成本去促进诉讼进程展开的行为。

故答辩状制度的设计可以对诉讼效率的提升做出巨大贡献。首先，法院可以根据被告的答辩节省调查时间，明确该诉讼是否应该继续进行。其次，法院可以根据双方的起诉状与答辩状厘清双方争议焦点，可以进一步缩小争议范围，有利于后续调解和庭审工作的开展。最后，原告因为明确了攻防对象，在之后的庭审中可以迅速做出回应，双方就争议事实的辩论可以进行得更迅速。

诉讼公平与诉讼效率的要求使得答辩状的具体化义务存在现实需要。答辩状的具体化义务要求被告必须提交有意义的答辩状，平衡双方攻防地位的同时积极促进诉讼进程的展开。从而有利于改善当下诉讼耗时长、双方在诉讼中故意隐瞒主张违背诚实信用原则的现状。

(二) *精确主义与为人民服务宗旨的平衡*

答辩状具体化义务的设定实质上是追求了一种法律上的精确主义。笔者认为，法律上的精确主义是一种以严格、精确的程序为基础，强调整个法律规范越来越规范化。它体现在诉讼法中是一种整个诉讼程序的规范化与严格化，并且要求诉讼行为、诉讼文书都合乎规范。尽管这种精确主义体现在诉讼的多个方面，但单就被告的答辩状而言，它要求答辩状内容真实全面且具备实际意义，是为了禁止摸索证明和诉讼突袭。这样的精确主义的主要受益方无疑是法院，但是从宏观来看是对整个法律秩序的维护，也可以促进社会法治意识的提高。

虽然国内目前对于具体化义务没有明确的规定，但是对于具体化义务的构建可以通过比较法视角借鉴国外制度。当事人具体化义务通常被认为初成于德国《民事诉讼法》中，其中第138条关于真实义务和完全义务的规定，第239条关于不明确条款陈述的补充义务的规定，以及第253条关于起诉请

第二章 庭前阶段当事人具体化义务

求标的与理由特定化陈述的规定，暗含了对具体化义务的要求。[1]而在日本的《民事诉讼法》的180条和《民事诉讼规则》中对于具体化义务的含义作出了具体的规定。[2]不同于大陆法系，英美法系历来对庭前审理程序中的具体化义务的要求很高，甚至达到了德国裁判时才要求的诉之正当性的程度。关于具体化义务的规定虽然在各国法律上都比较零散且缺乏统一具体的描述，但是相关国家和地区的确都强调在诉讼文书中当事人拥有具体化义务，并且以审前准备程序这一方式促进当事人积极履行具体化义务。而从各国对具体化义务的描述中也可以看出，具体化义务本身指向的是一种法律文书的规范化和精确化，所对应的是法律上的精确主义，这种精确主义要求在诉讼中各项文书均符合法律规范以及具有法律上的意义，这种向法律精确主义的过渡也的确是现代法治社会所追求的目标。

但是我国现有国情不同于西方社会，从历史来看，我国自古重视人文伦理、情大于理，所以我们推崇的是政府、法院"为人民服务"的思想。从法治意识来看，我国公民普遍法律意识不高，缺乏必要的专业知识辅助具体化义务的完成。所以具体化义务在我国必须追求一种平衡，追求在为人民服务的宗旨和法律精确主义之间的一种平衡模式。一方面我们要考虑在当前情况下，诉讼效率的提高于宏观而言是对整个法治社会的贡献，法院可以有更多的精力集中在复杂案件和解决争议点上，降低了错判误判的概率。诉讼效率的提高也使平均诉讼周期缩短，使得公民更愿意在面临纠纷的时候选择诉讼的方式解决纠纷，从而使整个社会更加和谐有序。另一方面我们也必须考虑现有国情的制约因素，在我国历来重视人民利益的大环境下，要求公民一步到位地为法院让渡权利可能引发社会不满情绪。答辩状制度中加入具体化义务，这就需要公民付出时间成本或者经济成本去完善答辩状，从表面来看这一义务的设立于个体角度并无明显益处。所以从被告的主观意识来说，被告极有可能是抗拒这一义务加于自身的。

但是从长远来看，法治社会必然要求与法律精确主义相配套，这种精确

---

[1] 参见王聪、郑则川："有序与效率：当事人主张的具体化义务研究——以民事诉讼为视角"，载《西南政法大学学报》2012年第1期。

[2] 该规则第53条第1款规定："诉状除应记载请求的意旨、请求的原因（指可以特定某请求必要的事实）外，还应记载可支持该请求的具体事实，且应依各应该证明的事由，记载与该事由相关的重要事实及证据。"

主义会要求诉讼中的各类文书和程序都有一个严格的标准和具体的要求，诉讼文书的具体化义务是法律精确主义的重要一环，它促使整个国家的法律制度的构建越来越精细严密，正是由于对每一个细节的要求整个法律制度才会像一台精确的仪器，每一个零件都需要严丝密合。也只有不断地去将精确主义贯彻到法治构建中，才能真正地实现程序正义，实现法律意义上的公平和正义。

精确主义确然是我们最终要去追求的，但是我们依然不可试图一步登天，因为如果没有民众的基础，构建再精密的制度也只是空中楼阁。于我国国情而言，我们必须更多地考虑公民现下的权利，必然要考虑公民在诉讼中的真实感受，也就是说，在整个答辩状制度中加入具体化义务的规定，我们也要考虑是在我国现有条件下被告能够接受的程度。

(三) 答辩状具体化义务作为一种程序化义务的制度合理性

答辩状的具体化义务追求的是一种程序正义，因此，笔者就答辩状制度本身作为一种程序化义务而带来的程序利益和程序合理性做进一步探讨。

1. 有利于程序利益

答辩状的具体化义务在程序利益的维护方面首先体现了程序正义的要求。目前学界统一观念认为程序正义的内容中有当事人诉讼地位平等，这一理念体现了人权的价值要求，保障了诉讼的实体公正，保证了法院判决的正确性，是程序正义的重要内容之一。而答辩状具体化义务的提出补足了庭前审理阶段原告和被告双方不均的地位，使双方当事人的权利义务关系重新回归平等状态。所以答辩状的具体化义务贯彻了程序正义的需要。

其次，它维护了法院的审理利益，使庭前调查程序得以完善。在被告提出有意义的答辩状的同时，也就对双方争议的相关事实作出了具体的陈述，此时法院就可以有效地判断该事实主张是否具有调查的必要性。[1]就法院的审理利益来说，它一方面体现为节省司法资源，法院在庭前审理充分展开的前提下可以就双方主张事实进行初步判断，方便法院有选择地展开调查工作而省去许多不必要的调查，同时也可以降低法院的错判率。另一方面法院更加明确调查的核心部分在于何处，可以对事实进行更为详尽的调查，所获得

---

[1] 参见 [日] 畑瑞穗："主张·否认につて"，载《民事诉讼杂志》2001年第47期。

的信息自然也就更为完善和充分,提高了调查的有效性。从这两方面来说,答辩状的具体化义务有助于法院程序的精确化和准确化,共同为法院的程序利益提供了保障。

最后,它保护了原告的防御利益。答辩状的具体化义务要求被告对于原告的主张事实进行具体的否认、反驳和承认;并且对自己的主张要附有理由和证据,不得做出抽象、虚假和臆想的陈述。对于原告来说,原告可以明确被告的主张,并据此有明确的防御目标和进行充分的准备。避免原告遭受"诉讼突袭"而承担更大的败诉风险,使得原告的防御利益得到保护。从此方面来说,答辩状的具体化义务也是维护了原告的程序利益,使得原告的防御权利得到了保护。

2. 合理性探索

任何制度的设计都需要有其界限和限度,尤其是我国目前处于律师代理率不高、公民法律素质总体来说较低、民事诉讼法赋予当事人收集证据的权利有限和重实体轻程序的习惯情形下,我们更应该结合国情探索具体化义务的界限位于何处才具备合理性。

笔者认为,首先,我们应明确答辩状的提出和要求答辩状具体真实不是被告的权利,而应是被告的义务。只有将答辩状作为被告的义务,且是一种要求具体化的答辩状义务,在此前提下,我们才能对其制度构建进行进一步的探索。否则,即使我们要求答辩状存在具体化标准,但是作为一项被告的权利,被告依然可以选择放弃答辩状的提交以及放弃具体陈述答辩意见。那么之后的制度设计也将落为空谈。既然答辩状的具体化标准是一项义务,那么我们必须考虑要有法律强制力保证其实施,当此义务违反时,将遭受法律上的不利后果。对于这种不利后果的设计,可以考虑:答辩失权、训诫、罚款的措施。考虑到现下国情,一味适用答辩失权可能显得惩罚过重,应结合被告主观的恶意程度来具体情况具体对待:当被告主观无恶意时,违反具体化义务可以训诫和罚款;当被告主观有恶意模糊攻击对象、摸索证明之故意时应考虑答辩失权。

其次,具体化义务的衡量标准在于何处。不同法律文书的具体化义务标准并不天然地等同,我们不能希望被告完全公开手中所有主张事实而丝毫不隐瞒,诉讼双方本身就是为了"胜诉"的目标而存在的,希望被告为了诉讼效率而大公无私本身就不具有可期待性。所以被告在答辩状中一般仅仅会以原告的诉讼请求为限进行回应，我们应期待其回应是真实且就对方的诉讼请求为限是全面的。而且这项制度的设计意义其一在于促进诉讼效率、完善庭前审理程序，具体来说应是被告的答辩状对于诉讼进程的开展、争议焦点的列明有明确的推力；其二是为了维护诉讼公平、维护民法的诚实信用原则，具体来说就是平衡原被告的攻防地位，禁止被告做虚假陈述而故意探知信息的行为。故具体化义务对于被告的标准应是一种以原告的诉讼请求为限的义务，被告就原告所做的全部陈述给予否认、抗辩，否则应视为被告的自认。

再次，答辩状是否符合具体化义务究竟应由谁来审核？在开庭之前，所有诉讼资料应由合议庭审核，那是否应由合议庭一同判断答辩状是否符合规范？笔者认为，如果将答辩状的审核交由合议庭审理，那么无疑是加重了法院的负担。一则答辩状是否符合具体化义务的审理应该是在庭前审理阶段的重要环节，而合议庭审核双方诉讼资料实际上已经是庭审准备阶段的工作，两者并不位于同一阶段。再者答辩状是否符合具体化义务的要求是一项专业知识鉴定的工作，并不一定需要民主的表决参与，甚至合议庭中的人民陪审员可能并不能对于答辩状是否符合具体化要求给出规范的建议。故答辩状的审核工作实则只需要一名具有专门的法律知识的人员承担即可，当然同时我们必须要考虑该人员是具有丰富的法律经验的。因为答辩状的具体化义务审核毕竟是一项主观判断，并且涉及被告实际利益的行为，需要具有丰富的实践经验、对当地交易习俗和社会习惯有一定了解的人。最后，我们必然期望该工作人员具有一定的权威，因为答辩状如若不符合具体化义务的要求，被告极有可能遭受法律上的不利后果，这种不利后果只有经由权威的法律人员作出才具备信服力。笔者认为，鉴于答辩状制度本身属于庭前审理程序，所以可以考虑答辩状由立案庭进行审核。而党的十八届三中全会提出了员额制法官制度，一名员额法官配备一名助理法官和书记员，此时可以考虑由助理法官担任此职位，便于节省法官的精力。由立案庭负责审核答辩状是否符合具体化义务的要求本身是对被告权利的一种保护。在严格要求控辩双方履行自己具体化义务的前提下，立案庭可以根据控辩双方提交的陈述对案件事实有一定清晰的判断。这种判断可以构成对被告权利的保护：若原告的诉讼请求不符合诉的要件，被告的答辩意见可以使原告的请求瑕疵暴露于立案庭的审查之下，此时立案庭可以直接据此驳回原告的起诉，于被告而言提交一份答辩状即可以保护自己的权利显得更为轻松和高效。

最后，如若答辩状不符合具体化义务，被告毕竟是会承受法律上的不利后果，所以我们必须考虑如何救济。权利从一开始就跟救济有着密不可分的关系，当事人获取一定的权利也应该有一种救济手段与之相对应以救济其权利。否则，无救济的权利会显得如空中楼阁，虚幻而站不住脚，像一件华而不实的装饰品，无法发挥其作用。首先，我们应考虑给予被告一项救济性权利，当答辩状不符合具体化义务而产生不利后果时，什么样的方式才可以保证被告可以获得救济性权利呢？笔者认为，被告对于答辩状不符合具体化义务的裁定可以申请复议，并且法院在收到申请书之日起一定期限内必须做出复议决定。给予被告申请复议的权利本身也是基于程序保障的理念维护被告的合法权益。在申请异议期间法院可以重新审视该答辩状是否真的违反了具体化义务。

四、答辩状具体化义务的制度设计

（一）答辩状具体化义务应有真实性要求

被告提出的答辩状应当具有真实性，这种真实性也是被告本身的真实义务。笔者认为，真实义务是指当事人在诉讼中做出的陈述符合其主观认识和主观意志，其陈述不会偏离其主观认识，且主观意志是积极的如实描述。这一义务主要效力在于禁止被告在答辩状中作出虚假陈述或者故意捏造事实、歪曲事实，而不一定要求被告做出绝对客观真实的陈述。因为被告的陈述本身具有主观性，在碍于主观因素做出了错误判断时可能也会有偏离真实的陈述，此时不应当视为其违反了答辩状的具体化义务。

被告的答辩状的真实性并不要求一定是一种法律真实，而是达到生活事实的真实要求即可。具体化义务的真实标准本身不可量化，只能根据被告自身的水平进行裁量，而且真实义务本身是源于民法中的诚实信用原则，其约束力在于被告如实对原告的诉讼请求作出回应。诚然，法律真实是一种最理想的事实状态，但是碍于国情民情，过于追求法律真实必然是对当事人的一种伤害，最后必然是得不偿失，使普通公民对于诉讼的大门望而却步。所以答辩状的具体化义务中对于真实性这一要求应主要体现为禁止被告恶意扭曲事实的行为，而非积极促进被告做出全面严谨的真实陈述。

答辩状的真实性应当有一定的标准，也就是盖然性。笔者认为在答辩状制度中可以设计真实性审查，但不必要求太高的盖然性，仅要求达至法官低度的内心确信即可。过高的盖然性标准必然使法院要浪费更多的资源进行审查。而仅仅就答辩状是否具备真实性的角度来说，只需要该答辩状具备暂时的真实性即可。因为答辩状的真实义务本来就会要求被告在之后的否认和抗辩中都要遵循前言，故答辩状具备一定的约束力。而真实性审查的意义只是在于在庭前审理阶段排除一部分不合格的答辩状，以此节省司法资源。

2. 答辩状具体化义务应具有全面性

广义的真实义务往往也包含全面义务，笔者认为答辩状中的全面义务是相对于原告的诉讼请求而言的，是指被告在答辩状的陈述中应该就原告所有的诉讼请求进行一一回应，例如，被告做出主张性陈述时[1]，应附有理由证明其主张存在且真实。当被告作了争议性陈述时，被告应当对待证事实的争议性做出进一步的详细说明以达到一种法官基本可以相信该陈述，可以动摇对方主张的成立的效果。[2] 对被告的答辩状的全面性要求往往是从完善庭前审理程序，使诉讼进程得到有效促进的角度来考虑的，当原告提出了诉讼请求时，被告根据原告的诉讼请求提出对应性的答辩回应，双方展开对于争议事实的初步意见交换，待证事实得到进一步的具体化，法院得以对待证事实有了初步的具体化认识，从而对双方争议问题有了初步的了解。基于辩论主义，法官仅能根据当事人的申请为限调查和搜集证据。所以当事人的互相回应就显得十分重要，严格的起诉状和答辩状陈述，对客观真实的发现有着良好的作用。[3] 故被告答辩状是否全面是"推进诉讼和发现案件真实的源动力"。

笔者认为，全面义务在答辩状中的体现在于：第一，被告对原告的诉讼请求是否全部都有回复，对于被告没有回应的诉讼请求应产生拟制自认效果；第二，被告对自己提出的主张应列举理由并进行初步证明，不能只是单纯否

---

[1] 参见刘显鹏："论民事诉讼中的抗辩"，载《理论月刊》2009年第7期。

[2] 参见周成泓："走向动态：民事诉讼当事人的具体化义务"，载《华南农业大学学报（社会科学版）》2010年第2期。

[3] 参见陈贤贵："当事人的具体化义务研究"，载《法律科学（西北政法大学学报）》2015年第5期。

认或者不承认对方主张，否认依旧视为拟制自认。第三，被告是基于当时所处的情形做出的全面的回应，若由于当时被告无法得知的情况，或者之后产生的新情况新证据，则不应认为被告违背了全面义务。

所以，全面义务的评判标准应是具有时效性的，是受被告当时的认知能力和认知水平所限制的。同时全面义务也是相对的，是以原告的诉讼请求为限的。这两方面共同构成了全面义务的评判标准。而被告本身是处于防御地位的，期待被告于答辩中出示自己所有的证据和明示所有主张是不具有可期待性的，故应对被告的答辩设定一定强制义务。被告的答辩状中，若答辩不全面，一般适用自认效果，由此即可达到规范被告答辩的目的。

3. 智能化与案件分流设计

一般来说，民事诉讼中的简单案件律师代理率较低，被告受专业知识水平限制极易提交出不规范的答辩状，若一概以较高的具体化义务标准去强求未免显得不近人情。笔者认为，法院应设置案件繁简分流程序，在面对一些事实清楚、争议较小的诉讼时，被告的答辩状可以仅满足较低的要求，做到规范化即可。考虑到当事人一般缺乏基本法律知识且在简单诉讼中又不愿选择请代理律师，法院可以考虑开发人工智能系统辅助被告完成答辩状。在现今时代中，人工智能系统可以通过学习模拟人类处理一些简单的事务，被告可以通过简单的介绍即可掌握人工智能的使用方法，再辅以人工客服的帮助，可以最大化地节省司法资源和更方便地为人民服务。再者，人工智能系统可以使被告不用去到法院，不用排队，直接使用电脑上网即可获得帮助，对于被告来说也极大地节约了时间和精力。人工智能的普及本身也是未来各行各业的趋势所在，是既可以提升诉讼效率又可以服务于人民的一举多得的存在。

法院可以对不同的案件进行繁简分流，在面对复杂案件时，对于具体化义务就需要提出更高的要求。控辩双方必须严格履行自己的具体化义务，配合庭前审理程序的进行，并且双方均受到起诉状和答辩状中陈述的约束。例如起诉状的诉讼请求不应随意变更，被告答辩状的反诉权在答辩期之后亦受到严格限制。这种程序制度的意义在于，经由立案庭审查后，本来复杂的案件可能在经历庭前审理程序后转变为事实简单，争议较小的案件。此时法院可以更好地展开调解程序；也可以选择将案件作为简单诉讼处理，不必另行组成合议庭而由独任法官审理，进一步提高了诉讼效率。同时，繁简分流程序也是为了优化法院的资源配置而设计的，法院可以将有效资源更多地分配到复杂的案件中，积极地督促复杂案件中被告的促进诉讼义务，从而使法院工作更精确有效地进行。

4. 健全律师法律援助系统

答辩状具体化义务推行的重要问题在于它实质上对于被告来说是一种诉讼负担，而我国秉承着"为人民服务"的宗旨，在制度设计上应该将这种负担引起的对公民的副作用尽量降到最小，而将这种负担更多地让专业人士去承担。所以国家有必要建立一套健全的律师法律援助系统，最大化地帮助公民规范答辩。

例如，少数民族、残疾人、聋哑人在进行答辩状的提交时，往往会由于交流障碍，获取专业知识难度较大，而无法提交规范的答辩状。此时国家应考虑由法院出面指派专门的人员辅助其进行答辩，规范其答辩状。若此时答辩状的提交仍然不合规范，则应该追究辅助其答辩的专业知识人员，而非能力受限的被告本身的责任。

这样的制度设计目的在于更好地解决人民的困难，更好地保护双方当事人的利益。原告不至于因为被告的困难而丧失诉讼知情权，被告亦不会因为无法规范答辩而承受不利后果，双方的诉讼地位得到平衡。

5. 加强答辩状具体化义务的宣传

如果在答辩状中规定其具体化义务，那么这一项规定必须明确公示。笔者认为，答辩状的具体化义务应作为一项程序性规定列入民事诉讼法中，以提高整套民事诉讼程序的精确度。这种公示不仅仅是通常的公布法律的方式，更要作为日常宣传中的重点进行普及。例如，在被告收到的应诉通知书中，应附有答辩状规范要求，其中具体化义务应当明示其中，并将不利后果一并列举。若被告依然拒绝提交答辩状时，工作人员应当作出释明。

再者，我们应当加强法律上的精确主义的日常宣传，逐渐达至精确主义。我们必须强调答辩状的具体化义务是保护当事人的利益，是保护被告的权益，是一项体现为人民服务宗旨的制度，并使得此种观念能深入人心，获得广泛的认可，使公民真正明白精确主义的价值取向是公平与正义，只有贯彻程序精确，法律精确，才能最大程度地维护公民利益。

第五节　逾期举证理由的当事人具体化义务

举证时限制度的立法目的在于促进诉讼效率、完善庭前审理程序、保障诉讼双方权利。举证期限制度几经变革，从最初的严格证据失权制度到现今的训诫罚款和证据失权二元体系，实则是以过渡到"证据适时提出主义"为目标的一种制度设计。但是通观我国现行立法、司法，举证期限制度已经在许多地方流于形式，当事人逾期举证现象频发，而对于逾期举证理由的审核往往因为具体化义务的缺失而显得具有随意性和任意性，没有明确的逾期举证理由具体化义务意味着审查没有明确的标准和依据，法官对此显得无从下手而难以操作。这种现象实际上不利于诉讼效率的提升，违背了举证时限制度本身的价值追求。于此，为了重新实现举证时限制度的意义，实有必要对其进行进一步的探讨。

一、逾期举证问题的本土演进

（一）从无到有：对逾期举证的第一次立法规制

举证时限的设立标志着我国从"证据随时提出主义"进入到"证据适时提出主义"，其目的在于约束"证据随时提出主义"中的证据突袭现象、保证程序本身安定性价值以及实现法院的集中审理。在 2002 年 4 月施行的《民事证据规定》中，首次对举证期限和逾期举证后果做出了法律规定，[1]象征着我国从证据随时提出主义迈向了证据适时提出主义，它的建立促使当事人在规定时限内积极取证，大大提高了民事审判效率，进一步完善了民事审前程序，推动了我国审判方式乃至司法改革进程。[2]但是由于司法环境以及法治水平等诸多因素的影响，该项规定仅仅停留在司法解释层面，而未能正式纳

---

[1]　根据《民事证据规定》第 33 条规定：举证期限不得少于三十日；第 34 条规定，当事人应在举证期限内提交证据材料，否则视为放弃举证权利。对于当事人逾期举证提交的证据材料，人民法院审理时不组织质证。

[2]　参见宋春雨："《民事诉讼法》修改中完善民事证据制度的若干设想"，载《法律适用》2011 年第 7 期。

入法律制度框架中，这极大地限制了其适用范围[1]，鉴于此，在2012年《民事诉讼法》中，我国将举证时限制度正式纳入其65条。并且根据之后的司法实践中遇到的问题，在2015年《民事诉讼法解释》第99条至第102条中对于举证期限的情形作出了更进一步的细化解释。该解释中首次明确了二审程序中新证据提出的期限，其最短应为10日。

在我国《民事证据规定》中确立举证时限的立法意义在于通过此制度完善庭前审理程序，提升诉讼效率，保证诉讼公平和防止证据突袭。举证时限制度要求双方当事人在该期限内将已有证据对彼此公开，这项制度本身对于双方当事人来说保证了诉讼相对人的诉讼知情权和防御权，对法院而言也保证了法院的审理利益，有助于法院诉讼效率的提高。

(二) 从严到宽：逾期举证的第二次立法转向

不过，《民事证据规定》初设之后的实际影响却没有达到它预想的结果。学者们普遍认为其中证据失权这一结果过于严格和苛刻，在实践中没有顾及各种真实存在的主客观原因，缺乏一种折中性，在实际运行中导致片面强调效率而罔顾了公平。这种价值取向显然不符合民事诉讼法精神。因而在之后，我国对于该制度进行了一系列修改，望其价值取向从一开始的矫枉过正回到适当的程度。

2015年《民事诉讼法解释》对该制度作出了进一步的修改。该司法解释首先是不再将逾期举证的结果单一限定为严格的证据失权，而是根据客观情况设置了训诫、罚款、证据失权等三个等级的惩罚措施。然后提出"法官根据当事人主张及案件审理情况确定举证时限"，将严格举证时限变为法官可以自由裁量的一种宽松时限。故，从逾期举证后果的变迁上，我国从一开始以证据失权为中心的旧举证制度过渡到了以证据失权、训诫罚款二元构造作为逾期举证后果的新举证时限制度。[2]而从该时限制度的严肃性来说，其偏离了提出适时主义而又有回归到证据随时提出主义的倾向。

新举证时限制度的目的在于重新建立起举证时限中的公正原则和效率原

---

[1] 参见吴如巧、陈宏洁："我国举证时限制度发展的阻碍与对策分析"，载《探求》2017年第2期。

[2] 参见隋璐明："新司改下新举证时限制度的评析与矫正"，载《政法学刊》2018年第1期。

则，修改之后的举证时限制度实际上更加注重当事人的权利。但是这项制度实际上却又偏离了"证据适时提出主义"，而使举证时限制度偏离轨道而丧失了本来的制度效能。这样的偏离使该制度不仅抑制了"提高诉讼效率、维护当事人攻击防御手段平等以及防止诉讼拖延"[1]的功能，而且也使庭前审理程序无法实现它的作用，反而对于司法效率有所阻碍。

二、倒回原点的逾期举证问题现状与逾期举证理由具体化义务的缺失

（一）逾期举证问题现状

观察2021年《民事诉讼法》第68条，其实质上将举证期限和逾期理由的审核都纳入了法官的自主裁量权范围内，将严格的举证期限制度变为一种宽容的约束。表面来看它的确更能体现诉讼公平，但在实践中，法官往往碍于上诉和信访压力而很少适用证据失权制度，但是简单的训诫和罚款又难以形成有效的约束力。

例如，在2015年《民事诉讼法解释》中，对于举证期限的界定使得整个举证期限更为随意，据此规定当事人不仅可提出申请而使举证期限得到延长，而且还能提出反驳证据和补正证据，法院甚至还可以自由裁量是否再次指定该期限。不仅如此，即使诉讼中一方主观上故意造成诉讼突袭以获取诉讼中的优势地位，只要该证据是关键证据就依然不存在证据失权的问题。而该解释对证据失权的界定[2]使证据失权能够实际适用的场景几乎没有。

从司法实践来看，现存的举证期限制度功能作用发挥凝滞，其原因如下：首先，因为我现阶段国民法律意识、法治思维普遍不高，律师代理案件率不高，所以案件中逾期举证的情况在司法实践中非常普遍，很大一部分当事人在证据提交程序中有脱离规范性制度框架的趋势。其次，法院对于逾期举证的惩罚措施一般以训诫为主，极少罚款，而证据失权本身严格的适用范围使得它几乎没有出现过。但是训诫只是一种口头教育，于当事人而言，口头训诫的后果比起诉讼突袭获得的优势地位是微不足道的，当事人往往也认为口

---

[1] 夏璇："我国民事证据失权制度的适用困境与改革路径"，载《河北法学》2015年第10期。
[2] 根据2015年《民事诉讼法解释》第102条规定，只有满足举证期限届满后提出、存在故意或重大过失情形且该证据与案件基本事实无关才构成证据失权。

头训诫不足为虑，甚至顾若惘闻，认为逾期举证是一项收益远远大于风险的行为。最后，如果逾期举证是为了获取诉讼优势地位，那么逾期提出的证据一般对于主要事实的认定有着举足轻重的作用，所以法院往往会选择采纳。这就导致证据即使违规提出也并不产生影响其证明力的后果。综上，逾期举证对当事人本身没有影响，对证据本身的证明力也无损，甚至还可以帮助当事人获得诉讼优势地位，那么当事人时常逾期举证也就可以理解了。

笔者认为，现行举证期限制度的设计，在逾期举证这一语境内不具有严肃性和规范性，其后果主要是交由法官主观判断，但是这样片面追求客观真实而忽略了程序严谨，最后的结果真的具备足够的公正性吗？此问题有待我们进一步探究。

（二）逾期举证理由具体化义务的缺失

经过十多年的演变，举证期限制度从无到有，从严到松。旧举证期限制度的问世是为了追求效率而有损于公平，而新举证制度却在损害效率的同时亦没有真正维持诉讼公平。那么为何会发生这样的现状呢？笔者认为，这是因为现行举证期限制度中，缺乏对于逾期举证理由的具体化义务的要求。

何为逾期理由的具体化义务？具体化义务在此处应当视为对逾期举证理由的一种约束，使得逾期举证理由必须要符合一定要件，才能拥有被采纳的资格；进一步说，逾期理由必须符合一定的实际意义，才有成为延长举证期限的理由的资格。

笔者认为，举证期限制度对于提高审理效率，维护双方当事人的利益，形成公平诉讼环境有着巨大的积极意义，我们必须保护其意义的实现。而证据失权作为一项最有效的强制约束，我们不能将其束之高阁，而是应该明确到底在何种情况下我们应该课以严格的惩罚责任。观察现行司法实践，因为逾期举证理由缺乏具体化义务，导致逾期理由本身就缺乏规范化要件而使得法院难以审核，即使发现逾期理由空洞不合理，也碍于没有明确司法规定逾期理由需要具有实际意义而显得于法无据，所以即使逾期举证，法官更多选择采纳证据而仅仅以训诫了之。

具体化义务的缺失导致当事人故意逾期举证，在司法实践中，因为缺乏具体化标准，逾期举证理由就逐渐变得具有任意性和随意性。当事人在逾期举证后可以随意地提出空泛、没有实际内容的逾期理由，而法官又往往不会裁定证据失权，实际上激励了当事人任意逾期举证的行为。当事人甚至会基于不求胜诉、恶意拖延的心态，屡屡故意逾期举证，只求影响诉讼效率，给诉讼相对人造成麻烦，这无疑是对整个司法制度进行的一种破坏行为，甚至进一步影响司法权威，不利于法治社会的建立。而在一些虚假诉讼中，双方当事人恶意串通，又因为缺乏具体化义务的约束以及即使逾期举证也没有严重后果的情形，法院往往会陷于这种无理纠缠却又不得不浪费司法资源的困境。

具体化义务的缺失导致举证制度难以适用，举证期限制度难以发挥其效力的真正原因还是归结于逾期举证理由可以随意提出，而法官基于证据的重要性又不得不采纳的事实。但是真正判断逾期理由是否应当采纳不应以证据证明力为标准，而是应该以逾期理由本身是否具有正当性为标准。在逾期举证理由的审核中，不应全权交由法官的自由裁量，而是应该给予法官一个裁量的标准和限度，否则没有界限的自由裁量权实际上会等于一种无法适用的权力。所以要想真正防止当事人滥用逾期举证权利，我们必须要对这项权利予以限制。

具体化义务的缺失损害了法院、诉讼相对人的利益，最终破坏了诉讼公平，破坏了司法秩序。当事人频繁利用空洞的理由逾期举证无疑是损害了诉讼相对人的诉讼知情权，侵犯了其防御利益。在诉讼中隐藏的关键性证据以期使对方缺乏准备而无法有效实施防御的行为，破坏了诉讼中当事人地位平等的原则，也不利于法官集中审理。具体化义务的缺失代表当事人在提出逾期举证理由时会呈现出一种能省则省、能藏则藏的态度，对于诉讼相对人来说如果逾期举证理由缺乏逻辑性，其就会对司法公信力产生怀疑。而对于法院来说，逾期举证行为本身就会拖延诉讼进程，造成法官难以明确争议焦点的情况。故具体化义务实际上是为了保证诉讼公平，重新平衡诉讼相对人的利益而存在的。

（三）逾期举证理由具体化的积极意义

要想真正使举证期限制度的积极意义得以发挥实效，对逾期举证理由课以具体化义务是一种有效的进路。首先，逾期举证理由具体化有助于修改现有举证期限制度，贯彻"证据适时提出主义"。新的期限制度虽然修改了旧举证期限制度因惩罚后果过于严厉而产生的司法混乱，解决了当事人权利无法得到保障的情况，但是其有损于举证期限制度本身防止证据突袭、拖延诉讼的作用，此时具体化义务的提出就是对新的举证期限制度矫枉过正的一种重新修正。明确逾期理由的具体化义务，即法官可以有一个明确的标准去判断逾期理由是否具备正当性，而逾期理由具备正当性或者多大程度上违反了正当性，是判断是否要对其进行罚款和证据是否失权的依据。所以具体化义务的提出使证据失权这一强制约束力能够重新回归举证制度的体系，而对当事人的行为产生约束，迫使诉讼双方积极举证。

其次，逾期举证理由的具体化义务本身体现了对当事人权利的保护，使得逾期举证真正成为举证期限的一种救济手段。逾期举证本身是对举证期限的补充和救济，是保护诉讼当事人在因为客观不可抗力和主观认知有限性而不能举证的情况下依旧能够行使诉讼权利，从而能够平衡诉讼公平与诉讼效率的价值取向的制度。诚然，举证期限制度的设立导向是维护法院审理利益而对当事人加以约束，以此激励当事人积极举证，共同推动诉讼进程。但是在我国现有国情下，当事人普遍不具备专业诉讼知识，不具备对自己诉讼权利的清晰认知，此时对诉讼程序设以严格的责任后果其实是与社会实际相脱离的。我国坚持为人民服务原则，所以法院本身应该积极地解决当事人的困难，而不是片面追求程序精确，否则会本末倒置。所以，我国设立了逾期举证制度，想要在保持程序精确的同时兼顾人民利益。但是，法院在缺乏明确的具体化标准时往往过于考虑当事人利益，最终形成诉讼拖延，从宏观上看反而损害了全体当事人的利益。故只有对逾期举证理由冠以具体化义务，才能拥有明确的标准，明确到底何时我们是在保护当事人的利益，何时我们需要去惩罚当事人的恶意诉讼行为。

再其次，逾期举证理由的具体化义务是程序正义原则的需要。程序自身的价值意义不仅是确保导向的结果具备意义，而且规范程序的本身就具备独立价值，不应以结果的好坏作为评判程序正义与否的标准，由此形成了程序正义的概念。程序正义是对法律程序自身内在优秀品质的一种统称，它的存在不取决于任何外在结果，而取决于法律程序本身。举证期限制度本身是基于程序正义的理念来设计的，法官根据正当程序作出的判决，判决结果往往具有较高的可接受性。对逾期举证理由课以具体化义务无疑可以使法官依照是否符合具体化标准做出正当判断，最终严格以正当程序为过程导出结果。

正当程序是一种对于诉讼正义的更好的维持和体现,所以具体化义务本身也是对于诉讼正义的维持。

最后,逾期举证理由的具体化义务是对民法诚实信用原则的贯彻。若当事人恶意诉讼,最后结果却是无需承担任何后果并且获取了诉讼优势地位,则显然不符合民法精神中的诚实信用原则。促进诉讼双方基于诚实信用的原则提出主张、积极应诉,本身也是建立法治社会,维护司法秩序的必然要求。若诉讼当事人连违反诚实信用原则都没有严重的后果,那么法律的引导意义又落在何处呢?反之,若不对诉讼当事人违背诚信、恶意逾期举证予以约束,那么实质上法律也是在鼓励当事人的不诚信行为。立法者显然不会乐于见到此种情况,所以对逾期理由提出具体化义务实质上是要求当事人诚信诉讼,主动维护诉讼公平,积极引导当事人规范自己的诉讼行为,最终为建立健全法治作出贡献。

三、逾期举证理由具体化义务对逾期举证问题的修正

(一)逾期举证理由具体化义务的原则

综合前文,对于我国现在的逾期举证制度面临的问题,对当事人课以具体化义务确有其必要性。具体化义务的要求使得证据失权制度能够重新成为有效约束当事人恶意诉讼的手段,当逾期举证理由严重违反具体化义务时,实质上也损坏了司法公正,践踏了司法威信力,所以我们当然可以予以证据失权作为惩罚后果。具体化义务也是对逾期举证问题的一种修正,能够使偏离"证据适时提出主义"的现状回归原位,并回应举证制度提升司法效率、便于集中审理的要求。但是,逾期举证理由的具体化义务想要解决举证制度的问题,必须要对其进行再探讨,笔者认为,逾期举证的具体化义务应遵循以下原则:

1. 逾期举证理由范围有限原则

逾期举证理由范围有限原则可以修正举证制度中因逾期理由没有具体化范围而缺乏审核标准的问题。对逾期举证理由课以具体化义务要求具体化义务能给逾期理由一个有限的范围,因为只有当逾期举证理由有一个范围,才能形成逾期举证理由具体化义务的判断标准。此范围不宜过大,否则易于造成权利滥用,此范围也不宜于过窄,以免造成当事人的负担。故具体化义务

能够提供一种逾期理由范围的明示，首先需要明确逾期举证理由的有效范围，哪些逾期举证理由是有效的。其次要明确逾期举证理由的合理范围，哪些逾期举证理由是完全合理而不需要任何惩罚后果的，哪些逾期举证是当事人有过失以至于需要一定惩罚手段予以警示的，哪些逾期理由是完全不合理且恶意而需要予以惩罚的。

逾期举证理由范围有限原则是兼顾当事人诉讼权利救济的同时保障司法威信力的原则。范围有限即限制当事人恣意性，也确保法律的稳定性和程序的精确性。逾期举证理由的具体化本身应是对逾期举证的约束性义务，既为约束，必然首先要划定逾期举证理由的范围，若范围不确定或者可以随意扩大，那么具体化义务本身就失去其意义。

在实践中，这种原则应该体现为逾期举证理由以一种较为具体的形式明示列出。其范围严格限定在能概括绝大部分客观原因和包含一部分不能归因于当事人的主观原因。当然，此范围的设立应当是以法官自由裁量权为兜底的一种有限范围，这种范围一方面可以给予法官一个衡量逾期举证理由是否符合具体化义务的标准，一方面也可以使法官根据情势有限地做出调整。

笔者认为，逾期举证理由的范围体现的有限性原则是具体化义务的基本要求，其有限性本身在一定程度上能限制法官的恣意性，法官即使拥有自由裁量权也必须依循本身的范围标准进行延伸，而不可随意判断；一定程度上能约束当事人的任意性，因逾期举证范围的明示，所以当事人被约束在只有特定情况发生时才可以申请逾期举证，故举证期限制度得以发挥其本来的意义；它也保护了当事人的权利，逾期举证理由具有有限的范围就代表当事人可以根据其范围明确知悉自己何时可以使用此项权利，当事人可以据此明确自身权利义务。

2. 严格程序审查原则

严格程序审查原则可以修正现行逾期举证现状中缺乏程序制度保障的问题，使得逾期举证制度能够真正得到适用。严格程序审查原则是指在审查逾期举证理由是否符合具体化要求的时候必须有一套精准公平的程序。逾期举证本身是一项程序性权利，其具体化义务必然要贯彻程序正义原则。实质正义最终需要严格的程序正义为保障，故其中程序的设计必须严谨合理。为了节约司法资源和保护当事人的利益，逾期举证理由必须要有一个拥有具体化标准的严格审查程序，以切实保证当事人的利益。

笔者认为，逾期举证理由的审查一是要考虑审查主体的问题，考虑到逾期举证违反具体化义务将会伴随的法律上不利后果，而这种不利后果对当事人的诉讼结果有着决定性影响。所以逾期举证的裁决应当由本身具有一定权威性的人士作出。该权威性人士应当在具有相当经验的同时具有可靠的专业知识。二是逾期举证理由的审查要考虑救济性权利，当逾期举证理由受具体化义务约束时，法官的一次性判断就成为终局性判断难免让当事人觉得有失公平，毕竟可能碍于不同法官心证标准不同，对于逾期举证理由是否真的符合具体化义务可能有一定差距。所以对于逾期举证理由审核不通过的情形，应当允许当事人申请一次复议，有助于保护当事人的利益。

严格审查原则是逾期举证制度的必然要求，是程序正义的体现，是举证期限制度符合促进司法效益的同时充分保障当事人基本权利的制度目的的有力保障。

3. 支撑证据充分原则

支撑证据充分原则可以修正现行逾期举证中当事人任意举证，空洞举证的问题。支撑证据充分原则是指逾期举证时的理由必须附随一定的证据，并且该证据必须符合来源可靠、证据本身具有相当的证明力等客观标准，从而共同达到法官心证标准。逾期举证理由的具体化义务本身虽然应当是仅对逾期理由的陈述予以具体化要求，但是如果仅仅依靠陈述其实并不能达到判断其事实是否存在的要求，所以有必要要求当事人提供充分的证据对其理由予以证明。此原则的目的在于要求当事人必须对自己提出的理由进行积极证明，而节省法院资源。在当事人可以对自己的逾期理由提出有效依据的时候，大多数情况下当事人对于事实的了解要大于法院，而当事人自己附随理由提出证明应当是其本身的义务，这有利于培养当事人的权利意识。笔者认为，在具体的制度设计中，逾期举证理由的证据必须符合主观和客观两个方面的标准，客观符合即不可抗力，主观符合应当有一个盖然性审查，即当事人在当时的认知能力下不可能认识到该证据的存在。

支撑证据充分原则本身是具体化义务内容的一部分，既然逾期举证理由拥有具体化义务，要么该具体标准的内容必然应当符合具有一定证明力的要求。在实践中，当事人应当根据不同的逾期情况提供不同程度的证据进行证明，我们必须考虑不同的情况下提出证据的难度不同等情形，而逾期举证理由的附带证据不应要求具有太高的证明力，否则就会变成当事人的一种负担。而我国鉴于国民法律专业知识水平不高，有时候即使遇到了逾期情况可能也疏于留存现场记录，只能事后补救。所以综合来说，逾期举证理由的附带证据能达到证明该事实存在的表象即可，不应对当事人的证据提出太高的要求。同时，可以考虑通过法官传唤证人予以证明的方式作为补充，以此来更好地保证当事人的权利。

（二）逾期举证理由具体化义务的制度设计

1. 明确逾期理由必须符合具体化义务

具体化义务本身包括一种真实义务，但是具体化义务体现的逾期举证理由有其特有的意义。一般我们认为具体化义务中的真实性仅仅体现为当事人不做出与其主观真意相反的陈述即可，但是笔者认为，因为逾期举证理由本身跟双方攻防内容没有直接联系，如果逾期举证理由中仅仅要求其不做与主观真实意思相反的描述可能难以就理由形成一个有效的证明表象。所以逾期举证理由的具体化义务的真实性要求的是一种全面的真实，即逾期举证理由的所有陈述必须是跟当事人主观真实意思相符的表述，不能做虚假陈述，也不能做概括摸索性的陈述。

逾期举证理由的真实性仅仅需要其达到生活真实即可。毕竟考虑到我国司法实践中大量诉讼案件并非律师代理，所以对其陈述要求严格意义上的法律真实显然不符合为人民服务的宗旨。逾期举证作为一项举证制度的救济性权利，必须要使其切实有效地保证当事人的利益，保证大部分当事人在符合具体化标准时可以完成逾期理由举证。所以当当事人对逾期举证理由的陈述，达到将生活事实真实地表达即可以视为符合了逾期举证理由具体化义务的真实性要求。

逾期举证的具体化义务应当要求逾期举证理由是全面的，可以完整地形成一个证明客观事实存在的陈述。在当事人具有完整表达意思的能力的时候要求当事人对突发的逾期事实作出全面而客观地描述是基本要求。因为如果事实描述不清，事实模糊，那么会对法官的审查带来困难，法院此时可能无法根据碎片化的事实推论出事实的全貌而不得不对此陈述提出合理怀疑。我们甚至可以有理由地怀疑，非全面的描述是否隐藏了关键信息，而此关键信息可以使整个逾期举证理由不成立。

因此，逾期举证理由必须全面是考虑到现实审查中当事人可能存在隐藏关键信息，妄图以一种模糊的事实狡诈过关的想法。这种想法往往伴有恶意而需要法院予以抑制，具体化义务的存在也给予法院惩罚当事人恶意通过模糊事实想要达到逾期举证目的的行为的依据。当然在具体实践中，我们依然认为这种全面性仅仅是要求逾期状况事实本身是一个完整的事实即可。

逾期举证理由的具体化义务的真实性和全面性其实是对诉讼效率的保障，因为法院在审查逾期举证理由是否成立的时候需要依据相关事实作出判断，而事实本身情况是完全掌控在当事人手中的，只有当事实清晰且完整的时候，法院才能根据事实情况具体判断其真实性和有效性。而法院在面临碎片化事实的时候往往会无从下手，如果此时让法院对证据进行调查，那么这项制度的设计就不利于保障诉讼效率，本末倒置加重了法院负担。所以具体化义务要求全面性是一种保护法院审理利益的义务。

逾期举证理由的具体化义务必须有强制的惩罚手段作为违反其义务的保障，既为义务，那么必然拥有法律上的责任。笔者认为，具体化义务本身是对现有逾期举证制度的一种修正，是在过于宽泛的审查中确立一个严格的底线标准。那么我们可以根据对于具体化义务的违反程度，配合现有的罚款训诫、证据失权的二元性结构设置一个依据当事人主观恶意和客观行为的危害性的递增而惩罚随之加重的惩罚模式。即，如果当事人仅仅出于过失违反了具体化义务，可以考虑予以罚款和训诫节制。而当事人严重违反具体化义务，主观上有较强的证据突袭恶意，客观上对于逾期理由的举证敷衍了事、损害司法威信时，我们应当予以证据失权这一强有力的方式以节制其恶意行为。

2. 逾期举证理由的具体化义务须法律明确规定

逾期举证理由不符合具体化义务毕竟可能面临着证据失权这项严重的后果，这直接影响了当事人的请求权，使得当事人位于一个极端不利的诉讼地位，所以我们必须通过各种手段确保当事人能清晰明确地知道自己拥有这一项义务，以及在违反其义务时可能会遭受的不利后果。

笔者认为，第一应该将逾期举证理由的具体化义务正式纳入法律体系中。考虑到逾期举证理由带来的实际性的、对当事人具有决定性的后果，其义务如没有明确的法律规定，就很难产生服众效果，缺乏强制力难以保证贯彻落实，使得举证期限制度的设计依然会面临形同虚设的问题。只有将这项义务严格地规定在法律中，成为一种法律义务，当事人才能更加严谨地对待举证期限，积极地完成举证，促进庭前审理程序的完善。

第二，逾期举证理由的具体化义务应当由法官在指定举证期限时，主动对当事人行使释明，或者通过书面文件形式明示当事人该义务的存在以及违反的后果。一项制度的具体落实必须严谨，结合实践来说，当事人在参与诉讼时往往很少主动查阅相关法律文件，而仅仅依赖法官的释明行使权利。但是逾期举证理由的具体化义务毕竟是一项有不利后果的负担，如法官不主动释明或者不通过书面文件方式提醒当事人，那么当事人可能很难通过自身了解这项制度的存在，最终会造成当事人的负担，不利于保护当事人的权利，也不利于司法公正。

第六节 庭前会议视角下的主张具体化义务[1]

一、庭前会议与主张具体化义务

庭前会议是当事人起诉之后、法庭审理之前的中间环节，是庭审的过滤性程序。庭前会议有两个重要功能：其一是通过当事人双方之间的证据交换和争点的整理将争议焦点明确化，促进诉讼的顺利进行；其二是为双方纠纷的解决寻找其他替代可能，例如达成调解。庭前会议的特点和功能从某种意义上来说就是主张具体化的内在价值追求，以庭前会议为平台构建当事人主张具体化义务是落实主张具体化的重要手段。当前我国民事诉讼庭审中存在着证据调查宽泛、诉讼迟延等影响诉讼效率提高的因素，很大一部分原因是在于在庭前会议阶段对当事人之间的争点整理不准确，虽然这与法官争点归纳技术水平有关，但是当事人主张不具体、答辩任意化也是造成法官对焦点归纳不准确、不完全的重要原因。主张具体化义务要求当事人对其所提出的主张不仅需要做具体的陈述，而且还禁止其进行捏造和射幸式的陈述，所作出的陈述应当有一定的线索和依据。主张具体化的落实有利于确定当事人之间争议的焦点，促进法院的集中审理，对于审判效率的提高具有重要作用。

---

[1] 参见黄毅、吴品："庭前会议视角下的主张具体化"，载《天中学刊》2018年第6期。

而我国庭前会议作为当事人起诉后、法庭审理前的中间环节，法官可以在本环节根据双方当事人提供的证据确定庭审的重点，有效地提高后来的庭审效率。两者在对于提高法院审判效率以及集中审理的促进方面具有异曲同工之妙。因此，欲实现庭前会议的功能，重视主张责任，贯彻落实主张具体化有重要现实意义。

二、庭前会议中落实主张具体化的必要性

庭前会议是法官和双方当事人或者其代理人的第一次全面接触，通过庭前会议交换证据，整理双方当事人的争议焦点，对于接下来的法庭审理具有重要作用。双方证据的开示可以有效地防止证据突袭和延期举证，法官对双方当事人之间争议焦点的整理也使得在庭审的证据调查阶段双方可以紧紧围绕着争议的焦点进行质证和辩论，避免了多次开庭，很大程度上促进了庭审效率的提高。因此，在庭前会议中落实当事人的主张具体化具有重要意义。从理论和司法实践上来看，主要有以下几个因素。

1. 主张具体化在法学理论上具有正当性。首先，主张具体化义务理论起源于辩论主义，[1]是辩论主义的内在要求，我们国家当前的诉讼模式由职权主义向当事人主义的转变要求当事人对其诉讼资料的提出负有主张责任，而主张责任的落实又以当事人具体化其主张为前提，否则主张责任的落实将成为空谈。其次，当事人主义诉讼模式的设定是建立在诉讼双方当事人的攻防平衡基础上的，如果一方当事人对于其主张仅作抽象的、射幸式陈述，一方面会造成对方当事人的举证困难，另一方面防御一方的答辩意见也会给予对方提供更多的信息，从而造成不利益，违反辩论主义的初衷。最后，当事人陈述作为法定的证据种类，其内在属性要求当事人的主张须具体化，当事人陈述的证据属性要求当事人的陈述应该具有客观性和关联性，[2]不能违反真实性原则，而客观真实性和具体化义务内涵中的"具体"和"有依据"有很大的关联性，具体化义务要求当事人应具体详细地陈述，不能臆测，应有一定的依据，这点与作为证据的属性的客观真实性有殊途同归之意，当事人对

---

[1] 参见占善刚："主张的具体化研究"，载《法学研究》2010年第2期。
[2] 参见王亚新、陈杭平、刘君博：《中国民事诉讼法重点讲义》，高等教育出版社2017年版，第90页。

事实的主张性陈述作为证据而要求其具有客观真实的属性决定了当事人对事实主张的描述也应该尽量具体化，不能抽象为之。

2. 我们国家的法院当前案多人少的矛盾仍然十分突出，提高庭审效率是缓解案多人少压力的重要手段，当事人主张具体化义务的履行有利于法官对案件争点的整理，从而促进法院的集中审理，提高法庭审判的效率，助力于缓和案多人少的矛盾。

3. 当前司法实践中，庭审效率提高的主要制约因素是庭前会议中争点整理难度大、诉讼资料繁杂等导致的频繁开庭，问题的症结在于法院的审判重证明责任而轻主张责任，这就必然会造成当事人之间的焦点整理过于宽泛，从而影响庭审的效率。而主张具体化使得法官对当事人之间的主张了解得更为全面，对于不符合具体化的主张不纳入庭审调查的范围，降低了诉讼资料的繁杂性，促进法官对焦点的整理，从而减轻庭审压力提高诉讼效率。

三、落实主张具体化促进庭前会议功能的实现

1. 强化法官的释明义务。同当事人主张具体化一样，法官的释明义务也是源于对当事人主义的修正。法官的释明义务可以分为积极的释明义务和消极的释明义务，前者是指法官在当事人未提出适当的主张和证据时予以说明，促使其提出主张和申请的义务，后者是指法官只有在当事人主张或申请不明确、前后矛盾时为明确其意思而进行的说明和提示的义务。[1]可以看出消极释明和积极释明两者之间的界限在于是否会促使当事人提出新的主张和申请。显然根据我国当前的诉讼模式，法官行使积极的释明是欠妥的，这有违辩论主义的初衷，违背了当事人对其权利的处分，也模糊了法官居中裁判的角色，所以建立消极的释明义务的制度才是我们的首选。在庭前会议中法官的释明对当事人主张的具体化义务的履行具有重要的意义，目前我国民事诉讼相关规范对法官的释明规定较少。2001年发布的《民事证据规定》第3条第1款规定，法院应该向当事人阐明举证责任内容，督促当事人在合理期限内"积极、全面、正确、诚实"地完成举证要求。第8条规定法官应在当事人对对方当事人所陈述的事实不做表示时说明和询问，以及第35条法院认定的法律

---

〔1〕 参见曹云吉："释明权行使的要件及效果论——对《证据规定》第35条的规范分析"，载《当代法学》2016年第6期。

关系的性质或者民事行为的效力与当事人主张不一致时的释明。2015年最高院发布的《关于人民法院登记立案若干问题的规定》第2条第3款规定了"对不符合法律规定的起诉、自诉，人民法院应当予以释明"。可以看出当前我国法律对法官的释明义务规定得较为抽象，而且多为说明性规定，对于立案程序后当事人主张不明确时的情形没有规定。故可以在庭前会议的争点整理程序中增加法官的释明义务，在当事人主张不具体和证据申请理由不具体的情况下进行消极释明，促使当事人具体化其主张，明确其争议焦点。对于当事人不具体的主张且又没有其他证据相佐证的，不得进入法庭调查程序，不作为认定案件事实的依据，通过这种方式，在确保当事人在诉权得到保障的前提下促进诉讼的进行。

2. 严格主张具体化义务责任的落实。制度的落实必须以责任能够得以承担为前提，否则制度的设计初衷将成为空谈。所以，在庭前会议中严格明确主张具体化的行为责任对于发挥主张具体化以及对争点的整理、诉讼效率的提高的促进确有必要。前文介绍过违反主张具体化义务的后果，主要是分阶段进行规制，具体到庭前会议中其责任的承担方式或者说是其在诉讼上的不利益主要是对于其不符合具体化义务的主张不予认可。具体来说，在庭前会议中，如果一方当事人提出的主张不符合具体化义务的要求，则视为其主张不合格，其提出的主张不作为争议焦点进入庭审调查，同理，对于符合具体化义务的一方当事人的主张，如果答辩方并未做出针对性的具体化陈述，则可以在后来庭审的法庭调查环节中视为自认，使之受自认法律效果的约束。通过严格主张具体化义务的责任落实，使得争点整理得以明晰，诉讼资料泛滥的情形得到控制，加快庭审的进程，最终促进审判效率的提高。

第三章
庭审对抗中当事人具体化义务

第一节 庭审对抗中当事人主张具体化义务

自 2001 年 12 月最高人民法院发布了《民事证据规定》后,辩论主义作为一项重要诉讼原则正式在民事诉讼领域确立了地位,同时为主张具体化义务的运行提供了前提条件。主张具体化义务要求当事人对其所提出的主张不但需进行具体陈述,同时还禁止其进行捏造与射幸式的陈述。当事人不仅应在庭前遵守该义务,还应在庭审对抗中继续遵守。可以说,当事人主张具体化义务应贯穿诉讼过程的始终。

近年来,随着社会经济的不断发展,各种社会诉讼案件逐渐增多,法律在人们生活中的作用越来越大,学者们针对法律领域的研究也慢慢增多。根据既往研究,从诉讼当事人、司法机关等各种角度对当前的研究方向进行分门别类、研究分析,最终发现,我国法律领域的研究著作虽然汗牛充栋,但却是零散且不成体系的。由于我国学者对民事诉讼中辩论主义领域及当事人主张具体化义务的理论研究起步较晚,导致当事人主张具体化理论并不完备,同时与民事诉讼中其他理论的界限还较为模糊,难以对司法实践进行较为明确的指导。在司法实践中,由于主张具体化理论的不完备,法律并没有明确规定主张具体化义务的具体内容,使得当事人无视主张具体化的情况屡见不鲜。例如,有些当事人不了解诉讼中自身的义务,其诉求主张不具体或者答辩主张任意化从而导致争议焦点归纳不明确;还有的当事人出于诉讼策略的考虑故意不将主张具体化,恶意拖延诉讼时间。基于上述情况,本部分探讨当事人主张具体化理论的内容,以及其在国内外的演进路径。同时,加入实务案例,展现该理论在我国实务界的发展现状以及该理论内容对我国司法建设产生的影响。针对该理论在国内的发展现状,提出构建当事人主张具体化理论制度的中国路径。

一、主张具体化义务的含义

(一) 主张具体化义务的概念

"具体化"一词源于德语中的"Substantiierung",其本来含义为"使之具有实质根据"或者"证实性",德国民诉理论将其翻译为"实质化义务"。[1] 而其中主张具体化理论的定义在当前学术界尚无通说,根据其源于德语中的"实质化义务"的意义,"主张具体化"这个词语主要是用来约束诉讼当事人,要求其对自己的法律行为阐明具体的理由,对陈述的细节加以剖析。[2] 自20世纪中后期以来,德国的主张具体化理论逐渐被日本学者所接受与传承,在日本,该词语又演变成为"具体化义务"。在日本法律界,这个词语对诉讼双方当事人提出了新的要求:第一,它要求当事人对提出的事实进行具体描述,第二,禁止当事人进行捏造与射幸式陈述。[3] 这一理论成果直接体现在日本现行的法律法规条文中,除此之外,日本法律还对当事人具体描述主张的事实原因的具体化程度做出了规定,例如在身份关系纠纷中,当事人一方主张双方具有身份关系,试图向法院申请调查而获得更多的证据,这便是射幸式陈述,在日本法律中,这是触犯"具体化义务"条款的。关于上述理论,我国台湾地区学者的研究是比较早的,其中著名学者姜世明主要从主张事实的细节描述和特定化来定义"具体化"这一理念。在他的研究体系里,诉讼当事人对自己提出的事实要进行细致化的描述,要具体到细枝末节,且应该在法庭上进行特定陈述。[4] "具体化义务"这一条款引入的时间较短,在长期的司法实践中,法律界一般沿用德国和日本对该条款的注释,但并未形成具有特色的研究板块和体系,总体来说比较粗糙。

因此,综合学界的学术观点,本部分认为主张具体化的定义应为:一方

---

[1] 参见占善刚:"主张的具体化研究",载《法学研究》2010年第2期。
[2] 参见姜世明:"民事诉讼中当事人之具体化义务",载《政大法学评论》2005年第88期。
[3] 参见占善刚:"主张的具体化研究",载《法学研究》2010年第2期。
[4] 参见姜世明:"民事诉讼中当事人之具体化义务",载《政大法学评论》2005年第88期。

面，当事人主张事实时应详细具体，不能进行抽象式陈述；另一方面，当事人对其主张不能进行射幸式或者捏造式陈述，应提供一定的事实依据或者证据线索。只有这样界定，才更符合该项制度的原本含义，并且有益于指导司法实践，提高诉讼效率。

（二）主张具体化义务的内容

1. 主张具体化义务的主体

在我国目前的民事诉讼法庭上，原告和被告都属于诉讼当事人，原告和被告也都可以成为主张具体化义务的主体，这也是我国司法公正的具体表现形式，是我国司法界的重要进步之一。法律要长期保证原告、被告为主张具体化义务主体的身份和地位，这是毋庸置疑的。

而法律庭审中的第三人，即无独立请求权的第三人及诉讼代理人，是否可以成为主张具体化义务的主体，当前我国法律理论界并没有定论。众所周知，由于在诉讼案件中并没有独立的请求权，无独立请求权的第三人在法律上的地位一直比较尴尬，因为该第三人只与该案件的判决结果存在一定程度的利害关系，所以在庭审中拥有的权利不多，起到的作用也比较微弱。一种观点认为，第三人作为原告方或者被告方的支持者存在，所以为了保证一方当事人的诉求或答辩具体准确，维持司法的公正性，有必要保护无独立请求权的第三人主张具体化义务的权利。[1] 诉讼代理人指的是在代理的权限内，代理被代理人进行诉讼活动的人。对于代理人是否应遵循主张具体化义务，国内学者争议较大。陈贤贵、周成泓等学者认为代理人作为接受当事人委托履行诉讼权利的人，对当事人的约束应延伸至代理人。而胡亚球认为代理结果与代理人无关，因此让代理人承担该义务于法无据。本部分更倾向于第一种意见，即代理人代当事人行使诉讼权利，其本身理应遵守主张具体化义务。

2. 主张具体化义务的客体

该词条所指向的主要是义务所指向的对象，一般而言，在民事诉讼领域实行辩论主义的中国，当事人两方在辩论过程中对案件相关事实的陈述即是

---

[1] 参见胡亚球："论民事诉讼当事人具体化义务的中国路径"，载《清华法学》2013年第4期。

该词条所指向的内容。[1]因此,本部分所述之主张并非当事人对法律适用的主张,而是对案件事实存在与否的主张,也被称作是当事人在诉讼过程中的攻守策略。从庭审对抗时当事人陈述可以看出,当事人的攻守策略一般包括:原告的诉求主张与被告的抗辩主张、双方的证据声明主张。以上关于案件事实的主张,当事人都会遵循言辞原则,以口头或者书面陈述的形式展现在审判人员面前。[2]

3. 关于主张具体化的限定

针对该法律词条的限定问题是整个理论的关键所在。若对主张具体化义务的限定过于宽松,则会出现大量诉讼当事人利用其宽松性不断主张自己的权利的现象,造成庭审环节增多、庭审时间延长的后果,大大降低庭审效率,影响司法公正,同时降低审判效率。而若对该法律词条的限制过于严苛,则会导致诉讼不公,本来拥有该项权利的诉讼当事人会因严苛的法律规定无法准确、快速地主张自己的权利。

在德国法院的实践中,主要从两方面对该义务进行限定:其一是当事人主张具体化程度仅需满足法院的重点审查即可,剩下的部分无需具体陈述;其二,若当事人主张具体化的事实,已经被对方当事人所承认,则主张具体化的当事人也无需具体陈述。[3]日本限定得更为全面,具体包括:当事人陈述是否适当、证据调查申请是否有必要以及当事人的陈述是否会影响对方当事人的诉讼防御等。[4]综合德日两国的司法实践与国内学者的诸多观点,笔者认为对当事人主张的限定重点应放在两类案件:一种是专业性技术较强的案件,例如医疗纠纷或者建设施工纠纷。此类案件专业性较强,当事人并不一定具备相关知识。另一种是当事人之间存在实质不平等的案件,例如劳务纠纷,一般而言劳动者处于弱势地位。只有根据司法实践的实际情况,适当降低这两类案件中当事人主张具体化义务的要求,才能更好地发挥司法的效能。

---

[1] 参见胡亚球:"论民事诉讼当事人具体化义务的中国路径",载《清华法学》2013年第4期。

[2] 参见占善刚、刘显鹏:《证据法论》,武汉大学出版社2013年版,第112页。

[3] 参加占善刚:"主张的具体化研究",载《法学研究》2010年第2期。

[4] 参见占善刚:"主张的具体化研究",载《法学研究》2010年第2期。

4. 主张具体化的违法性后果

在民事诉讼领域，违法性后果一般会与客体息息相关。一般法院会根据涉及客体不同作出不同裁决。在程序事项的申请中，当事人的主张需要遵循具体化义务，否则其申请将会被法院驳回。在起诉阶段，当事人的主张不符合具体化义务的要求，经过立案庭法官的释明后仍不履行的，法院会做出不予受理的裁定。在庭审对抗中，当事人的主张不符合具体化义务的要求，法庭不会进入下一个程序阶段的审理，最后导致的后果将由当事人承担，这一后果同样适用于应做答辩的对方当事人。

二、主张具体化义务的渊源与其在我国的演进

（一）主张具体化义务的渊源——辩论主义

辩论主义是大陆法系民事诉讼领域的一项重要的学理概念，这项诉讼制度主要是对法院裁判依据的约束，其要求该依据需由诉讼当事人在法庭上陈述，并经过辩论环节。在我国学界，辩论主义为当事人主张具体化义务奠定了理论的基石已经成为一种共识。在日本学界，辩论主义的特征主要包括：第一，法院裁判的依据是基于诉讼当事人当庭陈述并认可的事实；第二，如果该事实没有得到诉讼当事人承认，则不可以作为判决结果下发。当事人的自认包括前期自认、推断自认与权利自认。[1]除此之外，法院不被允许利用自身权力调查证据来源和真实性。虽然上述特征除了第三点并未被我国民事诉讼吸收，却可以看出辩论主义对审判机关与当事人之间的定位、分工明确，共同确保审判活动的进行。

在实行辩论主义的民事诉讼领域，法院裁判需从诉讼当事人双方提供的陈述出发，保证其公正性，并且受到当事人自认的约束。因此，当事人在诉讼中仅提出主张但并未说明具体内容的可以看作违反了民事诉讼之中的辩论主义原则。随着辩论主义的进一步发展，有些学者将法官的释明义务与当事人的完整义务引入了其中，形成了后来的修正的辩论主义。[2]在修正的辩论

---

〔1〕 前期自认是指对方当事人还没有主张以前，先承认了对自己不利的事实，后期审判过程中禁止撤回。推断自认是指如果对对方的发言没有明确的反驳，则推断为自认。权利自认是指承认了某种权利，在审判中发现对自己不利时，禁止撤回。

〔2〕 参见翁晓斌、周翠："辩论原则下的法官实质指挥诉讼与收集证据的义务"，载《现代法学》2011年第4期。

主义的指导下法官在法庭拥有指挥权,但这样的权力也仅限于主动发问、说明程序步骤等事项,并不能为当事人提供任何关于本案的实质性帮助。因此,法官这项新的权力可以看作是为促进审判程序的顺利进行而被引入的。另外,法官对于某项证据的主动调查权的行使也是被严格要求的,并非在任何情况都可以适用该项权力。由此可见,本部分认为辩论主义为当事人主张具体化奠定了理论基石的观点证明力确凿。

(二) 主张具体化义务在我国的演进

我国自改革开放以来,民事诉讼领域的立法经历了1982年发布的《民事诉讼法(试行)》、1991年《民事诉讼法》、2012年《民事诉讼法》和2015年《民事诉讼法解释》。纵览这些文件,并未出现有关具体化义务的法律规定,仅仅是用诚实信用原则来规制当事人。[1]因此,关于当事人主张具体化义务的法律规定,在我国还属于立法准备阶段。

1. 当事人主张具体化义务的探索阶段

在改革开放初期,我国的经济发生了一系列重大的转变,基于诉讼领域案件的复杂性,1982年我国第一部民事诉讼法诞生。由于当时政治、经济环境的影响,这一部民事诉讼法有着浓厚的公权力光环,没有真正从社会实际情况出发。如1982年的《民事诉讼法(试行)》第56条第2款规定:"人民法院应当按照法定程序,全面地、客观地收集和调查证据。"本条充分地反映了法院对于案件的主导作用,法院在审判过程中往往会忽视当事人的主张,仅依靠公权力机关搜集的相关证据与信息进行判决。[2]诚然,该法在第81条也确定了民事诉讼的各诉讼当事人,可以看作是具体化义务的萌芽,但依旧无法撼动整部法律所呈现出的职权主义色彩。

我国在1991年《民事诉讼法》的规定中,相对弱化了职权主义,并且开始向当事人主义转变。这部法律将原先的第56条第2款中的"人民法院应当按照法定程序,全面地、客观地收集和调查证据"改为第64条第3款:"人民法院应当按照法定程序,全面地、客观地审查核实证据。"从1982年的

---

[1] 参加胡亚球:"论民事诉讼当事人具体化义务的中国路径",载《清华法学》2013年第4期。

[2] 参见吴如巧:"民诉法典模式选择的变迁与功能期待",载陈桂明、田平安主编:《中国民事诉讼法学六十年专论:中国法学会民事诉讼法学研究会年会论文集》,厦门大学出版社2009年版,第80页。

"调查"证据到1991年的"审查"证据,这样的调整从一定程度上弱化了当时法院审判时的职权职能,适当增加了当事人的诉讼权益。但是该法第64条第2款却规定:"当事人及其诉讼代理人因客观原因不能自行收集的证据,或者人民法院认为审理案件需要的证据,人民法院应当调查收集。"这充分说明,1991年《民事诉讼法》的亲民性虽然较1982版本有了较大程度的提高,但是依旧不能完全走出职权主义的影响,并未确立当事人的主张具体化义务。[1]

2. 当事人主张具体化义务的确立阶段

随着我国司法部门执法水平的不断提高,2001年12月21日最高人民法院发布了《民事证据规定》,为民事诉讼领域辩论主义的确立奠定了基础,为当事人主张具体化义务提供了理论支撑。可以说,这部司法解释正式确立了我国当事人主张具体化义务。[2]上文提到,我国学界将辩论主义的特征概括为:一方面,法院裁判的依据是基于诉讼当事人当庭陈述并认可的事实;另一方面,如果该事实没有得到诉讼当事人承认,则不可以作为判决结果下发。当事人的自认包括前期自认、推断自认与权利自认。这两个特征在《民事证据规定》第8条和第17条中有充分的体现。另外,《民事证据规定》还对1991年《民事诉讼法》第64条进行了调整,增加了当事人主张的具体化义务,充分发挥庭审对抗中当事人的积极性,对法院调查取证的范围进行限定。这一修改加强了辩论主义精神在文本中的体现,充分发挥了当事人在审判过程中的作用。至此,我们国家基本上建立了以辩论主义为核心的民事诉讼结构,[3]为当事人主张具体化在国内未来的发展提供了坚实的制度基础,也为我国民事诉讼领域从职权主义向当事人主义的过渡迈出了一大步。

3. 当事人主张具体化义务的发展阶段

2012年8月31日,我国《民事诉讼法》在1982年和1991年的基础上进行了修正,清晰确定了与当事人主张具体化义务密不可分的相关原则与制度。[4]2012年《民事诉讼法》第13条增加了诚实信用原则,要求当事人在诉讼过

---

[1] 参见张卫平:"民事诉讼基本模式:转换与选择之根据",载《现代法学》1996年第6期。
[2] 参见林轲亮:"论民事证据声请中的当事人具体化义务",载《社科纵横》2013年第5期。
[3] 参见王亚新、陈杭平:"论作为证据的当事人陈述",载《政法论坛》2006年第6期。
[4] 参见胡亚球:"论民事诉讼当事人具体化义务的中国路径",载《清华法学》2013年第4期。

程中要遵守诚实信用原则，包括原告的诉求主张与被告的抗辩主张、双方的证据声明主张，为当事人主张具体化义务提供了原则性支持。在各项规则中，第 123 条的对当事人起诉实行的是实质性审查、第 124 条的对于原告起诉主张方面的具体化义务的程度限制、第 133 条的当事人争议范围对法院受理案件的制约等具体法条，都体现出了法律对当事人主张具体化义务适用范围的扩大。

2015 年《民事诉讼法解释》是对 2012 年《民事诉讼法》相关法律问题与适用的综合解释，同时也是我国目前规模最大、条文最多、涉及起草部门最多的一部综合性较强的司法解释。其中最为瞩目的变化是我国立案由"审核制"变为"登记制"。立案登记制的出现一定程度上解决了之前立案难等问题，当事人立案时的主张具体化义务比"审核制"更低，仅作形式审查，但并没有阻碍当事人主张具体化义务在国内的发展。相反，在这部司法解释第 208 条第 2 款规定了法院的释明义务。也就是说，对于不符合起诉要求、不履行具体化义务的案件，经过法院释明后仍不符合标准的，由当事人承担不予立案的法律后果。这也表明，2015 年《民事诉讼法解释》从反向规定了当事人的主张具体化义务，否则当事人会承担不利后果，可以看作是对该项制度的确认与推进。

至此，虽然关于当事人主张具体化义务的字眼并未出现在法条里，但是却通过一次又一次对法律的修改以及相关司法解释的出台，该项制度在国内得以快速发展，推动了我国民事诉讼制度的进步。

三、当事人不履行主张具体化义务的实证考察

（一）当事人对其向法院提出的主张不做具体陈述

在司法实务中，有些法院以当事人起诉时所主张事实不具体为由，裁定驳回起诉。

案例 1：原告李某义因房屋买卖纠纷将被告周某勇诉至法院。因原告在诉状中没有明确被告及第三人的身份信息，也没有请求解除购房合同或者购房合同无效时申请返还购房款，诉状最后也未明确追究被告的刑事诈骗责任还是民事欺诈责任。最终，因本案原告所诉事实及所提要求不具体，原告起诉被驳回。[1]

---

[1] 参见河南省新乡市牧野区人民法院（2018）豫 0711 民初 627 号裁定书。

案例 2：原告常某云、常某菊、常某泗因侵权责任纠纷将被告王某梅与其所在的某保险公司告上法庭。要求被告向其支付各项损失，共计人民币 34 万余元，该诉求主要基于原告与被告签订的保险购买合同，原告认为，根据合同，被告有责任为投保人提供医疗费、丧葬费等费用。但原告并未向本院提供详细的赔偿清单，导致法院无法确定原告所要求的各分项损失的具体数额。因此，法院以原告主张事实不具体为由裁定驳回起诉。〔1〕

案例 3：原告王某江因房屋租赁合同纠纷将被告上海某仓储服务有限公司诉至法院，但是原告并无具体的诉讼请求，在经过法院的阐明后仍不修改，故法院以原告主张事实不具体为由裁定驳回起诉。但是在司法实务中，也存在许多上级法院认为下级法院认定当事人主张事实不具体存在法律适用错误，从而撤销了下级法院驳回起诉的裁定书。〔2〕

案例 4：武夷山某有限公司因合同纠纷将吴某贵起诉至法院。一审法院认为原告诉讼请求中涉及确认之诉、侵权之诉、给付之诉等，各诉讼请求所涉及的法律关系不一样，故向原告释明，要求原告明确具体的诉讼请求，但原告不同意，导致原告的诉讼请求不具体。二审法院认为从原告的诉讼请求及事实与理由来看，原告以吴某违约为由，向吴某主张解除合同、恢复原状、赔偿损失及支付违约金，其各项诉讼请求的实质系变更双方的合同关系，故原告在本案中主张的法律关系仅为双方之间的合同关系，属于法院诉讼的受理范围，因此对驳回起诉的裁定书予以撤销。〔3〕

案例 5：林某一与林某二法定继承纠纷一案，一审法院认为林某一请求判决被继承人购买的某某市某某新区某某东路某开发商开发的某小区××街××号××房的债权由林某一继承，房屋作为一种物，与其对应的权利应为物权，物权与债权分属于不同的法律板块。除此之外，因为债权须有与其相对应的债权人来进行主张，林某一的诉讼请求中对继承的债权标的额、相应义务人也不明确。因此，林某一的诉讼请求不明确。二审法院认为被继承人向某市某房地产开发有限公司购买某某市某某新区某某东路某开发商开发的某小区××街××号××房，但至今尚未办理物权登记，林某一起诉请求判决上述房产的债权

---

〔1〕 参见河南省新乡市牧野区人民法院（2019）豫 0711 民初 814 号裁定书。
〔2〕 参见上海市闵行区人民法院（2016）沪 0112 民初 17296 号裁定书。
〔3〕 参见福建省南平市中级人民法院（2019）闽 07 民终 951 号裁定书。

由其继承，诉讼请求明确、具体，因此撤销了一审法院驳回起诉的裁定书。[1]

（二）当事人向法院做出凭空捏造或者射幸式陈述

在司法实务中，虽然当事人向法院做出捏造或者射幸式的陈述的案件较少，但影响却极其恶劣，严重的还会触犯刑法，追究其刑事责任。

案例6：某民事调解书经过正规的法律程序，目前已经生效，生效后该调解书所涉诉讼的原审被告对此进行申诉，而法院经过调查和审理，最终确认该调解书所涉借款系原审原告之间虚构60万元的借款事实，进而以虚假诉讼的行为变相获得高额利息从而侵害原审被告的合法权益，属于当事人向法院捏造主张而形成。故法院最终决定将该生效的调解书执行撤回流程。[2]

案例7：原告上海某餐饮有限公司与被告海南某有限公司借款合同纠纷经过两审终审生效后，被告申请再审。再审法院查明后认为原审原告凭借伪造的《还款协议书》向原审被告主张权利，此后又持伪造的原审被告的授权委托书冒领了应诉通知书等诉讼法律文书，由此可见，原审原告在庭审陈述中有作假嫌疑，且其证据也存在虚假性，而且原审原告未将冒领的诉讼文书交给原审被告，造成法院无法确认原审被告缺席诉讼的真正原因，从而在原审被告未到庭应诉的情况下作出判决，支持了原审原告的诉讼请求，损害了原审被告的合法权益。因此，再审法院以当事人向法院主张捏造的事实为由，撤销了原审生效裁判。[3]

（三）案例分析结论

通过案例分析，我们发现虽然我国已经确立了当事人主张具体化义务的相关制度，但是仍然不能被当事人很好地履行。在起诉阶段，有相当一部分当事人在提出诉讼请求的时候不能进行具体陈述，这样不仅造成滥诉，同样还会使自己的诉权不能得到保障。在案例的检索过程中，当事人故意向法院做出凭空捏造或者射幸式陈述的案件并不多见。除此之外，在民事领域中捏造事实类案件不多见还有另一个原因，那就是相关当事人可能已经涉嫌违反刑法，已经被追究了刑事责任，因此多数会存在于刑事案件。

最后，截至2020年1月31日，中国裁判文书网上当事人未答辩的案件数

---

[1] 参见广东省茂名市中级人民法院（2018）粤09民终1303号裁定书。
[2] 参见浙江省湖州市吴兴区人民法院（2017）浙0502民再1号判决书。
[3] 参见海南省海口市中级人民法院（2019）琼01民再19号判决书。

量为2 018 100件，数量十分庞大。[1]在诉讼过程中有些当事人消极对待，甚至有些当事人在陈述事实或者提出辩解的时候不具体说明情况，不遵守当事人主张具体化义务，使得诉讼中的不利后果由自己承担。通过查询可知，我国仍需深入推进当事人主张具体化义务制度的发展，让更多的诉讼主体自觉遵守该义务。

四、庭审时落实当事人主张具体化义务的必要性

（一）有利于发挥审判机关的工作效能

审判机关的工作效能标准主要包括两个部分：诉讼成本与诉讼效率。一般来说，诉讼成本是指诉讼当事人从诉讼开始至诉讼结束所要付出的成本，其涵盖时间、人力、财力等资源的消耗和浪费。[2]诉讼效率简单来说就是司法机关办理诉讼案件的时间，司法机关一般希望可以在尽可能短的时间里完成诉讼案件的审理工作，以提高司法机关的效率和公信力。[3]在实行辩论主义的民事诉讼领域，当事人自觉行使主张具体化义务有利于法庭快速找到诉讼双方的争议焦点，减少法庭调查的时间。若当事人出于诉讼策略的目的在法庭上进行模糊探索，通过抽象或者毫无根据的主张向法庭申请证据调查，会导致审判机关的司法活动成本加大。同时，该案件也会陷入长期找不到争议焦点的情境，本来一次开庭就可以调查清楚的事实需要多次开庭，极大增加了对方当事人的负担，形成了两方事实上的不公。因此，为了防止当事人进行证据的模糊探索，同时还为了让审判机关更好地掌握案件的事实使得庭审更有效率，当事人主张具体化义务制度需要继续深入推行。对于部分不自觉履行该义务的当事人，需要其为自己的行为承担相应的后果。

（二）有利于维护当事人的合法权益

长期以来，受德国和日本法律制度的影响，我国的民事诉讼领域一直秉承辩论主义原则，要求诉讼主体履行具体化义务，即要求当事人需具体提出

---

[1] 参见中国裁判文书网数据，载http://wenshu.court.gov.cn/website/wenshu/181217BMTKHNT2W0/index.html?pageId=a170c2840aaa5ec06a8c7761d8c76e19&s8=03，最后访问日期：2020年1月31日。

[2] 参见赵钢、占善刚："诉讼成本控制论"，载《法学评论》1997年第1期。

[3] 参见孙建伟、张永权："论程序公正与诉讼效率的关系"，载《淮北煤炭师范学院学报（哲学社会科学版）》2007年第3期。

自己的要求和事实,并承担举证责任,明确、具体的陈述有利于双方在短时间内明确争议焦点,缩短诉讼时间,降低诉讼成本。如果负有责任的一方当事人不履行主张具体化义务,而是向法庭进行抽象或者臆想陈述,并对主张的事实进行摸索证明,就会严重拖延诉讼时间,加大双方的诉讼成本,还会造成国家司法资源的浪费。对于非负有证明责任的一方当事人,面对这样的状况往往不能进行有效的防御,若其只是单纯地进行否认,容易造成当事人的自认。这样一来,两方的平衡就被打破,对诉讼中一方当事人来说,他的权利无法得到有效维护,并且加重了他的诉讼负担。这种现象长期存在,必然会造成我国的司法公正危机,因此,民事诉讼领域只有秉承辩论传统,给予诉讼双方相同的举证权利和义务,才能实现双方当事人的实质公平,这也是我国现阶段实现司法公正的重要途径之一。

(三) 有利于贯彻证据规则的内在要求

在学理上,我国对证据有非常具体和细化的要求,如证据必须客观存在,并非主观臆造,证据必须有外在形体,不能是不存在于三维空间的物体;如证据必须与该诉讼案例具有关联,不能是完全不相干的两件事;如该证据及其取证过程必须符合我国相关法律法规的规定,一般来说,非法取证不被法庭所接受。[1] 至于证据出现在庭审中的形式,一般来说,当事人的主张都是以书证或者当事人陈述的证据形式被提出来。同时,当事人的主张被要求进行客观、具体描述,隐含的意思就是当事人为自己的主张举示证据时,需要满足证据的客观性要件,不得捏造相关证据,不得违反真实性原则。因此,当事人的主张要得到法庭的认可,就必须提供客观存在的真实证据,且该证据必须与本诉讼案件相关,或者反映的既知事实,或者影响了该案件的发展和走向。[2] 这就要求当事人在庭审中为主张而提出证据时需要与案件相关,不能仅仅提出自己的臆想言辞或者与本案无关的证据。证据的合法性也有两层含义:一种是证据取得的合法性,另外一种是证据作为判决依据需要经过

---

[1] 参见王亚新、陈杭平、刘君博:《中国民事诉讼法重点讲义》,高等教育出版社2017年版,第69~70页。

[2] 参见王亚新、陈杭平、刘君博:《中国民事诉讼法重点讲义》,高等教育出版社2017年版,第70页。

法定程序。[1]当事人主张具体化义务之所以要求当事人不能进行捏造或者射幸式陈述，是因为当事人出于这样的非法目的所提出的相关证据一定是不符合证据规则的。综上所述，本部分认为当事人主张具体化义务与证据规则的要求密不可分，二者之间呈正向关系。

五、我国当事人主张具体化义务的适用困境及解决之道

（一）当前主张具体化义务的适用困境

目前，当事人主张具体化义务已经正式在我国确立，并根据我国的具体情况进行了适应和改变。在确立之后的十几年之中，当事人主张具体化义务获得了长足的发展，但仍然面临许多困境。诸如法律层面的困境、诉讼主体层面的困境、社会现实层面的困境等。

1. 法律并未明确规定当事人主张的具体化义务

伴随着我国职权主义向当事人主义转变的大趋势，当事人主张具体化义务经过十几年的发展已经渗透到了民事诉讼领域的各个角落，其中庭前阶段、庭审阶段、申请调查等方面都显现出了当事人主张的具体化要求。但是，我国目前尚无一部法律对当事人主张具体化义务进行具体规定，相关的制度还处于立法准备阶段。正是由于该项制度缺少法律条文层面的规制，导致当前诉讼过程中仍然存在摸索证明、拖延诉讼时间以及当事人不对事实进行具体陈述等现象，使得当事人主张具体化义务制度很难落到实处。当诉讼主体都不能很好地履行具体化义务，那提升法院的司法效率也就无从谈起，社会矛盾也就不能得到很好缓和。因此，我国必须加快关于当事人主张具体化义务的立法工作，只有在法律条文中明确规定当事人对其主张的事实应当做到何种具体化程度，以及违反具体化义务后会承担何种责任，才能够让当事人明晰其应尽的义务。法律具有指引人们行为的作用，法律只有做出明确具体的规定，才能够更好地引导当事人的诉讼行为。

2. 庭审对抗中当事人对主张具体化义务的忽略

上文提到，我国民事诉讼法律并无关于当事人主张具体化义务的具体条文，具体化义务仅以原则或者法律文书、证据证明的相关规则来体现其精神

---

[1] 参见王亚新、陈杭平、刘君博：《中国民事诉讼法重点讲义》，高等教育出版社2017年版，第71页。

内涵。因此,法律条文的不明确导致了诉讼主体尤其是案件当事人对该项义务的漠视。诉讼当事人出于维护自己利益目的的考虑,通过咨询律师等找到突破口,并据此进行摸索证明或者证据突袭的情况时有发生。为了改变这一情况,我国2012年《民事诉讼法》明确规定了起诉状的格式与内容,同时2015年《民事诉讼法解释》也补充了当事人起诉的条件,可以看到民事诉讼的相关制度对起诉方的具体化义务规定得较为具体。而对比答辩状的法律规定,2012年《民事诉讼法》仅规定了答辩期限以及答辩内容,并未对答辩的内容应当达到何种具体化程度做出规定,这就导致了司法实践中的一系列问题。在实践中多数答辩方不遵守主张的具体化规定,例如在庭审中进行证据突袭,又或者在诉讼过程中滥用己方的诉讼权利拖延诉讼时间,更有甚者直接放弃答辩权利。这些情况都极大地增加了法院调查案件事实的难度,对司法资源造成严重的浪费。

3. 造成当事人在庭审对抗中的不公平现象产生

在普通的民事纠纷中,大部分当事人之间信息对等,地位相差不大,因此要求双方遵守同样限度的主张具体化义务并不会导致实质的不公平。但是随着社会的不断进步,诸如知识产权纠纷、环境污染纠纷以及公益诉讼等案件数量剧增。在这些新型诉讼中,一个典型的特点就是双方当事人掌握的信息不对等,与纠纷有关的事实及证据被强势的一方所垄断,同时双方实力差距悬殊。[1]在这种当事人之间存在实质不对等的情况下,如果法律仍然要求双方对自己的主张遵守同样的具体化义务,将会违背该项制度建立的初衷,不能维护好弱势方的合法权益。因此,为了兼顾双方当事人的利益,法律应该区别双方承担的义务限度,努力追求实质的公平。由于我国对于当事人主张具体化义务的相关法律制度并不完善,所以目前对于这方面问题的管理还属于缺失状态。

(二) 构建主张具体化义务制度的解决之道

随着我国社会文明的不断进步,司法领域的发展也逐渐由公权力至上慢慢变得更加保障私权,在这种转变的带动下,想要构建完善的当事人主张具体化义务制度,不仅仅需要相关配套制度的支持,还需要完备的理论体系。

---

[1] 参见李凌:"事实主张具体化义务的中国图景",载《当代法学》2018年第1期。

只有这样，当事人主张具体化义务制度才能推动我国的法治进程，缓解社会矛盾。

1. 明确主张责任的价值所在

在我国，民事诉讼遵循辩论主义原则，当事人主张具体化义务制度便起源于此。基于该法律制度，诉讼双方当事人均需对自己的主张提供证据，并对其进行当庭陈述和落实，如果只是提出诉求却无任何相关主张相匹配，则该诉求并不被法庭认可。因此，不管是理论界还是实务界，首要任务还是要明确当事人主张责任的价值所在。主张责任影响着我国诉讼程序的运行。在庭审前，当事人履行主张责任可以帮助法院更快地了解案件事实，提前找到诉讼双方争议的焦点，提高诉讼效率。在庭审对抗中，当事人在陈述与辩论时均履行主张责任，有利于维护诉讼双方的合法权益。但是就目前的民事诉讼相关法律而言，对于当事人的主张责任的要求尚未制定，这就导致许多诉讼主体能够借助法律的漏洞获取不正当利益。因此，只有明确当事人主张责任的价值所在，才能够引导理论界对当事人主张具体化义务制度的研究，才能够推动国家的立法，以成文法的形式维护诉讼当事人的公正。

2. 完善民事诉讼法中关于主张具体化义务的相关制度

上文提到，虽然当事人主张具体化义务制度在我国发展了十多年，但是法律中并没有对当事人主张具体化义务加以明确规定，也就是说我国对该项制度还处于立法准备阶段。因此，当务之急是加快该项制度的立法。在具体制度的构建上，首先，应当明确主张具体化义务的具体内容与不履行应当承担的责任。例如：在程序性事项中，当事人的申请理由应满足什么要求，对于不履行的当事人可以驳回其申请。只有当事人明确自己在诉讼中的义务，以及违反义务所带来的后果，才能够落实具体化义务。其次，当事人主张具体化义务制度应当覆盖整个诉讼活动，而不是着重于某一个诉讼环节。例如，在庭审中完善具体化义务制度有利于当事人行使诉讼权利，帮助法庭捋清争议焦点，庭后履行该制度有利于保障民事诉讼中的辩论原则。最后，主张具体化义务制度的构建不仅需要当事人的参与，还需要审判人员的参与。只有将该项制度的具体内容落实在法条中，才能够对诉讼主体起到真正的指引作用，才能完善当事人主张具体化义务制度的构建。

3. 明确法律对当事人主张具体化义务的程度进行适当限定

法律应当对当事人主张具体化义务进行适当限定。在诉讼过程中往往会发生这样的情况：若法律对当事人主张具体化义务的限制太高，会加大当事人主张责任，导致其难以通过诉讼维护自己的利益；若法律对当事人主张具体化义务的限制太低，会导致诉讼泛滥，严重降低我国的司法效率。又例如随着社会的发展，上文提到的新型案件越来越多，这些案件中两方的诉讼能力大多相差悬殊。如果法律规定双方对其主张承担相同的义务，那么对于弱势一方的被侵权者来说必然十分不公平。基于以上情况，我国法律应明确规定：当事人双方处于实质性平等时，主张具体化义务的预设应为说明事实即可立案，案件判决应依据证明规则确定；当事人双方处于实质性不平等时，主张具体化义务的预设应适当加重优势方的具体化义务。只有这样，当事人主张的具体化要求才符合民事诉讼中辩论主义的应有之义。

4. 贯彻法官在庭审过程中对当事人履行具体化义务的释明义务

法官的释明义务来自于修正的辩论主义，在修正的辩论主义的指导下，法官在法庭拥有释明义务，但也仅限于主动发问、程序步骤等事项，并不能为当事人提供任何关于本案的实质性帮助。法官的释明权包括积极释明与消极释明：前者是法官主动敦促当事人提出何种主张或者申请，后者是法官对于当事人所提出的主张或者申请不明确、不具体时予以提示。[1]《民事证据规定》的第8条第2款规定："对一方当事人陈述的事实，另一方当事人既未表示承认也未否认，经审判人员充分说明并询问后，其仍不明确表示肯定或者否定的，视为对该项事实的承认。"同时第35条第1款规定："诉讼过程中，当事人主张的法律关系的性质或者民事行为的效力与人民法院根据案件事实作出的认定不一致的，不受本规定第三十四条规定的限制，人民法院应当告知当事人可以变更诉讼请求。"这些具体的法律条文明确了法官的释明义务，并且多数为消极的释明义务，这也较为符合法官中立的地位与我国的民事诉讼制度的相关要求。若法官在庭审中不履行释明义务，那么该案件有可能被上级法院发回重审，这也从侧面反映出了法官履行释明义务已经成了司法实务界的要求。所以，要继续贯彻法官在庭审中的释明义务，同时还要将该义务延伸至庭前阶段以及庭后阶段，覆盖整个诉讼过程，以保证诉讼的顺利进行。

---

[1] 参见曹云吉："释明权行使的要件及效果论——对《证据规定》第35条的规范分析"，载《当代法学》2016年第6期。

六、小结

当事人主张具体化义务制度是民事诉讼中一项重要的制度，是当事人行使诉权的前提，也为后期的公平审理提供了保障。国内学者对该项制度的研究起步比较晚，目前国内的具体化制度并不完善，相关的配套法律也不健全。随着社会经济的飞速发展，科技日新月异的变化，各种新案件层出不穷，我国司法机构常常陷入面对新问题却无法律条文对其进行解读和规范的困境。且在这些案件的审理当中，由于当事人并不能很好地遵守具体化义务，导致其行为成为社会追求法治道路的绊脚石，因此，加快完善当事人主张具体化义务制度迫在眉睫。本部分深刻探讨了落实当事人主张具体化义务的必要性，并且查阅了大量的案例以分析该项制度在我国的困境：其一是民事诉讼法律并没有当事人主张具体化义务的详细规定；其二是当事人由于自身的原因不去履行该义务；其三是目前大量新型案件中当事人形成实质的不公平，弱势一方当事人无法履行该义务。为此，本部分还结合国外学者的研究以及国内司法的实际情况，有针对性地提出了完善该项制度的解决之道。希望本部分能为当事人具体化义务制度的构建，提高法院的审判效率以及追求司法过程中实质上的公平正义起到建设性作用。

第二节 附理由抗辩的当事人具体化义务

在民事诉讼中，面对原告提出的诉讼请求以及事实主张，被告会采取自认、否认、抗辩或争执等手段，其中最重要的防御手段就是否认与抗辩。但不是所有的事实主张，都能用否认加以防御，在案件事实清楚的情况下否认并不是最佳的防御手段，此时抗辩就成了一种务实的选择。与否认相比，附理由抗辩通过提出新的事实主张来阻碍对方诉讼请求法律效果的实现，由于其承担着主张责任，故其是一种风险较高的防御方式。不过，附理由抗辩意味着原告不可能永远都作为进攻方，被告方借此获得防守反击的机会，能够在庭审中完成自己的进攻，从这个角度讲抗辩是一种"危中寻机"的方式。

目前，学界对当事人具体化义务的研究很少具体到抗辩阶段，对于辩论过程中对方当事人抗辩的事实主张达到何种程度才算达到了具体化之要求，并没有明确的说法。在进入庭审阶段,被告提出的抗辩主张,不仅应当与答辩状中的抗辩主张相一致,而且还应当是对该抗辩事实的进一步充实,换言之,进一步使抗辩的事实主张与法律条文相结合,以普通人的思维推导出抗辩主张所表明的法律效果。具体而言,辩论阶段附理由抗辩的当事人具体化义务需要达到"有理化"的程度——法官能够确信抗辩主张,并且此种抗辩能够产生抵消请求权的法律效果。但如果被告未能找到相应的抗辩所依据的实体法规范,即视为抗辩主张未达到具体化义务的要求,承担抗辩失败的后果,这与原告的事实主张失败承担败诉后果有相似之处。

一、附理由抗辩的当事人具体化义务概览

(一) 附理由抗辩的定义与要求

1. 抗辩的定义

抗辩并不是法律明确的规定,即便是《新民事证据规定》也没有明确规定抗辩。从广义上讲,抗辩可以分为实体法上的抗辩和程序法上的抗辩。实体法上的抗辩,往往以抗辩权的方式出现,如《民法典》中规定的同时履行抗辩权、不安抗辩权、先履行抗辩权等权利。程序法上的抗辩常见的是证据抗辩,如当事人的原告资格不适格、应诉法院没有管辖权、出示的证据不符合证据的三性要求等抗辩。当事人具体化义务的客体是案件事实的陈述——涉及的是实体法律规范上的要件,程序法上的主张并不是具体化义务的客体,因此本章所指的抗辩为实体法上的抗辩。

民事诉讼法上的抗辩指的是一方当事人提出的能够与对方主张的请求原因事实相互兼容却排斥其所产生的法律效果的事实,[1]最为常见的就是被告对原告的请求权提出的抗辩。它有以下两层含义:一方面,被告所主张的抗辩事实与原告所主张的请求原因事实"乃两立之事实",[2]进一步而言,被告提出的抗辩是新的"利己事实",[3]其目的在于被告试图通过自己提出事实并尽到主张义务,让该事实产生独立的法律效果,以此阻碍原告希望的实

---

[1] 参见李凌:"事实主张具体化义务的中国图景",载《当代法学》2018年第1期。

[2] 参见占善刚:"民事诉讼中的抗辩论析",载《烟台大学学报(哲学社会科学版)》2010年第3期。

[3] 参见邵明、欧元捷:"论现代民事诉讼当事人的主张责任",载《武汉大学学报(哲学社会科学版)》2015年第2期。

体法效果的发生。另一方面，此种"利己事实"与原告提出的原因事实具有一定的相容性，被告并不否认原告所主张的事实，而是认为该事实要件由于自己所主张的抗辩事实，无法实现相应的法律效果。总之，抗辩就是被告提出了新的事实，这种事实刚好能够阻碍原告事实主张的法律效果的实现。

2. 抗辩与附理由抗辩

理论界尚未就附理由抗辩的内涵、外延做出详细的阐述。附理由抗辩概念的提出，是当事人具体化义务的要求，对该概念的展开可以适当参考附理由否认的逻辑。否认可以分为单纯的否认与附理由的否认，前者是一种消极的否定，表明被告并未提出不同于原告的事实；后者则与之相反，被告积极地提出了不同于原告的新事实，并且这种新事实需要用证据加以证明。[1]当然，原告也能够用积极的否认去对抗被告的主张，附理由抗辩亦然。

但附理由抗辩的逻辑与附理由否认还是存有巨大的差异。被告提出的抗辩，在应然层面就应当是附理由抗辩，即要求抗辩的事实主张必须有充足之理由，并且要完成自己的主张责任，否则要承担败诉之法律后果。这是由于抗辩所附带的自认效果所决定的。此种自认，是附理由抗辩的重要的附带效果。被告的抗辩提出了新的事实主张，完成了攻防身份的转变，自己负有了证明责任，同时还免除了原告的证明责任，附理由否认则没有此种效果。此外，和其他的事实主张一样，此种新的事实主张也需要按照2021年《民事诉讼法》的规定，[2]对自己提出的新的"利己事实"负有主张责任，如果未尽到主张责任，抗辩主张得不到法律认可，客观上又承认了对方所主张的事实，当然会承担抗辩失败之后果。

（二）抗辩与重要概念的区分

1. 抗辩与抗辩权

抗辩与抗辩权二者的概念非常接近，联系也非常紧密。有学者将抗辩理解为事实抗辩，将抗辩权理解为一种法定权利。[3]事实抗辩，是基于一定的法定事由进行的抗辩，在合同纠纷与侵权案件中较为常见，比如常见的合同

---

[1] 参见占善刚："附理由的否认及其义务化研究"，载《中国法学》2013年第1期。

[2] 2021年《民事诉讼法》第67条第1款规定："当事人对自己提出的主张，有责任提供证据。"

[3] 参见柳经纬、尹腊梅："民法上的抗辩与抗辩权"，载《厦门大学学报（哲学社会科学版）》2007年第2期。

纠纷中，被告可以以合同无效、尚未生效等事由进行抗辩；在侵权案件中，被告也可以以如正当防卫、紧急避险、自助、受害人过错和第三人行为等为抗辩理由。从这个角度讲，抗辩需要明确的法律规定，但此种规定又很难称之为一种权利。

抗辩权是法律人较为熟悉的权利类型，其存在的意义在于对抗对方当事人的请求权，简而言之就是一种对抗权。最常见的是合同法中的同时履行抗辩权、先履行抗辩权、不安抗辩权等权利。之所以做二者的区分，是因为由于二者的差异，法官需要释明的程度有所不同。如有学者认为，事实抗辩中法官可以进行主动地释明，而对抗辩权则只能进行消极的释明。[1]

2. 抗辩与否认

民事诉讼中的否认是指，对于一方当事人所主张的事实，对方当事人可以采取否认、不知、自认、沉默等一种或数种态度。[2]"抗辩与否认的根本差异在于对请求原因事实的攻击路径：抗辩排斥请求原因事实发生的法律效果，承认请求原因事实的客观存在；否认直接排斥请求原因事实本身。在结果意义上的证明责任层面，以上本质差异填补了'抗辩者承担证明责任，否认者不承担'的论证缺口。"[3] 当事人否认具体化义务又称为附理由的否认义务、积极否认义务或具体化责任转移，[4]是指不负证明责任的当事人针对对方当

---

[1] 参见张海燕："论法官对民事实体抗辩的释明"，载《法律科学（西北政法大学学报）》2017年第3期。

[2] 参见 [日] 三月章：《日本民事诉讼法》，汪一凡译，五南图书出版公司1997年版，第315页。例如，上海市第二中级人民法院在审理黄某源与盛某不当得利纠纷二审民事案件的判决书中认为，"本院认为，不当得利的构成要件有四：（一）一方获得利益；（二）他方受到损失；（三）获利与损失之间具有因果联系；（四）获利没有合法依据。民事诉讼以"谁主张，谁举证"为原则，故主张不当得利返还请求权的一方当事人对构成不当得利的上述四个事实要件均负有相应的举证责任，而不应由获利一方当事人举证证明该获利具有合法依据，否则无异于免除主张权利人的举证责任，而加重获利一方当事人的举证负担。因此，本案当中黄某源应当举证证明盛某取得该系争款项没有合法依据。鉴于黄某源并未完成其举证责任，故原审法院判决不予支持其诉讼请求并无不当。至于盛某主张系争款项系其劳动报酬，虽也不能证明，但其该主张属于一种积极否认，并不需要承担相应举证责任。综上所述，原审认定事实清楚，适用法律正确。"在本判例中，法院认为被告的否认是一种"积极否认"，它不需要承担相应举证责任。"北大法意司法案例数据库，最后访问日期：2022年1月24日。

[3] 袁琳："证明责任视角下的抗辩与否认界别"，《现代法学》2016年第6期。

[4] 参见周翠："民事诉讼中具体化责任的转移：法理、条件与程度"，载《法学研究》2021年第5期。

事人所主张的事实向受诉法院陈述了与该事实不能两立的事实。〔1〕然而，在当事人否认之场合，否认陈述不具体的情况较为普遍，受到辩论主义之"利己诉讼"价值观，〔2〕以及"谁主张、谁举证"原则的影响，"当事人并不对任何人负有诉讼法上、公法上或私法上的诚信义务"〔3〕的观念根深蒂固，再加上立法中并未明文设定当事人否认具体化义务，以致实践中非负证明责任的一方当事人惰于履行义务成为常态，客观上破坏了司法的公正性、高效性，给我国司法实践带来较大的不利影响〔4〕：一方面，对方当事人无法有针对性地进行证据补足，背离了诉讼权利平等原则以及诚实信用原则的要求；另一方面，法官难以明确案件事实和争点，造成司法资源浪费，这从根本上与《新民事证据规定》的立法目的相背离。为了达到诉讼公正兼顾效率的目标，

---

〔1〕 参见占善刚："附理由的否认及其义务化研究"，载《中国法学》2013年第1期；包冰锋："论民事诉讼中当事人的积极否认义务"，载《证据科学》2015年第4期。

〔2〕 参见纪格非："我国民事诉讼中当事人真实陈述义务之重构"，载《法律科学（西北政法大学学报）》2016年第1期。

〔3〕 蔡章麟："民事诉讼法上的诚实信用原则"，转引自杨建华：《民事诉讼法论文选辑》（上册），五南图书出版公司1984年版，第10页。

〔4〕 对于否认一方当事人是否需要承担举证责任的问题，实践中较为混乱，例如，陕西省铜川市中级人民法院在审理田某洲、古某旗与古某正财产损害赔偿纠纷案时认为："依照法律规定，当事人对自己提出的诉讼请求所依据的事实或者反驳对方诉讼请求所依据的事实有责任提供证据加以证明。没有证据或者证据不足以证明当事人的事实主张的，由负有举证责任的当事人承担不利后果。诉讼过程中，一方当事人对另一方当事人陈述的案件事实明确表示承认的，另一方当事人无需举证。……本案中，田某洲请求判令古某旗赔偿推树款，其虽不能按照《中华人民共和国侵权责任法》第六条的规定，就其被侵权的法律要件事实进行举证，但古某旗和其证人刘军旗对于古某旗推树事实均予以认可，并且古某旗对于推掉田某洲60余棵苹果树数字不持异议，依照《最高人民法院关于民事诉讼证据的若干规定》第八条，应对古某旗认可的事实予以确认。因古某旗不能证明其推树是受田某洲雇佣，未能完成举证，而田某洲自称未雇佣古某旗推树虽然证明不足，但这种主张属于是一种积极否认并不需要承担举证责任，故应当由主张权利发生的古某旗承担败诉法律后果。"在本判例中，法院认为原审原告的主张（实为否认）是一种积极否认（本书称为附理由的否认），不需要承担举证责任。载北大法意司法案例数据库，最后访问日期：2022年1月25日。但是，江苏省盐城市某基层法院在审理一起民间借贷纠纷案时却作出了"积极否认"需要举证证明的认定。"关于这笔300 000元借款是否实际履行的问题，温某贞辩解未实际收到该300 000元借款，且李某兵不具备出借能力的问题。李某兵为证明其诉求，提供了温某贞出具借条和与温某贞的通话记录等证据予以证实，并就300 000元来源当庭予以说明，可以证实双方之间的借款已实际履行。温某贞在李某兵主张债权时，既未积极否认借贷关系，也未能举证证实其在出具借条后，按照常理有向李某兵要回借条或者声明该借条作废等行为，故对温某贞辩解李某兵未实际履行的意见，不予采纳。"在本判例中，法院认定被告李某兵的否认不是"积极否认"，也未能举证证明其否认辩解，因此对其辩解未予采纳。温某贞与李某兵民间借贷纠纷二审民事案件，载北大法意司法案例数据库，最后访问日期：2022年1月24日。

也确有必要在《新民事证据规定》中增设"当事人否认具体化义务"相关规定,与现行规范之当事人完整、真实陈述义务形成完整的闭合结构,将当事人双方真正放置于平等的诉讼权利和义务之下,推动民事诉讼的公正审判、高效审理,促进诚实信用原则落到实处。[1]

在司法实践中,抗辩与否认追求的法律效果都在于阻挡对方当事人诉讼目的的实现,是当事人防御的重要手段。从广义上讲,抗辩可以涵盖否认。抗辩就是对一方当事人提出的诉讼请求、事实主张所采取的各种防御方法的总称。实践中否认也常常被视为抗辩,如在民间借贷案件中,原告要求被告偿还借款100万,出示了借条等证据。被告辩称并没借款,详细说明借条的缘由,并提出原告没有借款能力的事实。按理说,"被告辩称并没借款"这一事实应当认定为被告方当事人对原告所主张的"借条"的否认,甚至该种否认是一种附理由的否认。但法院并没有详细地区分二者,将这一事实认定为抗辩——"被告抗辩未借款"。[2]区别二者的意义在于证明责任、举证责任的分配问题。在上述案件中,"被告辩称并没借款"这显然是否认原告的原因事实。如果被告所主张的事实是"本人已经还款",这才可能算作是抗辩。二者的区别在于法律效果不同。抗辩的法律后果在于被告承认了自己借款的事实,原告对借款事实无需加以证明,如果被告未尽到已还款的新的事实主张的证明责任,那么就会承担败诉之后果。但否认则不会具有抗辩的风险,即便是被告未就否认尽到主张责任,原告是否能够胜诉还是要考察原告的主张是否达到了具体化的义务。

事实上,二者可以作出也应当作出区分。抗辩与否认二者的区别在于,否认的目的在于不认可原告所主张的原因事实;而抗辩认可原因事实,但由

---

[1] 由于学界围绕当事人否认具体化义务的研究已经比较成熟,笔者也曾另有论及(参见黄毅、赵一平:"论当事人否认具体化义务之设定——基于诚信实效化的考量",载《天中学刊》2021年第4期),因此,本书就不再对此问题展开详细论述。

[2] 江苏省常州市新北区人民法院(2010)新民初字第1502号判决书,该案的裁判要点为:借条,是表明债权债务关系的书面凭证,一般由债务人书写并签章,表明债务人已经欠下债权人借条注明金额的债务。《合同法》第210条规定:"自然人之间的借款合同,自贷款人提供借款时生效。"民间借贷合同本质上是实践性合同,其生效应当以出借人给付钱款为条件,借条仅是合同成立的依据。债权人仅凭借条要求对方还款,但对方否认存在借款事实,并提出有力抗辩的,人民法院在认定是否存在借款事实时,应当综合债权人的经济能力、借贷金额、现金交付的方式和债权人、债务人之间关系以及庭审中当事人的细节等进行分析,综合判断是否存在借款事实。

于有新的"利己事实",可以否定原因事实要件的法律效果。从时间上看,否认的争议点在于当事人双方所争议的事实是同一个事实,只是双方对案件事实的部分要件存在不同观点;而抗辩是原告主张原因事实后,被告又提出了另一个新发生的事实。事实上,二者在攻击目标上存在着巨大的差异,抗辩的攻击目标是阻止对方的请求权的实现,而否认是攻击对方请求权是否存在或是否有效。简而言之,否认是不赞同原告所主张的事实并质疑对方当事人陈述的事实主张的真实性,而抗辩是认可了该事实是真实的,只是认为该事实由于某些法定原因无法发挥其法律效果。

而在当事人具体化义务之下,从后果的角度看,二者的差异更加突出,单纯的否认还只是一种没有实际法律意义的陈述,只是提出一种质疑,而抗辩则会承担不利的法律后果。附理由的否认只是"当事人的事案解明义务"[1],有积极的、具体的陈述和说明义务,但这种义务即便达不到具体化的程度也并不必然导致败诉,[2]而附理由抗辩则是主张责任,未尽到主张责任是必然导致败诉的。

(三) 抗辩的分类

邹碧华法官将抗辩根据作用时间和范围,划分为"永久性抗辩、暂时性抗辩和限制性抗辩"这三种类型。[3]也有学者根据抗辩的作用,将其分为权利障碍抗辩、权利消灭抗辩、权利拒绝抗辩。这些分类意在说明,抗辩具有阻碍请求权的效果,比如永久性抗辩、权利消灭抗辩的内涵大致一致,都是请求权永久地丧失实体法律效果,分类的实践意义在于当事人在选择抗辩事由时能够根据现有证据,选择最优的抗辩理由。

---

[1] 袁琳:"证明责任视角下的抗辩与否认界别",载《现代法学》2016年第6期。

[2] 需要注意的是,否认不具体虽然不会必然导致败诉,但在对方主张充分具体的情况下,否认一方不能提出具体附理由的证据,也会导致不利后果。例如,在2015年青岛市某基层人民法院审理的"陈某军与翁某民民间借贷纠纷一审民事案件"中,法院在裁判分析过程中认为"被告的该辩解系附理由的否认,应当由被告承担举证证明责任。原告对被告的该辩解予以否认,被告未能举证证明其所陈述的事实,且也不能说清关某某的具体身份、住址等基本信息,本院对被告的辩解不予确认。结合本案事实以及被告不能完成对涉案200万元附理由否认举证证明的事实,本院能够确定本案借款人、出借人的姓名、标的和数量,即,本院确认原告所称的涉案200万元系被告借原告的款项。合法的借贷关系,受法律保护。……原告的诉讼请求本院部分予以支持,被告的辩解无事实和法律依据,本院不予支持。"载北大法意司法案例数据库,最后访问日期:2022年1月24日。

[3] 参见邹碧华:《要件审判九步法》,法律出版社2014年版,第85页。

二、附理由抗辩具体化义务之缘由

（一）主张责任的要求

依主张责任之法理，不负主张责任的当事人是无需做出具体陈述的。实体法上的抗辩作为主张性陈述的一部分，当事人一旦提出便负有主张责任。而判断主张责任的重要标准就在于是否尽到具体化义务。如果当事人对于抗辩的事实主张的表述不具体，未能清晰地论证抗辩所依据的法律规范及其事实主张，则自己的抗辩主张无法发生法律效力，反而会因为自认承担不利的后果。

（二）审理效率的要求

附理由抗辩，一方面能够促进争议焦点的形成。由于附理由抗辩提出了新的事实主张，这就表明被告的新主张具有"自认"的效果，在原告所主张的原因事实要件上不存有较大的争议，这些没有争议的事实就可以直接作为法官裁判的依据。真正的争议焦点在于被告提出的新的"利己事实"，法院就可以把审理的重点放在抗辩的事实主张上，压缩审理的范围，提高审判的效率。当然，原告又可以对新的事实主张提出自己的否认或抗辩，使庭审更具有对抗性，不再流于形式。另一方面，也能够进一步明确双方证明责任分配。通过原被告双方攻防的转换，使证明责任在原被告之间正确地分配，有利于加快证据调查的整体进程，以及法官对抗辩履行良好的释明义务。

在实务操作上，可考虑让抗辩方将抗辩具体理由（包括否认具体理由）做成示例的表格并在庭审中提出，以提高抗辩效率。

示例1：

序号	原告证据名称	原告证明目的	被告质证意见	被告证据	备注
证据1	当事人双方之女《出生医学证明》《出生医学证明》首次签发登记表以及人口信息。1-3页	证明当事人双方之女为原告与被告的非婚生子女。	这恰恰可以印证被告对原告的信赖。		

续表

序号	原告证据名称	原告证明目的	被告质证意见	被告证据	备注
证据2	照片一组。4-8页	证明原告、被告、当事人双方之女一起日常生活的情况。	同上。		
证据3	1. 被告名下位于××房《不动产登记表》。2. 《××银行支付系统凭证》。3. 原告名下中国××银行账号为××的部分《个人活期明细查询》。9-12页	原告借被告名字购买的位于××房，以及原告通过其名下××银行账户于××年××月××日刷卡全额支付购房款××元的事实。	1. 对证据的关联性有异议，不能达到"借名购房"的证明标准。原告虽然有刷卡支付行为，但是其使用的钱是当原告需要用钱时被告给其打款累计××余万元中的一部分，这正是原告代为刷卡行为的根本原因。2. 无借名协议等。【原告刷卡××元，房屋现估价××万】	从××年××月××日到××年××月××日期间当原告需要用钱时被告给其打款累计××余万元。	
证据4	被告名下××房《不动产登记表》。13页	原告借被告名字购买的位于××房的情况。【购买价格××万】	1. 对证据的关联性有异议，不能达到"借名购房"的证明标准。原告仅转账××万元。2. 无借名协议等。【原告刷卡××万，当时房屋购买价××万，房屋现估价××万】	被告给原告××年××月××日的××万打款凭证。可抵销原告××万元。	

续表

序号	原告证据名称	原告证明目的	被告质证意见	被告证据	备注
证据5	1. ××不动产登记资料证明表。 2. 商品房交易登记申请表。 3. 被告名下《××商品房销售登记备案表》及银联付款存根。 4. 原告名下××银行账号为××的部分交易明细。 14-18页	原告借被告名字购买的位于××房，以及原告通过其名下××银行账户于××年××月××日刷卡支付购房款首期款××元的事实。 【购买价格××万元】	1. 对证据的关联性有异议。原告刷卡××万，只占总房价四分之一。 2. 无借名协议。 【当时房价总××万，房屋现估价××万】	1. 被告在××年××月××日还房贷××万，××年××月××日还房贷××元。 2. 可推定××年前被告还有银行还房贷流水。	
证据6	1. ××幢独栋别墅不动产登记资料证明表。 2. 房地产登记申请书。 3. 房地产登记申请书（续表）。 4. 别墅照片。 19-23页	原告借被告名字购买的位于××独栋别墅的情况。 【购买价格××万】	1. 对证据的关联性有异议。原告缴纳定金××万后说不买了，定金也不需要退了。原告仅刷卡××万元，仅占总房价百分之五。 2. 无借名协议。 【当时总房价××万，房屋现估价××万】	1. 销售人员的证人证言。 2. ××万元的房款凭证以及后续××万元的银行按揭还款记录。	
证据7	1. 被告名下××车辆信息查询情况表。 2. 原告名下××银行账号××的部分交易明细。 24-26页	原告借被告名字购买××车一辆，并于××年××月××日通过原告名下×银行账户支付购车款××元。	1. 对证据取得的合法性有异议，对证据的关联性有异议。 2. 无借名协议。	1. 可用以前给原告打款抵销。 2. 被告还另外购买了两辆车：××牌汽车、××牌汽车。	

续表

序号	原告证据名称	原告证明目的	被告质证意见	被告证据	备注
证据8	1.××与原告《结婚证》。 2.××身份证。 27-28页	证明原告与××于××年××月××日登记结婚的情况。	可看出原告比被告大××岁，被告恋爱时仅××岁，可印证被告对原告的高度精神信赖，所以当原告需要用钱时被告给其打款累计××余万元。		
证据9	1.××有限公司营业执照、公司股东（发起人）出资信息、××年验资报告。 2.公司名称核准变更登记通知书、××有限公司营业执照。 29-41页	原告弟弟××与被告于××年成立公司的基本情况。	这恰恰可以证明被告独立的经营收入。可以证明当原告需要用钱时被告给其打款累计××余万元的财产来源。		
证据10	1.情况说明。 2.原告名下××银行账户为××的部分《个人活期明细查询》。 3.××名下××银行账户为××部分《个人活期明细查询》。 4.《××房地产买卖合同》××年××月××日。 42-52页	1.原告借被告名义购买的位于××房的事实。 2.证明××年××月××日××与被告签订买卖合同，并在××房地产登记中心办理了过户手续。××年××月××日原告支付给卖方××万元房款，××收到购房款的事实。	1.证人××未到庭接受质证，因此不能认定该"情况说明"是否为其本人书写签名和捺印。 2.××与原告系多年朋友关系，对该证言的真实性有异议，证明力也有问题。且该证人为什么未到庭接受质证。 3.该证言并不能直接证明借名买房的事实。让一个正常有理性的人，存在对"银行按揭款支付"的合理怀疑。	被告向原告××年××月××日的××万打款凭证。可抵销原告××万元。	

第三章 庭审对抗中当事人具体化义务

续表

序号	原告证据名称	原告证明目的	被告质证意见	被告证据	备注
证据11	1. 原告名下××银行账号为××《零售客户交易清单》。 2. 银联pos签购单××年××月××日。 53-54页	证明原告于××年××月××日支付给××有限公司关于××幢别墅购房款××万的事实。	1. 对证据的关联性有异议。 2. 原告缴纳定金××万后说不买了，定金也不需要退了。原告仅刷卡××万元，仅占总房价百分之五。 3. 无借名协议。 【当时总房价××万，房屋现估价××万】		

示例2：

序号	原告证据名称	原告证明目的	被告质证意见	被告证据
证据1	被告名下××银行××《××银行日记账》表。	被告该账户为××公司营运收支账户，资金系营业收支，不是被告个人所有资金。	对证据的真实性有异议。该证据既无公章也无签名，仅由打印机打印而成，没有民事诉讼法上的证明力。	
证据2	××刑初字第××号《刑事判决书》××年××月××日。	证明××、××、被告之间的关系，以及原告在合作经营××公司期间，被告账户作为营运收支，××是公司财务人员，也掌握被告的个人银行卡做营运之用。	对证据的关联性有异议。（1）原告方自己提交的××刑初字第××号《刑事判决书》××年××月××日第5页显示××公司返还退费的账号为被告尾号××的账号。而我方上次举证期限内举证的是被告××银行尾号××和尾号××的账户向原	

续表

序号	原告证据名称	原告证明目的	被告质证意见	被告证据
			告打款××万元，《刑事判决书》显示的账号与我方上次举证的账号不一致，因此原告主张的××账号与本案无关联性可言。（2）未显示××是哪个银行的账户（3）刑事判决书中证人××证明被告是公司实际负责人（第4页）；被告××供述被告是公司股东（第6页）。这两项事实已被具有最强证明力的刑事判决书所确认，足以证明被告因经营公司有丰厚收入，有能力独自购房、购车。	
证据3	情况说明以及说明人身份证复印件。	××是财务人员，与被告是同事，被告银行卡号是作为公司营运之用，不是被告个人资金。	对该证人证言的真实性有异议。（1）证人××未到庭接受质证，因此不能认定该"情况说明"是否为其本人书写（打印）、签名和捺印。（2）退一步讲，即使假定该"情况说明"是××签名，但××的这个"情况说明"与其在前述××案刑事审判中所作的证言明显不一致，	

续表

序号	原告证据名称	原告证明目的	被告质证意见	被告证据
			其在刑事审判中作证:"××公司的实际负责人是××、××、被告。"(注意是句号,也就是说××公司的实际负责人只有这三人),并没有提到原告与该公司有半点关系!而××现在却在"情况说明"中证明"被告是主管,××是负责人,还有××、原告等人。原告有投资",这是与刑事判决书自相矛盾的证言。刑事判决书是国家司法机关制作的司法公文书,具有最强证明力,其证明力当然远远大于一个没有出庭接受质证的证人证言,并且这个××的证言还是自相矛盾的,违背民事诉讼法的禁反言原则,鉴于××违背禁反言原则,我方合理怀疑其整个证言的真实性。	

续表

序号	原告证据名称	原告证明目的	被告质证意见	被告证据
证据4	自××年××月至××年×月期间，被告名下账号为××及账号为×××两个银行账户向××名下××银行账户为××账户转账的流水记录。	被告银行卡是××公司营运之用，其账户资金不是个人资金，更不是买房之用的资金。	（1）对该证据的真实性和合法性有异议。银行流水单的持卡人××既未到庭也未亲自出具任何书面证明材料，因此我方质疑该证据的真实性和取得该证据的合法性。 （2）对方未提供××的身份信息，因此不能查明××是做什么的，更不能证明被告给××的打款是公司营运之用。 （3）《刑事判决书》第3页显示××公司是在××年才成立的，而××与被告的第一笔流水却发生在××年××月××日，《刑事判决书》证明的日期与原告主张的日期明显不一致，据此我方认为对方主张被告的银行卡是公司营运卡的事实不能成立。 （4）对该证据的关联性有异议。假定该银行流水单为真实的，但其只能证明被告与××之间的经济往来，这与本案的事实无关联性可言。	

三、附理由抗辩具体化义务之要求

按照通说,当事人具体化义务会因为诉讼阶段的不同而有所差异。在起诉阶段,出于对当事人诉权的保护,具体化义务的最低标准仅为诉讼标的的明确,而此处诉讼标的的明确需要做一个广义的理解,包括诉讼请求,事实主张与理由、管辖理由等均需达到具体化的程度。随着诉讼的深入,在庭审辩论阶段,当事人的具体化义务的要求理应更高,有学者认为抗辩阶段的事实主张的具体化义务标准在于使原告能够确定其防御对象,"使法院能够审查被告之抗辩有无理由"。[1]具体而言,"有无理由"就是要求抗辩主张"有理有据"。有据即要求抗辩主张的"合法性"——必有相应的实体法律规范作为依据,而且该依据能够阻碍请求权;有理,则要求抗辩主张的合法性与事实相结合,通过主张的事实加上法律规定就能够充分地论证出抗辩权。此外,要件事实中的重要细节也是具体化义务不可或缺的一部分。

（一）前提：抗辩作为一种防御性、被动的权利

抗辩的前提是原告具有实体规范上的请求权,并积极追求该种请求权发生自己期待的法律效果。因为抗辩不具有主动攻击性,不能通过诉讼主动去消灭请求权的实体法律效果,故若原告未行使请求权,则被告不能够主动主张抗辩。

案例1,在原告某公司诉被告某县政府一案中,被告向原告出让国有土地,约定在土地挂牌成交后,被告于4个月内交付土地,原告在7天内交清一半价款。但被告未在约定的时间内交付土地。原告请求法院确认其享有的同时履行抗辩权,不承担迟延交付剩余土地款的违约责任。一审法院确认原告行使同时履行抗辩权成立,二审法院撤销原判,其理由在于抗辩权是对抗请求权的权利,两者有着时间上的先后关系,没有请求就没有抗辩。由于被告未向原告要求支付违约金,原告也无须抗辩。[2]

（二）附理由抗辩需重点强调"有理有据"之要求

此时的诉讼进程已经处于庭审阶段,被告也不太可能提出新的证据。即便是提出了新的抗辩事实主张,此种事实也是建立在原有的证据之上。比如在合

---

[1] 王聪、郑则川："有序与效率：当事人主张的具体化义务研究——以民事诉讼为视角",载《西南政法大学学报》2012年第1期。

[2] 参见江西省高级人民法院（2011）赣民一终字第77号判决书。

同之诉中，原告要求被告履行合同支付相应的价款，但在庭审中被告发现这是一个没有履行先后顺序的双务合同，于是就以同时履行抗辩权进行抗辩。此时，虽然被告提出了新的抗辩事实，但是此种抗辩事实所需的证据已经在合同中，无需另外提交，而且这种新的事实主张的重点就在于要达到"有理有据"的程度。

案例2，在原告周某诉被告蔡某林一案中，原告于2012年被国家知识产权局授予了"玻璃贴纸（倩影）"外观设计专利。随后，原告发现被告销售的"相依相偎"玻璃贴纸与自己的"玻璃贴纸（倩影）"完全相同。原告认为被告侵犯了自己的外观设计专利，请求法院判令被告停止销售并赔偿经济损失10万元。一审诉讼被告败诉，而在二审诉讼程序中被告以现有设计为抗辩理由，并尽到了主张责任，因此得到了法院的支持。[1]

此案例说明，附理由抗辩需要以实体法律规定的抗辩事由为合法性基础，要求被告的抗辩主张必须符合法律关于抗辩的规定。这就要求被告应当从原告的请求权入手，找到相应的抗辩事由。该案是基于侵犯专利权而产生的请求权，按照侵权责任法的相关理论，被告要对抗基于侵权所产生的债权请求权，除非有法定理由，否则不享有抗辩权。一般而言法定理由的抗辩包含了正当防卫、紧急避险、不可抗力、受害人的过错等。而在案例2中，被告所选择的抗辩事由是专利法中特别规定的现有抗辩［《中华人民共和国专利法》（以下简称《专利法》）第67条的规定］。[2]在找到该附理由抗辩的依据之后，被告还需要将法律依据与事实结合，从事实的角度推导出自己具有抗辩权。

（三）附理由抗辩需有重要细节

被告在找到抗辩的相关法律规范后和抗辩事实的陈述相结合，这种抗辩可以对抗原告请求权。此时，保障作为防御方的原告的防御利益也极为重要。因为对抗辩的事实主张的陈述详细与否会影响到原告进一步防御对象的明确。比如案例2中被告就尽到了当事人具体化义务，该被告在二审中陈述了详细的细节——"通过2011年第八期宣传册，证明在2010年至2011年玻璃贴纸（倩影）产品已在市场销售，早于涉案专利申请日2012年2月21日"。基于抗辩主张中的细节，原告可以将攻击的重心放在宣传册上，可以对宣传册进行质疑。

---

［1］ 参见江西省高级人民法院（2013）赣民三终字第15号判决书。

［2］ 《专利法》第67条规定："在专利侵权纠纷中，被控侵权人有证据证明其实施的技术或者设计属于现有技术或者现有设计的，不构成侵犯专利权。"

四、法律后果以及释明义务

（一）法律后果

如上文所述，附理由抗辩附带着自认原因事实要件之效果，如果被告的抗辩事实主张未能达到合法性之要求，即抗辩没有正当理由，意味着被告没有抗辩或抗辩失败，从而承担败诉之后果。

（二）法官有限的释明义务

在法庭辩论阶段，法官是否需要对抗辩主张进行释明，一直是一个备受争议的话题。因为法官对权利抗辩进行释明，很可能会存在引导当事人行使抗辩权，法官会丧失居中审判的地位等问题，判决结果的公正性也可能会引发败诉方的质疑。但如果法官不加以释明，当事人之间的纠纷也很难得以解决，例如在违约之诉中，法院在审判中发现原告与被告之间订立的合同效力存有问题，但被告并没有以此抗辩，面对这种情况法官便以合同效力需要认定为由，裁定驳回起诉，[1]但纠纷并没有得到实际解决。

因此，在法官中立的前提下，法官的介入应当是有限的，一般而言不要轻易介入，比如在涉及诉讼时效的抗辩时，被告未提出时效抗辩，法官就不应该进行释明。但是在涉及有关原告的请求权成立的事项，或者法律关系是否合法等问题上，法官不受附理由抗辩（附带自认效果）的约束，可以通过发问的方式进行释明。这样既能够查明案件实情，又能够恪守中立原则。

第三节　当事人具体化义务视角下证据随时提出主义的禁止

举证制度作为民事诉讼制度的重要一环，具有约束当事人规范举证和避免诉讼迟延的制度使命。但在现今制度下，囿于当事人具体化义务缺失，诉讼迟延、不规范举证、程序空转等问题频发，损害当事人利益的同时诱发制度危机。当事人具体化义务的建立在一定程度上是现在举证责任制度重新发挥功能优势的重要途径。明确具体化义务，有利于规范举证制度，重新回归举证制度的设立目的，并进一步提高制度效能。

---

[1] 陕西省西安市雁塔区人民法院（2017）陕0113民初14424号裁定书。

一、问题的形成

所谓"迟来的正义非正义",在当今民事诉讼案件激增、案件日益复杂、纠纷形态多样化的现状下,民事诉讼案件的解决更加凸显对效率原则的期待,因而在制度设计上适用举证责任制度,使用客观证明责任的程序构建方式在一定程度上缓解了司法纠纷解决周期长的问题。客观举证责任通过赋予双方当事人以不利后果的方式促使其积极举证,以快速推进诉讼进程,发现案件真实,矫正现行司法中诉讼周期长、法院负荷重的现状。

根据其证据提出的时间,举证制度可以分为同时提出、适时提出和随时提出三大类,我国曾经实施"证据随时提出主义",坚持"以事实为基础,以法律为准绳"的实质正义要求。在制度初设、程序架构尚不完备之时,实体正义诚然应是法律制度的首要期待。但随着社会进步,经济发达,民事案件数量激增,证据随时提出主义逐渐显现出其缺陷,出于对诉讼效率的追求,需要对双方当事人设定举证义务来加速诉讼进程,故迎来了证据适时提出主义,以各类惩戒措施和客观举证责任来赋予当事人促进诉讼义务。但在制度初设时,由于我国律师代理率低、当事人诉讼水平不高、制度体系不完善等,最终产生了与切实解决纠纷的制度目标背道而驰的法律后果。故,在经历了一系列缓和立法之后,最终形成了现今的修正版的证据适时提出主义。

但随着经济的进一步发展和教育水平的提高,我国的法律人才逐渐增多,诉讼手段也随之增强。修正证据适时提出主义由于缺乏具体明晰的判断标准,惩戒手段缺乏严厉性,往往无法制止恶意的诉讼拖延,无法有效遏制证据突袭,无法真正限制摸索证明等不当诉讼行为。为了在实践中引导双方当事人行使正当的诉讼手段,避免诉讼迟延,有必要对现今的修正证据适时提出主义做出修正,笔者认为,课以当事人具体化义务是修正现状的有效进路之一。明确适时举证制度中的主张具体化、禁止摸索证明等要件,重塑举证失权标准,是促进诉讼进程、避免双方当事人不良行使诉讼权利的有效手段。

二、当事人具体化义务视角下证据提出制度的基本内涵和现状

(一)我国证据提出制度

1. 从证据随时提出主义到证据适时提出主义

为满足民事经济审判方式改革的需要,使当事人举证更具能动性,举证

时限制度在部分地方开展试点，但由于地域不一，该制度的设定准石和举证迟延的不利后果往往缺乏统一标准尺度，甚至可以说是南辕北辙。[1]

在制度建设中，举证时限制度建立伊始是由各地方法院根据试点实践来进行构建的。[2]亦有学者对此持认同观点。[3]有学者提出迟来的正义即非正义，因此，对事实主张和证据迟延提交的情况应做排除性处理。[4]据此，《民事证据规定》首次对该制度作出了规定，并在适用范围上覆盖全国。此标志我国从"证据随时提出主义"进入到了"证据适时提出主义"。而此制度的核心约束模式是通过证据本身丧失证据权利的方式来对当事人行为进行约束性限制，也即所谓的证据失权，当事人超过规定时限而提交的证据，原则上不再对其进行调查，进而不再具有能够支持事实的证据效力，换言之，逾期证据本身丧失了证据能力和证明作用而不再被采纳。[5]

有学者提出，1982年至2002年实行的证据制度是使用"新的证据"这一定义的扩充，来重新对逾期证据赋予可采性，使其可以作为证据而证明事实。但是在《民事证据规定》发布以后，通过对"新的证据"的范围进行调整，我国的举证制度经历了从严格的证据失权到缓和的惩罚机制的阶段。[6]《民事证据规定》无疑是顺应民事经济审判方式的改革，致力于充实庭前程序，在程序早期促使双方进行证据初步展示，从而有利于厘清双方争议点，便于法院确定纠纷，促使下一步审判程序的迅速展开，有利于纠纷的解决和连续集中审理。迫于民事案件的激增，复杂程度的攀升，法院的人力物力有限，出于对诉讼效率的追求而诞生的举证制度，事实上却偏离了制度初设的轨道。

2. 修正后的证据适时提出主义

2002年确立的举证制度实则十分契合大陆法系的民事诉讼原理。司法资源有限，如何优化资源配置本身是司法制度的重要命题，基于此，赋予当事

---

[1] 参见吴俊："适时提出主义——以'新的证据'与证据失权的关系为中心"，载《北方法学》2019年第1期。
[2] 参见赵争平："浅谈举证时限的设立"，载《人民司法》1996年第6期。
[3] 参见陈桂明、张锋："民事举证时限制度初探"，载《政法论坛》1998年第3期。
[4] 参见赵秀举："排除时效初探——兼对举证时效的质疑"，载《北京科技大学学报（社会科学版）》2000年第1期。
[5] 参见陈浩然：《证据学原理》，华东理工大学出版社2002年版，第131页。
[6] 参见吴俊："适时提出主义——以'新的证据'与证据失权的关系为中心"，载《北方法学》2019年第1期。

人诉讼促进义务来保障资源的公平分配。而诉讼促进义务本身又暗合民事诉讼法的诚实信用原则，这不仅能保护当事人本身，亦是对对方当事人的保护，使得双方能获取迅速裁判的利益。

但《民事证据规定》自实施之日起，实践中对该条规则的适用就存在两种大相径庭的方向：一是严格尊重该制度的期限设定，对当事人超越期限而提供的证据予以失去证据权利的后果；二是缓和的期限制度，尽管该期限仍然存在，但当当事人出现迟延举证情况时，该举证并不一定失去证据能力。通常在此情况下，还限定了对方当事人异议和该证据并非要件证据的双重限制。[1]

这样截然相反的适用倾向，与我国本身诉讼代理率低、当事人诉讼水平不高有关。法院的举证通知书往往是一种概括性的格式文本，这种格式文本通常都具备常用术语、官方式概括陈述、抽象式陈述的特色。在我国现今民众的法律水平下，文书之要求是远远超过一般当事人的阅读能力的。这样的后果往往就是，当事人仅仅凭借自身阅读，很难理解文本背后的真实权利义务关系和对自己的直接不利后果的影响，[2]以至于严格适用举证失权制度极易引发当事人不满，而无法达到解决纠纷的效果。而由于当事人诉讼水平问题，最终裁判结果离客观真实也相去甚远。法院出于遏制上诉率的考虑，往往只能对"新的证据"进行扩充解释，避免证据失权的适用带来不利后果。事实上，当事人出于对诉讼结果的不满，频繁上诉上访，本身对于司法资源来说也是更大的损耗，而严格适用证据失权原则体现的程序正义和其制度背后的公正价值在当时并不被社会主流价值观所接受，故而更易引发制度风险，动摇判决既判力和司法安定性。对当事人来说，获取正当利益的判决的救济成本也增高。故而这样的制度最终仅仅停留在文本而无法落实于实践。

最高人民法院2008年出台的《最高人民法院关于适用〈关于民事诉讼证据的若干规定〉中有关举证时限规定的通知》（以下简称《举证时限规定》）对该制度进行了一定的缓和性修改，通过对其严厉的不利后果进行缓和而使得整体制度晕染上了一层温和的色彩。其一，对举证时限进行了规定，除了

---

〔1〕 参见夏正芳："关于我国举证时限制度的解读与完善"，载丁巧仁主编：《民事诉讼证据制度若干问题研究》，人民法院出版社2004年版，第104页。

〔2〕 参见曹智勇："证据失权制度的落实与完善——举证时限和证据交换规则的评述和展望"，载丁巧仁主编：《民事诉讼证据制度若干问题研究》，人民法院出版社2004年版，第154页。

法定的不低于30日的期限,还增加了由法院酌定的期间,为当事人新的主张和证据给予了合法空间。其二,对"新的证据"本身的范围扩大,并赋予法院适当的裁量权。在举证失权制度的语境下,"新的证据"代表例外,代表举证失权的不适用,通过扩张"新的证据"的范围,可以一定程度缓和该制度的严厉性。在2008年的《举证时限规定》中,"新的证据"的范围在文本容量上进行了扩大,纳入了当事人主观的状态是否故意或重大过失的限制条件,不仅仅考虑证据生成时间这一客观标准,还引入了主观标准,一定程度上通过赋予法官自由裁量权的方式在个案中予以调解。

(二) 当事人具体化义务语境下的我国证据提出制度

在我国现行举证制度的语境下,为了回应制度期待,顺应民事审判经济方式的改革,赋予当事人具体化义务成为有效手段之一。当事人的具体化义务含有主张具体化的要求,为双方提供明确的证明标准——主张的事实达到可以用法律规范去评判的程度,便利对方当事人可以及时防御、禁止证据突袭。同时,辩论主义模式下主张具体化要求当事人自己为自己的主张提供一定依据以形成有效举证,而禁止了当事人借助模糊举证的方式转移客观证明责任,使本来不掌握的诉讼资料,因为客观证明责任的转移而迫使对方暴露,或者借助法院职权摸索证据。

所以,当事人具体化义务暗合我国举证制度的困境解决,但是如何构建我国现行举证制度语境下的当事人具体化义务,仍然是一个亟待明确的问题。我国目前并没有明确的主张责任规定,主张责任具体化应是一个体系结构,如果脱离了主张责任的具体化标准去谈分配,那么结果无疑是将所有期待归于法官的自由裁量权。而自由裁量权如果脱离一定标准,那么得到的必然就是判决不一的风险,更难以实现规制我国举证制度、约束双方当事人举证行为的期待。

故而,我国举证制度语境下的当事人具体化义务如何构建?客观标准与主观标准如何确立?法院如何审查?在不同诉讼阶段如何体现?都是下一步要明晰的问题。

(三) 制度现状

在我国现行的举证制度中实质上并无完整体系意义上的具体化义务建构。根据2022年《最高人民法院关于适用〈中华人民共和国民事诉讼法〉的解释》(以下简称 2022 年《民事诉讼法解释》)第 226 条规定,人民法院具有法定义务,即根据双方主张厘清双方争议焦点,并就确定的争议焦点还要与当事人进行意见交流。该条款明确了庭前会议的主要功能是据此确定争议焦点,便于促进诉讼进程。然而本条仅仅赋予法院作为义务,而庭前会议的功能能够真正实现,还要依赖于双方当事人的主观意愿。这样的设计似乎有违制度本身的意义,而容易产生程序空转的弊病。

根据 2021 年《民事诉讼法》第 128 条的规定,被告的证据提出实际上奉行任意性规则,仍然是证据随时提出主义。被告是否答辩并不影响诉讼权利,也没有实质性的不利后果。故而实践中,被告也往往不会在答辩期提交答辩状。碍于此款规定,原告的答辩往往也流于形式,出于对对方证据突袭的担忧,不愿过早暴露自己的攻击防御方法,使得庭前功能完全丧失,成为形式化程序。

通观 2021 年《民事诉讼法》,当事人对于新的证据的提出时机实际上具有任意性,因为这种时机实际上是近乎贯穿法庭始终的,故新的证据也不会轻易丧失证据效果。证据效果的丧失要经历两重限制,其一是当事人因为重大过失和故意,其二是证据本身不影响案件基本事实的认定。这就使得主要证据在实践中完全不会失去证据效果。而这一制度设计,对于双方当事人来说,一边是胜诉后的巨大利益,一边是惩戒罚款一类的软性约束,当事人最终选择隐藏证据,恶意突袭的可能性极大。而实践中亦是如此,往往是"不打一审打二审",案件的基本事实要经历两重审判程序才得到厘清,二审实际上成了一审的延续,对整个诉讼周期来说是一种超出制度允许范围内的延长。

根据 2021 年《民事诉讼法》第 68 条规定,当事人对自身陈述和主张负有证明其为真的义务,此为当事人的法定证明义务。从立法的一般层面可以推导出,在举证制度的构建中,当事人具有的证明义务不是单纯地提出证据的义务,还应包括完整提出证据的义务和保证证据真实的义务,这亦是大陆法系所通有的"诉讼促进义务"。但是因为缺乏对何时适用例外规定的具体化标准,一味由法官自由裁量决定举证时间,现行证据制度在举证时间的规定上实际适用了柔性标准。尽管有着客观证明责任的约束,但是由于时间的柔性标准,而使得双方当事人往往倾向于在整个诉讼进程的最末端才展开真正的辩论。

2021年《民事诉讼法》第142条第1款规定"当事人在法庭上可以提出新的证据",《新民事证据规定》第51条、第52条对前文的"新的证据"作出了进一步的解释,但是根据后者的解释,可以得出"新的证据"的范围等同于"逾期证据"的范围,那么现行民事诉讼法似乎就完全不存在因为逾期而丧失证明能力的证据了。

三、当事人具体化义务视角下证据提出制度的问题

(一) 偏离立法目的

我国现行的举证制度下的具体化义务虽然并无明确规定,但是亦有雏形。2021年《民事诉讼法》中第122条即明确当事人在起诉状中应载明具体的诉讼请求和事实、理由。但是在实践运行中,由于过度缓和举证制度的严厉性,使得在一些发达地区双方当事人普遍拖延诉讼进程以达到公平防御的效果。而在一些不发达的地区,却依然存在举证不规范的问题。

具体化义务规定的不明晰,使得只能通过立法目的去追寻其蛛丝马迹,故在司法实践中法官的释明往往也不到位。在部分不发达的地区,当事人的不明确举证往往是碍于自身诉讼能力,这种诉讼能力的低下本身可能是由于缺乏法律常识,无法把控诉讼焦点而关注事实陈述。这类情况通常通过法官积极释明即可解决。但是在一些发达地区,当事人可能就是出于故意采取这类模糊陈述的做法,一方面期待以摸索证明获得本身不掌握的证据。另一方面亦是想采取诉讼突袭,打乱对方攻击防御方法。这几乎可是说是现在常用的一种诉讼策略,这种策略从民事诉讼的原则来说就是一种不正当的举证方式,因为它不仅破坏了双方当事人的平等地位,也与民事诉讼的诚实信用原则背道而驰。

(二) 举证制度功能发挥受阻

具体化义务的规定不明晰,也难以规范举证期限之规定。因为举证期限是否拥有"酌定期间",在于逾期的一方是否有足够的理由支撑。而提出"酌定期间"的申请,本身亦是一种主张,故而要求当事人负有证明义务。如果仅仅是一种形式化的证明即可打破举证期限的设定,那么举证期限本身即是一种缺乏安定性的制度。制度缺乏安定性,则可能成为当事人"心理战"的一种手段,假若一方当事人欲恶意拖延以增加对方当事人的时间成本谋取胜

诉之利益，那么这种不公平必然是法律应当予以制止的。

举证期限的设定本身是举证制度的重要一环，亦是诉讼效率提升的有效手段。其不仅蕴含着制度期待，亦有助于保护当事人自身的利益。在诉讼过程中，一方当事人会因为诉讼进程的延长而付出更多的成本，这种成本既有显性成本亦有隐性成本，其中隐性成本亦为当事人创造一种现时不明显却可能有隐患的危机因子。而当下的法律制度，仅仅只为显性成本提供了补偿，而隐性成本无法估量。故而举证期限的设定本身有着给双方当事人提供提前估算诉讼成本的意义，如果举证期限频繁更改而处于不稳定的状态，对于当事人来说亦是一种不公平的制度设计。

(三) 程序空转之嫌

程序空转易造成诉讼迟延。这种程序空转已经贯穿整个诉讼进程，从庭前会议开始，其主要功能就是厘清争议点而使诉讼效率得到彰显。但是在审前的法律构建中，甚至没有强制要求被告有答辩义务，那么庭前会议到底是否有效展开，全依赖于双方当事人的主观意愿，甚至即使一方主动积极，另一方消极对待也不会有任何不良后果。因为双方的证明负担仅仅只有客观证明责任和惩戒、罚款之类的软性惩戒。实践中，双方当事人往往到诉讼程序的最末端才开展真正的辩论，那么之前的程序资源，无疑是全然浪费了。

在司法实践中，有法官表示在庭前确认争议焦点是很少见的，因为双方当事人在庭审中会提出新的诉讼主张，甚至提出新的诉讼请求，而被告也会据此提出新的答辩；更有甚者，当事人会否定审前提出的举证，或者更改此前的诉讼主张。诚然在当下，纵观整个法律体系，无论从立法精神也好，从法官期待也好，都反映出对于庭前程序的期待，庭前程序的完整进行，有助于确定争议焦点，便于通过一次开庭即可确定案件的客观事实，避免多次开庭带来的诉讼迟延和资源浪费。根据学者的调查，我国的法官也普遍认为庭前会议的功能没有充分发挥。只有12%的法官认为其有交换证据和归纳争议焦点的功能，42%的法官认为不是很明显，31%认为没有作用。[1]

造成此类问题的原因依旧是具体化义务的缺失限制了我国举证制度的功能发挥。从庭前会议来说，庭前会议要有效展开，须依赖于双方当事人的主

---

[1] 参见刘丹: "论当事人事实主张的应有规制——兼论民事诉讼中审前程序之完善"，载《理论月刊》2018年第12期。

观积极态度。从原告来说，原告要尽可能地提交有事实意义的证据，即一定程度上影响案件基本事实呈现的证据。而被告对于原告的主张，亦要积极答辩，而不可仅做单纯否认性主张，以免原、被告在诉答时证据交换程度不一，双方信息披露不充分，继而引发实质不公。但这样的理想情况实际很少发生，因为没有任何义务性规定去约束双方的举证，故而难以真正发挥庭前会议的作用。

（四）当事人权利保护

举证制度的设计初衷就含有保证双方当事人地位平等、保护诉讼中当事人权利的含义。落点到证据随时提出主义禁止视角下来说，禁止证据随时提出亦有保证双方当事人权利的内涵，缺乏当事人具体化义务之规定不利于当事人权利保护的实现。因为在诉讼进程之中，双方应尽量在一次庭审中保持举证水准的相同。如果出现一方出示证据，而另一方只进行单纯否认并且将证据出示留于之后的庭审，或者二审中再予以出示，无疑是一方获得了实际上的优势地位。这种优势地位主要体现在对于诉讼迟延的担忧上，如果考虑实体公正，那么在一方获得充足的时间进行反证后，本证方同样应当获得充足的时间再次举证，这便不利于诉讼效率。如果追求诉讼效率，那么必然又可能有碍实体正义的实现。这不利于证据适时提出主义的建构，因为适时提出的核心要义就在于在规定的时间内提出证据。

再者，具体化义务的缺失，不利于当事人正确认知自己的举证责任，如果不能完成自己的举证义务，那单次庭审就难以厘清争议焦点，而无数次的庭审又意味着证据随时提出主义的回归。在辩论主义模式下，法官的释明义务有限，而当事人碍于法律知识欠缺，举证往往不能达到证明标准，而就此面临承担不利后果的风险。因为欠缺具体化义务的具体维度，所以到底举证有没有达到规范标准就很难以一个清晰的客观要件去评析。当事人仅仅靠真实陈述和完全陈述未必能完成法律上的举证义务，当事人的举证既可能完全偏离自己的诉讼主张，也可能错失关键点而无法证明自己的主张。而诉讼中的辩论过程毕竟带有一定的技巧性，这种技巧性可以通过具体化义务这类客观标准给予当事人一个轴心效果，引导当事人围绕具体化义务的客观标准，量体裁衣式地规范自己的陈述。此时具体化义务就外化出了引导当事人清晰举证的效果，一定程度上保证了积极举证的当事人能切中要害，规范完成证明责任。

  "摸索证明"一词源自德国，被我国台湾地区所普遍使用。[1]对于其内涵存在不同见解，有德国学者认为，如果某一诉讼方试图通过模糊陈述来为新的主张创造证据，这种证据获得是基于对方的陈述而获得而非自己调查获得，或者说其陈述不含有任何实质性意义只是试探性的陈述，则为摸索证明。[2]亦有德国学者认为摸索证明是一种违法行为，认为摸索证明将导致举证不构成心证，摸索证明只是在利用模糊地阐述待证事实，试探性地滥用举证权，而试图从中获得有利地位能够将这类模糊的探索性陈述作为待证事实的证据。[3]而日本学者一般认为，诉讼方对拟陈述、证明的事实并不完全掌握证据，而是期望通过以些微的、推理性的陈述达到利用法庭调查权而获取实在的证据资料，从而只提出了不确切的主张的举证即为摸索证明。[4]

  当事人具体化义务脱胎于对于摸索证明的禁止，当事人通过该证明实质上是将希望寄托于法院的证据调查，法院相比双方当事人拥有更强的证据调查能力，故而通过此手段使对其他当事人遭受了信息获取渠道的实质不平等的伤害。举例来说，当事人通过摸索证明，提出抽象概括的主张，同时随意指出第三人，认为其应作为证人接受询问，使证人必须要回答无法确定的事实性的询问。若无具体化义务的约束，那么此时第三人的利益如何保护亦是难以回应的问题。

  而体现在证据调查中，若当事人仅凭抽象概括的陈述，即可要求法院调查证据，而不需要满足一定的证明标准去支撑自己主张的合理性，那么是否会存在滥用法庭资源之嫌。故而摸索证明是具体化义务首先需要去解决的制度问题。具体化义务作为一种诉讼负担，具有法律上的不利益后果，主要功能也在于节制摸索证明，避免当事人的恶意诉讼行为。

---

 [1] 参见［德］罗森贝克、施瓦布、戈特瓦尔德：《德国民事诉讼法》（下），李大雪译，中国法制出版社 2007 年版，第 861 页。

 [2] 参见［日］林屋礼二、小野寺规夫编著：《民事诉讼法词典》，新山社 2000 年版，第 372 页。

 [3] 参见［德］罗森贝克、施瓦布、戈特瓦尔德：《德国民事诉讼法》（下），李大雪译，中国法制出版社 2007 年版，第 861 页。

 [4] 参见周成泓：“论民事诉讼中的摸索证明”，载《法律科学（西北政法大学学报）》2008 年第 4 期。

四、具体化义务视角下我国证据提出制度问题的解决措施

（一）使具体化义务标准回归立法目的

具体化义务的要件由主观标准、客观标准、主体和义务内容构成。主观标准以当事人的主观状态为限，区分当事人对具体化义务的完成瑕疵属于主观恶意还是主观不能。主观标准的确立在于为证据提出制度的客观责任分配与惩罚机制的发挥提供依据。笔者认为，在制度具体设计中，对于当事人的主观状态应有三重维度：理性行使有效保障，精明行使适度容忍，不当行使必要矫正。理性行使指当事人全无主观恶意，而是碍于专业能力和认知因素对举证责任的完成存在瑕疵，此时应当有效保障当事人的举证权利，甚至进一步引导当事人规范陈述。而精明行使，则是指当事人使用了一定诉讼手段，主观上带有故意，对双方诉讼攻击防御之公平并无影响，但是一定程度阻碍了诉讼效率的举证行为。必须承认诉讼中使用一定的诉讼手段是可以容忍的，但是这类容忍并不是指全盘容忍，而是一定程度上辅以训诫、罚款之措施制约。从制度构造来说，阻碍诉讼效率的行为足够多的时候就影响了所有人获得公正判决所支出的成本，从宏观而言是一种不利导向。不当行使必要矫正，则是立足于当事人主观恶意，欲谋求不公平的利益，破坏了双方攻击防御之平衡。对于当事人主观恶意而抽象含糊举证，或者故意拖延诉讼进程以谋取对方当事人碍于高额诉讼成本而放弃获取公平判决之机会的主观动因，这类行为通常需以严厉的举证失权予以规制。因具体化义务是否完成是一个事实状态，故而根据当事人主观恶意程度可以设计不同的惩罚手段。当然，此处需强调，在精明行使和不当行使举证权中虽然都处于主观恶意而非主观不能的范围，但是二者并非泾渭分明，应当是互相有交界，或者一个层级式的恶意递增判断。当存在少数举证模糊时，为了减少法院负担，可以默认为适度容忍，而当次数逐渐增多，则应当判定当事人的恶意增加，而适用举证失权制度。

具体化义务的客观标准，则是判断是否完成单次主观举证责任，客观责任是否转移的标准。在我国证据提出制度的语境下，具体化义务是否完成亦是该举证是否会成为"逾期证据"的标准。从其构成来说，存在具体化义务的主体、义务内容和完成程度等标准，具体化义务的主体通常是等同于证明

主体的,指一方对自己所提出的主张负有证明义务。而完成程度是具体化义务的核心标准,一定程度上带有法官的自由裁量权,是法官的心证过程,对举证提出进一步要求,要求证明主体对自己所提出的主张负有完成一定证明度的证明义务,而若没有达到具体化义务的标准,则该举证可能视为没有举证,而逾期对此主张提出的举证则视为失权的举证。义务内容则是作为法官自由心证的范围,适合以列举式的形式载入立法,是约束法官自由裁量权的制度。一般我们认为,具体化义务内容应有真实义务与完全义务,当事人的客观陈述是主观上的真实状态和完全状态即可。不过笔者认为,此处制度设计除了概念式的原则性要求,也可以考虑以格式化规范的形式设置一种量体裁衣式的框架,而留白处予以当事人自由发挥。

(二) 强调法院的释明义务

我国当下证据提出制度难以回应制度期待的原因亦是碍于当事人诉讼水平不一。必须承认我国因地方发展水平不一,当事人抑或企业都天然地存在地位平等但是诉讼水平差距过大的情况。此时应当发挥法官的主观能动性,根据不同的情况明确其释明义务和调查权的行使。以程序效率为导向的制度设计亦应最大程度保障实体正义,不影响客观真实的发现。为了最大程度发挥当事人的能动性,促进当事人积极诉讼,而使用举证期限的限定来保障资源分配的平衡,以期待宏观上当事人获得公正判决的诉讼成本降低,降低诉讼门槛,更大地发挥诉讼制度的能力。

在当事人诉讼水平有差异时,举证期限的严格设定,可能一定程度阻碍了当事人的诉讼权利。对于诉讼水平较高的当事人来说,在诉讼前期的充分准备和更有效率的证据收集能够保证其在有效期内做好充足准备,并且确保自己的准备工作已达基本完成举证责任的标准。而对于一些诉讼水平有限的当事人来说,收集证据能力的不足可能导致期限紧张,而认知受限可能致使其错失时限而遭受不利益后果。对于此种情况,当事人在非恶意而受能力影响之下,我们应当赋予法官更严苛的释明义务。在诉讼起始之时,法官对举证期间的释明就应以当事人完全理解自己的责任和不利益后果为目标。而这种释明义务不仅仅使当事人明晰,还应伴随一定辅助当事人,以达到平衡双方诉讼水平的效果。例如法官在释明中不仅应确认当事人已经明晰,还可以适当强调值班律师的存在,发挥制度优势和制度功能,使当事人能够获得较为专业的辅导性建议。

基于举证制度设计伊始的效率原则期待，这种释明义务必然应因地制宜。在双方诉讼水平较高的情况下和发达地区，法官可直接采取格式化诉讼文书的形式通知双方当事人，以减少时间成本和法官的工作量。而在一些发展中地区，法官在前期的诉讼文书送达之时就应明确对当事人就具体化义务的要求进行单独说明，在诉讼中当事人举证没有达标时，亦应当对此情况进行释明。如果当事人反复举证模糊，法官还应行使一定调查，确认当事人究竟是举证不能还是恶意拖延。

笔者认为，法院的释明义务应成为制度构建中的核心内容，甚至在法院未履行基本的释明义务时，可构成程序瑕疵。法院在立案之时，就应送达相应的释明文书，在诉讼裁判中若一方当事人陈述未达具体化义务标准，法官应予以释明，经法院释明后当事人仍然陈述模糊时才可考虑适用惩戒措施。而这样的释明义务亦应体现在判决文书之中，以通过使用公开效力约束法官在适用惩戒手段时严格其心证过程。

（三）协调多元诉讼目的的实现

"诉讼目的直接制约着诉讼制度的整体构造以及审判模式的选择，具有鲜明的实践品格。"[1]每一种诉讼目的都有自己独特的价值导向，虽然有时候他们对于实践的指引作用趋于一路，但是在更多的情况下，他会存在内在的矛盾和张力。我们既不能单纯地只选取一种诉讼目的，这样会偏离制度本身的预期走向一条极端之路。我们亦不能不去区分不同诉讼目的之间的轻重缓急，平等地协调所有诉讼目的的实现，这样只会加剧实践适用的混乱和脱离实践。所以，我们要将不同的诉讼目的看作一个整体，在实践中不断去组合他们，去调配他们的位置，以谋求一种平衡协调发展之路。

我国的证据提出制度自2002年发展至今，不断地在追求诉讼效率还是追求实体真实之间游移，一开始纯粹追求实体真实的道路已不适合现在的诉讼现状，而一味强调诉讼效率又因我国实情而显得过于严苛。故而，我国采用了一种较为缓和的修正证据适时提出主义，一方面摒弃了证据随时提出主义的恣意，一方面又缓和了证据适时提出主义的严厉性。但是随着我国经济水

---

[1] 霍振宇："不同诉讼目的主导之行政审判模式间的整合与调适——面向审判司法实践的法解释论进路"，载《法律适用》2020年第6期。

平的提高，法律制度的完善，当事人诉讼水平的提高。法院的超负荷运转需要将诉讼效率的追求重新提上日程，而当事人的诉讼技术又使缓和的举证期限无法发挥其规制效果。故而，在现今的语境下，具体化义务的要求又提上了日程，但是我们必须立足于我国证据提出制度的语境，重新协调多元诉讼目的的实现，在追求诉讼效率的同时兼顾制度本身应具有的正义目的，虽然迟来的正义亦非正义，但是单纯的效率亦不能成为正义的替代品，应当协同并进，而非一枝独秀。举证制度本身作为一项程序，它的设计应以诉讼效率的追求为常态，以保护客观真实为例外，最终导向的是实际解决当事人的纠纷。

（四）基于当事人权利救济原则建立二审具体化义务审查机制

具体化义务的建构对于二审的意义在于，二审中对于"新的证据"的认定标准的重塑。目前我国的举证制度中，对于二审中提出的证据是否是"新的证据"有双重标准：时间维度的要求和证据重要性的要求。时间维度要求二审中提出的证据若要排除举证失权的效力，应是在一审之后才形成的证据或者当事人不基于自身过错的原因在一审后才发现的重要证据。而证据重要性则在时间维度的要求上扩大了"新的证据"的范围，即将一部分逾期证据纳入了可采性范围，逾期证据若涉及案件基本事实，影响案件审判，则不会遭受失权后果。换言之，我国现行举证制度的"新的证据"标准代表着我国举证制度所保护的是诉讼效率，而非当事人信赖利益。但是显然，在当今语境下，当事人的信赖利益权重不断提升，我们必须重新审视二审制度构建，明确具体化义务的标准。

在存在具体化义务要求的二审中，基于当事人信赖利益的保护，逾期证据原则上不予审查。因为具体化义务的要求已经在一定程度上规范并且明确了当事人陈述应达到一定标准，这种明示效果存在法律效力，并不是之前的一种内部的、隐含的要求，而成为一项显性标准。显性标准存在的意义就在于设立了一项最低限度的要求，并且这种限度可为所有人所知，而非要通过专业能力去探知。法官、当事人都受到这项标准的约束，所以当一审中基于当事人自身恶意或重大过失原因所遗漏的证据，应当由当事人自己承担过失。

第四章
庭审后当事人具体化义务

第一节 书面辩论的规制与当事人具体化义务

辩论原则中包含口头辩论和书面辩论两种形式。各国民事诉讼都基本提倡以口头辩论为原则,以书面辩论辅助口头辩论的实行。但是在司法实践中出现了口头辩论形式化的现象,就我国具体情况而言,口头辩论的形式化与书面辩论的盛行密切相关。为了实现庭审实质化、重新重视当事人的口头辩论,必须对书面辩论予以规制。对于书面辩论的规制,本部分将结合当事人具体化义务从诉讼程序各方面提出建议,在对书面辩论予以规制的同时,也应当注意口头辩论的加强。

一、问题的提出

书面辩论即双方当事人以书面语言形式进行辩论,当事人的诉讼请求、事实理由陈述、证据质证等都通过书面形式予以确认。与之相对应的是口头辩论,口头辩论即双方当事人当面以口头言语方式进行辩论。书面辩论由于审判不够"公开化"会给一些不法人员留下暗箱操作的空间或可能给败诉一方留下想象空间,不利于判决的公开公正,所以应当对书面辩论予以规制。对书面辩论是适当规制,而不是彻底否定、抵制,毕竟口头辩论自身尚有一定不足,我们可以利用书面辩论加以补足。对于书面辩论的规制、口头辩论的加强可以通过当事人具体化义务实现,"主张具体化要求当事人对其所提出的主张不仅需要做出具体的陈述,而且还禁止其为捏造和射幸式的陈述,需要其提供一定的线索和依据"[1]。

在我国审判方式以职权探知主义向当事人主义过渡的过程中，更加注重公开审理，让双方当事人进行充分的辩论，避免辩论形式化。但是我国的实际情况就是，已经出现了辩论形式化。书面辩论的盛行也是口头辩论形式化的重要原因之一。书面辩论的盛行容易让当事人猜测怀疑在判决过程中是否存在"暗箱操作"，不容易心悦诚服地接受判决，未达到实现案结事了、定分止争的目的。加强口头辩论，可以使庭审过程公开化、法官作出判决的过程公开化。要想加强口头辩论，可以从当事人的具体化义务角度来对书面辩论加以规制。

二、法庭辩论应以口头辩论为主

辩论原则是诉讼法中极为重要的一项基本原则，现行立法中对辩论原则的规定最为直接的是2021年《民事诉讼法》第12条[2]。通过立法形式给予当事人提出证据、质证、辩论的权利，法院在诉讼中处于中立地位，允许当事人提出攻击防御方法以保护自己的权益。在诉讼过程中，当事人可以采取书面辩论和口头辩论两种形式，两种辩论形式都有自己专属的历史时代，但是随着经济生活的多样化和生活水平的提升，不论是大陆法系国家还是英美法系国家都是以口头辩论为主，书面辩论为辅。

（一）口头辩论

口头辩论，从字面意思就可以理解，指当事人双方以口头言辞进行提出自己的主张、举证、质证、辩驳等行为。口头辩论有一个比较直观的优点，就是双方当面把事情说清楚，当面举证、质证、辩论，这样可以加深法官在诉讼中的印象，让当事人双方在诉讼中处于主要地位，由两方自己进行对抗，如果在庭审过程中，一方当事人对另一方当事人所提证据有异议，可以即时质证，在庭审中通过双方质证尽可能地还原事实，帮助法官接近事实真相。另外，法官通过观察两方当事人在辩论过程中的一些言行举止，通过一些生活经验或者是心理学原理察觉一方当事人是否说谎或者是否隐瞒重要信息。但是口头辩论的缺点也是显而易见的。如果在庭审辩论过程中，只单纯依靠

---

[1] 黄毅、吴品："庭前会议视角下的主张具体化"，载《天中学刊》2018年第6期。
[2] 2021年《民事诉讼法》第12条规定："人民法院审理民事案件时，当事人有权进行辩论。"

口头辩论这一种方式，对具体内容不加以记录，那么庭审法官就会面临难题，即在庭审过程中，法官会接受很多的证据信息以及案件信息，如果不靠外物加以记录，就需要法官拥有很强的记忆能力。在同一时间段接受大量信息并准确记忆这些信息，对每个人都是一项巨大挑战。侵权之诉中很多繁杂因素，当事人有可能只是因为一些鸡毛蒜皮的事情提起民事诉讼，但是只要当事人向法院起诉，在符合受理条件的情况下，法院没有理由不予立案。因为案件基数过大，很难保证法官面对连续且大量的信息输入，能记住每个案件的细节。所以，光采取口头辩论这一种方式，法官在作出判决的时候就更会依赖自己在庭审过程中记忆的信息，但是这种方式会容易忘记案件庭审过程中的一些重要细节，作出的判决可能不会达到使当事人息诉服判的目的。此种情况，就有可能会增加案件的上诉率，也会让法官的工作压力过大。

(二) 书面辩论

书面辩论即以书面形式进行辩论，与口头辩论相区别。书面辩论是双方当事人通过书写书状来陈述自己的诉讼请求以及所依据的事实理由。书面辩论的形式使得当事人在辩论过程中的辩论资料能够完整保存下来，方便法官在需要的时候查看，对比双方说辞。但是因为没有当面展开言辞辩论，看不到双方当事人陈述时的动作表情，法官可能会错过一些影响其判断的信息。而且书面辩论会很直接地涉及书面资料的保存问题，大量地保存书面资料对于法官、相关的司法工作人员来说会比较麻烦。在需要提交新的证据的时候，当事人又要重新书写书面意见，在法官重新开庭前温习上一次庭审内容时，需要再次阅读大量的书面资料，花费较大的精力，这不仅会使得庭审中的口头辩论形式化，还不利于提高诉讼效率。书面辩论缺乏法官的即时性引导，会导致重复提交证据的行为或者当事人提供与案件关联性不大的证据的行为出现，使得整个诉讼期限被动拉长，直接影响诉讼效率，影响法院对于其他案件的处理。

虽然口头辩论和书面辩论都有各自的优缺点，但是总的来讲，口头辩论还是优于书面辩论。口头辩论的缺点是可以用书面辩论的优点弥补的，且口头辩论相较书面辩论而言，更适合现下经济生活的需求。所以，现在各国都是以口头辩论为主，书面辩论为辅，两者在诉讼中相辅相成。

三、口头辩论的比较研究

(一) 日本

在日本，审理诉讼，原则上是在公开的法庭上以听取双方当事人的口头辩论的方式来进行的，这种程序叫作口头辩论。[1]日本民事诉讼法中坚持口头主义，第87条[2]对此进行专门的规定，以案件必须经过庭审的口头辩论（此处强调的是庭审中的口头辩论，不是单指任何情景下的口头辩论）作为法院作出判决的基本原则。日本民事诉讼中将口头辩论分为必要的口头辩论和任意的口头辩论，两种辩论形式都不排斥文书的使用，具体采用哪一种口头辩论形式，还是要由法官依据相关法律规定、具体情况再做决定。虽然以采取口头主义为原则，但是在面临着口头辩论无法补足的缺点的时候，还是要以书面形式来补足，以确保事实真相的还原。[3]

在日本民事诉讼法中还明确规定了约束性辩论原则，以避免突袭裁判。这对法官来讲是一种约束，对当事人来讲也会产生一定的效果，"法院对当事人未提出申请的事项不能加以裁判，亦即，请求对什么进行审判（诉讼标的提示）是当事人之责任。"[4]如果诉讼的对象、范围和限度不明确，该诉讼在原则上就是不合法的，会被法院驳回处理。即，当事人对于自己诉讼请求的详细陈述是当事人的责任，这是日本民事诉讼法中当事人具体化义务的体现。

日本民事诉讼法第161条[5]也体现了其以口头辩论为主，书面为辅。而且日本在准备程序中，也要求法院也要做好准备程序的笔录，需要准确记录双方在民事诉讼中的攻击或防御方法，如果说，负责准备程序的审判官认为有必要时，可以用准备书状来作为笔录。一般来讲，当事人是需要将自己在诉讼过程中会使用到的攻击防御方法在书状中说明的，因为日本民事诉讼法

---

[1] 参见[日]兼子一、竹下守夫：《民事诉讼法（新版）》，白绿铉译，法律出版社1995年版，第83页。

[2] 参见白绿铉编译：《日本新民事诉讼法》，中国法制出版社2000年版，第56页。

[3] 参见[日]中村英朗：《新民事诉讼法讲义》，陈刚、林剑锋、郭美松译，法律出版社2001年版，第171页。

[4] [日]三月章：《日本民事诉讼法》，汪一凡译，五南图书出版公司1997年版，第180页。

[5] 参见白绿铉编译：《日本新民事诉讼法》，中国法制出版社2000年版，第77页。

第255条中有规定说不能在口头辩论中主张书状中没有记载的事项。日本民事诉讼法第187条中规定了直接主义,"判决应当由其参与其基本口头辩论的审判官作出"[1]。在最初的期日缺席中,原告或被告缺席,日本民事诉讼法将缺席者的准备书状中陈列的事项视为其陈述内容,同样地,为了公平起见也是将出席者的准备书状视为其陈述内容,但是这并没有违背口头主义。因为,出席者仍然需要在庭审过程中对缺席者提出的攻击防御方法作出反应、继续辩论。但是继续进行期日缺席,法院就不会将准备书状视为双方陈述内容,而是以之前的期日辩论结果作为基础继续辩论。日本的口头辩论是多个期日辩论组成的完整辩论过程,即日本主张的"口头辩论一体性"[2]。

(二) 中国

我国的民事诉讼法中从1998年就有相关的规定,明确规定了审判人员不得与当事人进行辩论,[3]因为审判人员不是诉讼当事人,参与辩论就说明审判人员不仅没有在诉讼中保持中立地位,也没有履行自己的职责。这说明了我国从很早就开始注重参诉当事人在诉讼过程中的辩论权利,以强制性规定警醒审判人员应当保持中立地位,以保障当事人在诉讼过程中的攻击与防御机会。

2021年《民事诉讼法》第12条[4]的存在,表明我国立法明确了当事人在诉讼中的辩论权利。从立法层面极力保护当事人在诉讼中的诉讼权利,在各方当事人及其代理人发言或答辩结束之后,规定了双方进行辩论,将双方进行辩论视作了法庭审理的法定程序。《民事诉讼法》中还规定法官在庭审过程中剥夺当事人辩论的权利是违反法律规定的2022年《民事诉讼法解释》中,将该行为规定为严重违反法定程序的行为,更体现了对当事人辩论权利的重视。如果当事人的权利在诉讼过程中被剥夺,经当事人申请,法院应当重审。

我国民事诉讼法中没有规定关于书面辩论的内容,只是诉讼中的各项申

---

[1] [日]兼子一、竹下守夫:《民事诉讼法(新版)》,白绿铉译,法律出版社1995年版,第292页。
[2] [日]三月章:《日本民事诉讼法》,汪一凡译,五南图书出版公司1997年版,第412页。
[3] 根据1998年7月11日开始实施的《最高人民法院关于民事经济审判方式改革问题的若干规定》(已失效)第19条第1款特别规定,审判人员不得与当事人辩论。
[4] 2021年《民事诉讼法》第12条规定:"人民法院审理民事案件时,当事人有权进行辩论。"

请基本都需要采取书面形式。当事人提起诉讼，需要向法院提交起诉状，在有特殊情况的时候，也可以口头起诉，由法院记录形成口头起诉笔录，列明当事人的相关信息、自己的诉讼请求、根据事实与理由和法律依据。诉讼过程中虽有书面形式的运用，但是也不同于将口头辩论直接规定进诉讼法那样承认过书面辩论的效力。

我国民事诉讼过程中也会有记载当事人在庭审过程中的辩论内容的笔录，不同于日本的口头辩论笔录，我们称之为庭审笔录。从名称上就可以看出两个国家关于辩论内容的笔录的侧重点不同。口头辩论笔录更为重视双方当事人在庭审诉讼过程中的辩论内容，更重视两造对抗。而庭审笔录更重视庭审过程的记录，更为重视庭审过程中的秩序，忽视了当事人言辞辩论的重要性。[1]相比之下，我国对于双方当事人言辞辩论远没有日本重视。

四、口头辩论不具体的问题分析

（一）庭审现场的口头辩论的形式化表现

庭审口头辩论的形式化实际上是对当事人辩论权利的侵害。辩论权利与辩论原则有一定的区别，辩论权利也并不等同于辩论主义，[2]辩论原则与辩论主义都是从立法逻辑出发的理论，他们是立足于法律如何实施的层面，而辩论权利是当事人在诉讼过程中实打实享有的权利，它不是理论也不是简单的构想，辩论主义为辩论权利的存在提供理论基础，而辩论原则是为了更好地保护当事人的辩论权利而存在，避免辩论权利成为"大饼"，他们的作用都只是指导诉讼行为以确保当事人在诉讼中能够真正享受到辩论权利。

辩论原则是我国民事诉讼的基本原则，其辩论形式包括口头辩论和书面辩论。理论上是以口头辩论为中心，书面辩论辅助口头辩论的进行，但是在实践中却出现了当事人与法官过于依赖书面辩论的情况。

庭审现场的口头辩论开始有形式化的趋向和口头辩论本身自带的缺陷也

---

[1] 参见张卫平：《民事诉讼法学：分析的力量》，法律出版社2017年版，第187页。
[2] 参见王福华："辩论权利救济论"，载《法学》2020年第10期。但实际上辩论主义只在抽象的诉讼模式层面发挥作用，是当事人主义诉讼模式的决定性因素，即非经当事人提出或主张的事实或证据，法院不得将其作为裁判的基础。换言之，辩论主义只是一种立法逻辑，其本身并不具有直接救济的可能性。而辩论权利则是提出主张事实、证据资料的程序权利，具体包括受送达权与阅卷权、陈述权以及法院的"审酌义务"等具体权利，是程序保障的必要手段，因而具有法律救济之必要。

有不可分割的关系。法官以及当事人对于庭审过程中的口头辩论都没有达到一定程度的重视，在开庭之后，开始法庭辩论时，当事人都经常会说坚持起诉或者是答辩意见，法官询问当事人是否还有其他意见时，通常一句"无意见"就直接带过了。整个辩论过程既简短又没有实质性内容的提出，使得口头辩论成了一个形式。

口头辩论的形式化和当事人不行使自己的辩论权利、不承担相关义务有关。

我国民事诉讼开展的第一步是原告要向法院提交起诉状，按照我国法律规定，起诉状中会有当事人相关信息，原告的诉讼请求以及事实依据。在起诉状中，原告就会陈述明白案件事由、案件经过。在没有专业人士引导的情况下，当事人会尽可能地将事情事无巨细地进行描述，若是有律师作为代理人，律师作为专业人士就会从法律角度判断并将会影响案件判决结果的内容陈述进起诉状中。不管是哪一种，庭审中，当事人都会照着起诉状的内容念出来或者直接陈述"与起诉状内容一致"。

在原告向法院提交起诉状之后，法院会将起诉状也转交给被告，让被告根据原告陈述的事情做出答辩。被告在收到起诉状之后，可以着手书写答辩状，将自己反驳的理由、与原告所提事实相悖的内容提出来，虽然我国民事诉讼法中规定被告应当在一定期限内提交答辩状，[1]但是该条中没有规定如果被告不提交答辩状会不会产生什么不利后果，也就是说如果被告不提交答辩状也不会因此承担任何不利后果。当事人过于依赖起诉状，被告方缺席庭审，只交一份答辩状。特别是在被告缺席庭审时，其实更为依赖书面辩论，因为在被告不在的时候，基本都是只看原告的证据，由法官依据个人生活经验以及职业理论、道德等各个方面去判断证据是否真实。被告自己放弃了通过审判程序维护自己合法权益的权利，也会导致书面辩论的盛行。

一般来看，被告认为不提交书面答辩状是一种庭审对抗策略，但还是会将反驳原告诉讼请求的理由以及相关事实书写下来，以保证自己在对抗过程

---

[1] 2021年《民事诉讼法》第128条规定："人民法院应当在立案之日起五日内将起诉状副本发送被告，被告应当在收到之日起十五日内提出答辩状。答辩状应当记明被告的姓名、性别、年龄、民族、职业、工作单位、住所、联系方式；法人或者其他组织的名称、住所和法定代表人或者主要负责人的姓名、职务、联系方式。人民法院应当在收到答辩状之日起五日内将答辩状副本发送原告。被告不提出答辩状的，不影响人民法院审理。"

中逻辑清晰，这也是双方在诉讼对抗过程中可采取的一种策略。按照法律规定与实际的情况来看，在实践中，大多数人是把提交答辩状看作是其在诉讼中享有的权利，而不是义务，因为在法律中并未规定若是不遵从就会产生不利益后果。但是实际上，在规定时间内向法院提交答辩状应当是被告的义务。[1]答辩状本身是为了最大限度地发挥庭前准备的作用而设置的，法官提前看到双方的起诉状与答辩状，可以提前了解案情、理清庭审争点，在庭审中更好地引导当事人双方进行举证质证。

提交起诉状和答辩状也是双方当事人在提起诉讼之后的第一次交锋，相当于是书面辩论。其实原告与被告在自己的起诉状和答辩状之中都是从自己的角度来对事实进行还原，将自己所理解的事实真相初步告知于法官，完整的具体的事实真相还需要通过庭审查明，但是到了法庭辩论的时候，大多数当事人仍然还是照着自己的起诉状或者答辩状陈述，没有提出新的意见，这实质是在放弃自己的辩论权利，同时也使得在庭审过程中双方的对抗性不足。这样的形式，使得庭审辩论更倾向于书面辩论，只不过是在庭审时，念出来而已。当事人在庭审中的辩论也并不能得出一个结果来，双方当事人不会根据庭审情况发表自己的意见，仍旧是各说各话。法官让被告质证的时候，被告可能会说一些与原告举示的证据无关的内容，最后在发表辩论意见的时候，双方也仍旧是表示坚持起诉意见或者是主张驳回原告诉讼请求，这都说明了庭审并没有达到我们想要的结果，言辞辩论成了一个摆设。

"审判程序的核心和中心是庭审程序。"[2]导致庭审现场口头辩论的形式化有一个重要原因在于人民法院法官。第一个原因是法官通常会"将证据认定放在庭审之外"[3]。我国《民事诉讼法》从1991年版到2021年版，都一直没有对"证据应当在法庭上出示，并由当事人互相质证"该条内容有实质性改变，这足以说明，我国民事诉讼法是强烈认可该条规定存在的意义的。口头辩论是源于辩论主义，但是辩论主义是主张双方当事人在庭审现场的对

---

〔1〕参见蔡彦敏、张珺："答辩状及提交答辩状行为的性质定位——兼论民事审判方式改革"，载《中山大学学报（社会科学版）》2000年第1期。我国民事诉讼立法应当将提交答辩状定位为被告的一项义务，并明确规定不履行该义务的法律后果；如果被告不履行提交答辩状的义务，法院可视之为默认原告的所有主张，直接判决支持原告的能被其提供的证据所证明的诉讼请求。

〔2〕张卫平："论庭审笔录的法定化"，载《中外法学》2015年第4期。

〔3〕陈宝军："民事庭审实质化的法教义学实现途径"，载《天府新论》2019年第4期。

抗式辩论，实际情况中却存在很多庭外质证的现象，这也会导致口头辩论形式化，在庭审现场举示不出证据，光靠嘴说，甚至一些重要的证据因为当事人没有提前准备，而使得庭前举证困难，如果当事人表示庭后可以举证，而法官愿意等着当事人之后在庭外交证据，就会架空庭审，导致口头辩论形式化。法官对于证人、鉴定人等提交的书面资料或者是鉴定意见都只是做形式审查，很少做实质审查，也不要求其出庭接受询问，从而对于帮助法官查明事实的作用极为微小。第二个原因是，在司法实践中，当事人的法庭辩论缺乏法官引导，当事人双方在辩论的时候不明确庭审的辩论重点，这样会导致两个后果，第一个结果是辩论内容无益于让法官接近事实真相，第二个结果是降低诉讼效率，加重司法工作人员的工作量，反复确认辩论期日开展辩论，也会使得法官更加依赖于书面资料，更多地向书面辩论转化。而"书面主义的通用，将导致口头主义的形骸化"[1]。

（二）庭审笔录补正导致的口头辩论形式化

庭审笔录补正是当事人在了解了对方当事人的所有证据、摸清法官对整个案件的态度之后，发表有针对性的、更为全面的辩论意见，意图增加自己胜诉的几率的行为。而在民事诉讼的实务中，法官心证的形成又依赖于当事人之间的书面辩论，其中对于后者做得更为全面的书面辩论（实质上是偏向于书面辩论意见）有更大的依赖性。

在审判实务中，法官和当事人对于庭审笔录补正都存在一定的需求。庭审笔录补正的存在既有优点又有缺点。庭审笔录本身的存在有利于当事人核对笔录员是否如实记录自己和对方在庭审辩论过程中的辩论意见，避免庭审笔录中出现与自己庭审现场发表的意见不同以及不利于自己的辩论意见的情况。庭审笔录补正是让当事人可以对笔录有进行修正的机会，我国没有明文规定约束性辩论原则，但是当事人利用庭审笔录补正的机会提出自己在庭审过程中没有提出的辩论意见的行为，是不应该算作民事诉讼行为的，因为他的行为没有法律依据，当事人在庭审笔录补正中发表自己的辩论意见以及法官采

---

[1]［日］中村英郎：《新民事诉讼法讲义》，陈刚、林剑锋、郭美松译，法律出版社2001年版，第171页。

信其在庭审笔录补正中提出的辩论意见的行为都是对程序法定主义的破坏。[1]

庭审笔录本身的作用是为了记录案情，便于分析案情，帮助法官作出正确的裁判以及起到一个监督作用，但是在民事审判实务中，笔录的作用被弱化了。庭审笔录补正可能会被律师用来实现保留某项证据的目的，在庭审辩论中某项可能会影响法官判断的证据，等在庭审笔录补正中再提出来，不给对方当事人留反应时间，同时又可以达到影响法官心证的目的。此时庭审笔录的作用就被大大削减。默许一方当事人做庭审笔录补正为发表辩论意见的行为会使得当事人的庭审辩论流于形式，当事人在辩论过程中没有进行公开公正的辩论，这对于另一方是极大的不公正。当事人极有可能利用庭审笔录补正的机会，优化自己的辩论说辞，达到影响法官心证的目的，而另一方当事人可能对于其在庭审笔录补正的具体内容不能及时获悉，也就无法做出相对应的辩驳。这也可能导致一个更坏的结果，即当事人将未在庭审辩论中提出的说辞予以补正在庭审笔录中，最终影响了法官的裁判，出现了架空庭审、突袭裁判的现象。

（三）庭后提交的书面代理意见导致的口头辩论形式化

在民事诉讼中，律师除了在庭审中发表代理意见，还可以在庭后提交书面代理意见。在庭后提交书面代理意见的情况多发于庭审中出现了律师自己没有料到的证据或者是因为庭审时间太短，影响自己完整发表代理意见而选择在庭后向法官提交书面代理意见。

律师在庭审结束之后，会依据法官的要求或者是自己根据庭审情况判断自己是否向法官提交书面代理意见。律师的书面代理意见内容也因各个律师的风格不同而不同，例如有的律师喜欢在代理意见中打情感牌，从道德、情感层面对法官晓之以理、动之以情，想从情感层面获得法官的支持。有的律师会完全根据该案的情况搜索与该案类似的判决，从中截取与本案相关的内容，或者是会影响本案判决的内容，想从法理层面获得法官的支持。如在广

---

[1] 参见王德新：" 民事诉讼行为控制论"，载《西部法学评论》2011年第4期。虽然当事人也享有广泛的处分权，但只要他还想达到保护权利的目的，他就必须严格按照法律的规定去实施诉讼行为。其次，在民事诉讼中，法院行使审判权的行为也要受 "程序法定主义" 的约束。现代国家的法治理念要求凡是国家权力的行使都必须严格遵守法律的规定，司法审判权也不例外。

东省珠海市的一起同居析产案〔1〕中，被告的代理律师就是通过从法理、事实分析、相关判例以及法律规定四个角度来对案件情况进行梳理，并不只是列举法条来对原告的诉讼请求进行辩驳。

律师在庭审结束后向法官提交书面代理意见，有时候是因为在庭审中审理的案情与律师自己听取的代理人的说法有出入，故向法官提交代理意见。按照法律规定，未经庭审质证的证据不得作为判决依据。如果说允许律师在庭后向法官提交书面代理意见，则可能会影响诉讼的结果。

允许在庭审结束后向法官提交律师书面的代理意见，对于律师以及被代理人来讲是有利的，在某些程度上对法官也是存在一些便利的，因为法官在梳理案件事实的时候，可以略微轻松一些。律师庭审结束后向法官提交的代理意见，会完善很多案件事实中的小细节，但是这些细节可能是并未在庭审中提及的内容，可能会发生"突袭裁判"的情况。

有的律师会在代理意见中指出自己可能没有在庭审过程中说明的内容，这个内容有可能会直接影响法官自由心证的过程，以至于影响最后的判决。在司法实践中也确实存在法官将律师代理词中未经质证的证据作为判决依据的情况。〔2〕如此一来，法官的行为违反了法律规定，也使得该案诉讼过程中的口头辩论被架空，没有发挥庭审口头辩论该有的作用。如果说允许法官采纳代理意见中未经庭审质证的内容，那么口头辩论的作用也就被"置之高阁"了。实践中，除了当事人为隐藏辩论观点、回避对方诘问而故意在庭审后以书面材料提出真正观点之外，还有不少情况是按庭审法官的要求提出书面补充材料。例如，如下两案件的代理律师就是在庭审结束后，按法庭要求提交"补充代理意见""补充说明"等书面辩论材料，使得民事诉讼双方在法庭上当面的对抗交锋流于形式。

---

〔1〕 广东省珠海市珠海横琴新区人民法院（2016）粤0491民初760号案。
〔2〕 董体乾："应区别对待庭审之后提交的律师代理词"，载http://hnlyzy.hncourt.gov.cn/public/detail.php?id=5788，最后访问日期：2021年5月30日。不少涉诉上访、缠访的当事人都曾表示过，在法庭上感觉对方发表的意见自己都反驳了，开庭审理形势明显对自己有利，但几天的宣判结果几乎让自己大吃一惊。

案例1：[1]

（1）房屋买卖合同纠纷一审庭审后补充代理意见

被告的诉讼代理人在××年××月××日第二次庭审法庭辩论终结后，按法庭要求，根据庭审情况和事实，补充提出如下书面代理意见：

一、原告诉讼请求不应获得支持

1. 被告合同义务仅为办理过户代理授权公证给原告而非直接办理过户登记给其子

根据法庭以职权调查的证据、中介证言和原告陈述，法庭在审理中查明，本案《房地产买卖居间合同》第9条第2项双方约定的"卖方于××年××月××日之前办理公证于买方"中的"公证"是指，由于合同订立时买方原告并不想让卖方直接将该房屋过户给自己，而是想过户给她的儿子，但因其子现在国外不能办理过户，所以让卖方办理房屋过户的代理授权公证给原告，由原告将来再办理过户给其子。换言之，《房地产买卖居间合同》约定的卖方的义务为办理房屋过户的代理授权公证给原告，而非直接办理房地产过户登记给原告。

2. 原告诉讼请求不能对应被告的合同义务

在暂不考虑原告违约等有利被告的证据的情况下，被告在本案中最多只应承担办理房屋过户代理授权公证给原告的合同义务，而不应直接办理房地产过户登记给原告，因为双方约定的"公证"内容是办理房屋过户代理授权公证给原告，而非直接过户给原告的儿子。代理授权和直接过户是两个不同的法律关系，原告和原告的儿子是两个不同的法律主体，原告诉讼请求不能对应被告的合同义务。

3. 原告未变更诉讼请求不应获得法院判决支持

在法庭辩论终结前，法庭二次询问原告及其诉讼代理人是否变更诉讼请求，但原告方均明确表示不变更诉讼请求。民诉法及其司法解释明确规定原告变更诉讼请求的期限是在法庭辩论终结前，为维护程序安定性，诉讼程序具有不可逆的特性，现法庭辩论业已终结，原告不能再变更诉讼请求为请求被告办理房屋过户代理授权于原告。根据不告不理的民诉法原则，法院不能超越原告的诉讼请求做出裁判，因此，我方认为原告在本案的诉讼请求不应

---

[1] 素材来源于2017年××市××区法院一审判例，终审以调解结案。

获得法院判决支持。

二、原告没有确凿证据证明其在约定的催告期内有效通知过被告

本案与既往司法判例不同之处还在于，原告并无《房地产买卖居间合同》第7条第1项约定的"短信、电话、书面"等确凿催告证据证明其在合同约定的30个工作日的催告期内有效通知过被告××万元购房款已凑齐可以履约的事实，中介催告函的送达日期已经超过了合同约定的催告期。

以上补充代理意见，恳请法院在裁判时予以斟酌。

被告诉讼代理人：××

(2) 房屋买卖合同纠纷二审庭审后补充说明

尊敬的审判长、审判员：

××月××日被上诉人因病且路途遥远，未能到庭参加二审庭审，庭审后经向被上诉人询问，现就以下问题做补充说明，供合议庭参考。

一、具体余额早已明确提供给买方并获认可

××年××月××日，卖方被上诉人夫妻与××房产中介公司经办人员一起，乘车前往观音桥的××银行查询房屋按揭余额，到银行后工作人员说银行现在不打余额单，让被上诉人用身份证在银行自助机器上查询了按揭余额，中介公司经办人员用手机拍了照，当时的余额是不到26万元，回到中介公司后，经办人员将余额告知了买方上诉人和中介公司经理，获得买方认可。总房款77万元扣除按揭余额后，本应是51万元有余，但卖方被上诉人抹去零头后，就和买方上诉人约定，让买方支付扣去按揭余额后的房款51万元整（该情况在一审判决第7页第二段有显示）。在被上诉人与上诉人的通话录音证据中，上诉人也多次认可了按揭余额。

二、房屋抵押应由买方上诉人全款付款后解封

《房屋买卖居间合同》第6条第9款的"买方以全款方式购买"是指，因卖方当时想卖该房购新房需要资金，所以与中介公司约定买方必须以全款方式购买才卖房。之所以与上诉人签订协议，正是因为上诉人承诺以全款方式购买，如果上诉人签合同之前表明其不能付全款，卖方被上诉人就不会卖房给她。由于被上诉人夫妻只有一套房，所以约定由上诉人先行一次性支付除银行按揭的××万元后，尽快一次性把按揭余款通过被上诉人的银行账户还清，然后被上诉人在银行取出房产证后，协助上诉人办理房屋过户给上诉人的儿

子。如果上诉人的儿子未办理过户，被上诉人去买新房就要被算作是第二套房，相应的首付款和房贷利率等费用就会增加。当时，被上诉人的按揭银行卡号都已经提供给了上诉人。因此，按双方约定本案房屋的抵押是由买方上诉人全款支付按揭余额后解封，这也是《房屋买卖居间合同》第2条第2款中关于"卖方于多少个工作日还清贷款"一栏被中介工作人员划掉的原因。根据经验法则，上诉人在后续全款支付按揭余额时，完全可以再次确认按揭款具体余额，根本不存在不能确认具体余额不能付款的情形。

需要说明的是，《房屋买卖居间合同》约定的"办理公证"是指原告准备在房产证上直接写儿子的名字，为简便处理，需办理委托公证，即被上诉人委托上诉人代为办理过户手续给上诉人儿子的手续。（一审判决第6-7页）

三、原审法院认定上诉人对产调、余额的陈述前后不一

一审庭审过程中，上诉人对产调单子和银行余额的提供，陈述前后不一致，因此，原审法院在一审判决第9页第4段认定："原告另称被告存在未提交产调单子、未告知银行贷款余额与庭审陈述不一致，本院不予采纳。"

本案双方当事人之所以在电话中约定变更合同履行先后顺序在于：卖方被上诉人夫妻各自向单位请假后，提前一天诚心诚意从××县乘车6小时专门赶到××区，××年××月××日按约定与买方上诉人履行合同，但当日上诉人却告知被上诉人钱没有准备好，鉴于上诉人的当场违约，考虑到××县来××区路途遥远，被上诉人遂与上诉人在电话中约定由买方先付款后卖方就来办公证，上诉人在电话中表示同意，此有电话录音为证。另外，被上诉人在××年××月××日就已经提供了具体按揭余额给上诉人，产调报告也于当日提供给了对方，并获得上诉人认可。上诉人的主观陈述没有客观证据予以证明。被上诉人认为，上诉人当时之所以迟延履行付款义务，原因有二：一是上诉人当时没有凑足全款，二是上诉人担心当时房价会下跌。本案纠纷完全是由上诉人不能兑现其按时支付全款的承诺所引起，其应当承担违约责任。请求贵院依法驳回上诉人全部上诉请求。

提交人：××

案例2：房屋买卖合同纠纷一审庭审后补充代理意见

被告的诉讼代理人在××年××月××日庭审法庭辩论终结后，按法庭要求，根据庭审情况和事实，补充提出如下书面代理意见：

一、原告应承担先履行义务

中介为原告选定的贷款银行原本为建设银行，但双方签订合同后，原告为了降低自己偿还贷款的利率，请求被告将贷款银行变更为自己有熟人关系的工商银行。被告本着友好态度，同意了原告的请求，同时又和原告明确约定，用原告的首付款作为被告解除银行抵押权的解押款，这样的约定符合交易习惯，因为卖方作为收款方，没有必要去筹集大额解押款。

但是，原告一直不履行支付首付款的先履行义务，导致被告不能及时收到房款，实现卖小房买大房的合同目的。

二、合同约定原告应于"解押当天"支付首付款

××年××月××日被告自筹资金解押并通知原告后，原告仍一直不支付首付款，早已超过合同约定的十日违约合同解除期限。

在中国裁判文书网上输入"解押当日支付""解押当天支付"等关键词，检索出的大量判例显示，解押当日就是还款当日，就是用买方的首付款抵作解押款的。根据《合同法》精神，当事人之间对合同理解有歧义时，应当按照交易习惯、有利于实现合同目的的方向来解释，用首付款抵作解押款符合交易习惯，有利于实现合同目的。

三、被告已履行合同解除告知义务

被告通过微信、短信和书信函件明确告知了原告解除合同，合同解除是因原告违约所致，原告应当承担违约责任。

四、房屋溢价价差不是可预见损失

《合同法》第113条第1款规定，"……损失赔偿额应当相当于因违约所造成的损失，包括合同履行后可以获得的利益，但不得超过违反合同一方订立合同时预见到或者应当预见到的因违反合同可能造成的损失。"房价的涨跌具有较大风险，不是当事人可以预见的，因此原告主张的按价差赔偿没有法律依据。

提交人：××[1]

案例 3：同居析产纠纷一审庭审后补充代理意见

该案代理律师在庭审结束后，将在庭审中未详细具体发表的核心观点通过书面补充意见的形式提交给主审法官。

尊敬的审判长，二位审判员：

根据《民事诉讼法》第 58 条之规定，××律师事务所接受被告××的委托，指派我担任其代理人，依法参与本案的诉讼活动，为履行我的代理职责，并按审判长××法官的要求，特提交庭审后书面代理意见如下：

第一部分：核心观点

一、原告诉讼请求不能分割，法院应当直接判决驳回。

根据不告不理原则和辩论原则，法院应当在原告诉讼请求范围内进行裁判，对原告没有提出的请求事项不能裁判。本案原告主张其对四套房屋享有完全所有权。但是，本案的涉案房屋及车辆均登记在被告名下，且被告能够证明其对涉案房屋和车辆完全出资，根本不存在所有权争议问题。涉案房屋由被告按揭偿还贷款，原告方主张的该按揭款由原告调动某信旅行社和某龙旅行社的收益支付，因原告并非这两个旅行社的股东，所以该说法不能成立，并且原告方更无任何证据证明其主张，属于典型的空言主张。

因而，原告提供的证据［原告未提出借名购房购车协议书、委托代购房屋的委托书、与代理人之间的往来函件以及证人证言等证据（证人××未到庭接受质证，该证言无证明力）］不能证明其享有相应权利也不能提出被告应协助原告办理更名过户的请求，法院应当判决驳回原告全部诉讼请求，以满足民事诉讼法的不告不理这一基本法律原则的要求。

二、原告诉讼请求混淆物权纠纷和债权纠纷，诉讼请求相互矛盾，应当直接予以判决驳回。

原告诉状中主张借用被告名字登记购买房屋和车辆，要求法院判决相关房屋和车辆所有权归原告所有，且被告协助办理更名过户至原告名下。这两个诉讼请求本身自相矛盾，前者是基于物权关系提出的确认所有权的诉讼请求；后者是基于债权关系的协助办理更名过户的诉讼请求。一个案件中对同

---

[1] 素材来源于 2018 年××市××区法院一审判例，一审以调解结案。

第四章 庭审后当事人具体化义务

一个基础法律关系，不能有两种互相抵触的定性，且在被告方和法院先后要求原告方明确诉讼请求时，其亦未有改变。对此，法院应当直接判决驳回。

并且，原告主张涉案房屋车辆部分或全部所有权，但其并未向法院提供证据来证明其全部出资等，却要求法院确认相关涉案财产归其所有，其诉讼请求缺乏事实和法律依据，对此应当驳回其诉讼请求。原告所主张的事实与其所提供的证据不能达到高度盖然性证明标准，根本无法证明其所主张的事实存在，原告应承担其举证证明不力的不利法律后果。相反，在原告方提交的本证证明不力的情况下，我方所举示反证证据足以否定和动摇原告方的事实主张。根据2015年《民事诉讼法解释》第108条对本证和反证的不同要求，请求人民法院依法驳回原告的全部诉讼请求。

三、涉案房屋和车辆产权清晰，不是同居生活期间双方共同所得的收入和购置的财产，不适用同居关系解除析产纠纷的法律关系定位（《最高人民法院关于人民法院审理未办结婚登记而以夫妻名义同居生活案件的若干意见》第10条）。

根据1989年《最高人民法院关于人民法院审理未办结婚登记而以夫妻名义同居生活案件的若干意见》第10条［《最高人民法院关于人民法院审理未办结婚登记而以夫妻名义同居生活案件的若干意见》第10条：解除非法同居关系时，同居生活期间双方共同所得的收入和购置的财产，按一般共有财产处理。同居生活前，一方自愿赠送给对方的财物可比照赠与关系处理；一方向另一方索取的财物，可参照最高人民法院〔84〕法办字第112号《关于贯彻执行民事政策法律若干问题的意见》第（18）条规定的精神处理。］关于解除同居关系的财产处理规定以及参考武汉市中级人民法院的相关民事判决书（中国裁判文书网："聂世堂与胡慧芬、何丽萍同居关系析产纠纷一案二审民事判决书"，http://wenshu.court.gov.cn/content/content?DocID=e0f19339-9c59-47fa-8044-fe59c910b534&KeyWord=%E8%81%82%E4%B8%96%E5%A0%82%E4%B8%8E%E8%83%A1%E6%85%A7%E8%8A%AC）的判决理由可以认为：原被告虽共同生活，但财产并非由共同收入所得购置，公司股权、房屋权属都有明确登记。一方面，工商部门对股权的登记、房地产部门对房屋权属的登记，是认定相应权利归属的合法依据；另一方面，办理上述登记亦可视为同居双方对同居期间共同财产处理的默示认可。解除同居关系时……在无相反证据足以驳斥的情况下,房屋权属应以房地产部门的登记为准。本案中,原被告双方房屋权属明确,不存在析产的前提。

再者,如果原告坚持主张双方同居期间所得需要析产,那么原告在同居关系存续期间的全部收入所得和房产等也应分割给被告。……

提交人：××[1]

(四) 期日的分散导致的口头辩论形式化

在庭审辩论开始之前,法官以及当事人会开庭前会议,在庭前会议中,法官以及当事人会对案件的事实重新进行梳理,将双方说辞再听一遍、看一遍,将争议不大的事实确定下来,把案件争点确定下来,法官在庭前会议中准确无误地抓住案件的争点有利于案件庭审的开展,有利于帮助法官在庭审过程中查明真相。

如果不按照程序召开庭前会议,会严重影响法官审理的进程,因为若双方在庭审前没有提前准备好与证明己方诉讼请求或者是证明对方诉讼请求不成立的证据,会导致多次开庭。之所以确立庭前会议制度,也是为了最大限度地发挥法官在诉讼过程中的指导作用,该指导并不是说指导某一方当事人如何去辩论,而是指法官如何站在中立角度履行职责,引导双方当事人。比如说,像彭某与某某人力公司之间的劳务纠纷一案中,因为法官没有召开庭前会议,导致双方准备的证据不足,无法证明己方观点,因为该证据对于案情认定有着决定性影响,该案就进行了两次开庭审理,第一次开庭审理结果也并不理想,因为法官在庭审过程中并没有搜集到很多信息,对于微末的信息可能会忽略,等到下次开庭,双方当事人却是按照上次庭审结束最后留下的争点进行举证、辩论,这并不利于法官作出公平正确的判决。

以上是庭前准备程序设置时的初衷。在实践中,也会出现法官没有抓准争点,或者是在庭审过程中出现新的争点等情况,在庭审过程中没有办法解决争点时,法院会与当事人协商并重新指定辩论期日。在需处理案件的数量巨大又反复多次指定期日重新进行辩论的情况下,法官很难对每个案件的细节、庭审辩论的内容都记得一清二楚,这个时候法官只能通过阅读卷宗、笔录等相关书面资料来回忆,使审理形式倾向于书面审理,这会直接加重法官

---

[1] 素材来源于 2017 年广西壮族自治区××市法院一审判例,一审以调解结案。

对庭审笔录等书面资料的依赖，导致直接主义、口头主义、公开主义等原则空洞化。如果说，法官可以在开庭之前就整理好争点，在庭审过程中有序指引双方当事人进行举证、质证、辩论等，会大幅度地提高诉讼效率，减轻司法工作人员的工作负担。

五、以当事人具体化义务规制书面辩论的理由

当事人具体化义务是辩论主义的"逻辑产物"，[1]对于口头辩论的实施过程中存在的问题，我们可以尝试从具体化义务的角度来分析。

当事人具体化义务是当事人在诉讼中需要承担的义务，但是这和我们熟知的真实义务还是有很大的区别的。真实义务是要求当事人陈述真实内容，保证自己所主张的事实与证据的真实性，但是具体化义务不仅要求当事人将诉讼请求、事实根据具体详细且真实地陈述出来，还要求当事人在陈述自己的诉讼请求、事实与理由以及举示证据时都应该遵守相关的法律规定以及程序。真实义务是消极义务，禁止当事人提出虚假证据，而具体化义务正好与之相反，它是积极义务，要求当事人积极主动地将事实中与诉讼相关的事实全部都具体陈述，且内容真实，避免捏造事实与射幸陈述。当事人的真实义务是具体化义务的重要组成部分，也就是说具体化义务并不等于真实义务，具体化义务包含真实义务，当事人履行真实义务有利于其履行具体化义务，也更有利于当事人通过合法、合程序的方式来维护自己的权益。

具体化义务的存在不仅要求当事人积极利用法律维护权益，也是对法官以及诉讼程序进行监督，由法院、法官和当事人三方来实现对诉讼程序的监督，同时也是为了提高法院的工作效率。在相关实践中确实存在因为当事人诉讼请求不明确或者不适当而影响诉讼效率的情况，现实中存在相关问题亟待解决，所以要求当事人履行具体化义务的相关研究是有必要的。

我国的民事诉讼在之前一直是坚持职权主义甚至是超职权主义的诉讼模式，这就决定了在诉讼过程中，整个诉讼的主导者是法官而不是当事人自身，整个诉讼节奏以及过程都由法官来把控。所以，在1982年的《民事诉讼法（试行）》中并没有出现关于当事人具体化义务的规定，但是在1991年《民

---

[1] 参见陈贤贵："当事人的具体化义务研究"，载《法律科学（西北政法大学学报）》2015年第5期。

事诉讼法》中，有规制超职权主义模式的规定，这也为当事人具体化义务理论的出现奠定了基础。在后续相关法律法规中，诚实信用原则的出现、庭前会议制度等都发挥了完善与发展具体化义务理论的作用。

具体化义务要求双方当事人就诉讼中确定诉讼标的的事实、有争议的事实与案件判决相关的事实全部具体且真实地予以陈述。从诉讼开展的整个过程来看，具体化义务的设定，要求当事人应当就起诉、抗辩或争执相关要件事实进行尽可能完整、具体地陈述，其实现的程度将直接影响辩论主义下诉讼程序开展的有效性。

因为当事人具体化义务与其他现有的规定相结合已经拥有了一个比较完整的理论体系，所以用当事人具体化义务来规制书面辩论是再适合不过的了。

我国多重实体轻程序，从而忽略了民事诉讼法本身独立的价值，即程序价值。民事诉讼法的程序价值在于：其一，摆正其作为程序法的地位，实体法的运行依赖于程序法的合法合理运行，公正的实现不可缺少一个公正的程序。其二，通过民事诉讼法限制法官的行为。因为民事判决很大程度地取决于法官的自由心证、裁量权，故需要通过规范诉讼程序，规范法官的行为。虽然法律面前人人平等，但是在没有程序限制的情况下，中立人很容易被诱惑，所以可以选择从程序上来确保法官处于第三人的公正立场。其三，是为了保护当事人平等参与诉讼的权利，以便能在保证工作效率的情况下，最大限度地达到息诉服判的理想效果。

书面辩论在程序上是双方当事人各自将自己的诉状和答辩状等材料提交给法官，但在这样的一个过程中可能会影响法官在诉讼过程中的中立形象或者是中立地位，故这对于当事人以及法官来讲都不是最好的方式。当事人可能会疑心在诉讼过程中缺少相关的规定对法官的行为进行规制，担心法官可能会因为一些外来因素产生不利于自己的个人倾向，从而使得当事人不服法官判决，很难达到息诉服判的目的。其次，书面辩论也很难保证当事人的权利能够在诉讼中得到保障。因为书面辩论的内容是不对外公开的，即使是有相关法律对程序有所规定，过程中缺少了当事人以及外界的监督，也很难保证程序是按照理想状态运行的，我们应当尽可能地避免留给他人"暗箱操作"的空间，所以，应当在坚持口头辩论与书面辩论共用的同时，严格规制书面辩论，尽可能地使诉讼程序公正公开化。

之所以要鼓励当事人在庭审中积极对抗，是因为辩论原则。而想要最大化辩论原则在我国民事诉讼法以及司法实践中的作用，需要我们重视程序本身的内在价值。传统的辩论主义是由当事人自己主导，法院不参与诉讼资料的收集，但是在修正的辩论主义中，法院可以在有法律依据的情况下，正当地参与证据收集工作，以协调双方当事人之间的实力差距，实现公平公正。我国也是修正的辩论主义，在 2022 年《民事诉讼法解释》第 96 条[1]中细化了 2021 年《民事诉讼法》第 64 条[2]第 2 款的规定，确定了法院可以依职权主动收集的证据范围，其他情形下，如果没有当事人的申请，则都违反了法定程序。法院可以依职权主动收集的证据是法律规定的五个事项，但是法院是否有必要对这些范围内的证据展开收集工作，主要还是依靠当事人的陈述。所以，当事人有必要对与案件相关、有可能影响案件判决结果的细节以及事项进行具体而真实的陈述，让法院能够及时判决是否需要展开相关的证据收集工作。

书面辩论很难及时地对对方当事人提出的攻击防御方法提出反驳意见，这会影响法官在诉讼过程中收集信息的速度。在书面辩论中，法官难以实现即时引导双方当事人进行辩论，需要一次次地递交书状，在书状中列明攻击防御方法，这不利于快速解决纠纷，与诉讼经济原则是相悖的。而具体化义务，在一开始就要求当事人在书状中真实而具体地列明诉讼主张、起诉理由或依据和案件事由。如果参与诉讼的双方都能够认真履行具体化义务，不仅可以让法院及早判断自己需要依职权主动收集的证据事项，还可以让庭审效率更快，最大化地实现司法资源在民事诉讼审判过程中的合理运用。

六、以口头辩论具体化义务规制书面辩论的路径

前文也说到了书面辩论与口头辩论的优缺点，各国都是以口头辩论为主，

---

[1] 2022 年《民事诉讼法解释》第 96 条规定："民事诉讼法第六十七条第二款规定的人民法院认为审理案件需要的证据包括：（一）涉及可能损害国家利益、社会公共利益的；（二）涉及身份关系的；（三）涉及民事诉讼法第五十八条规定诉讼的；（四）当事人有恶意串通损害他人合法权益可能的；（五）涉及依职权追加当事人、中止诉讼、终结诉讼、回避等程序性事项。除前款规定外，人民法院调查收集证据，应当依照当事人的申请进行。"

[2] 2021 年《民事诉讼法》第 67 条规定："当事人对自己提出的主张，有责任提供证据。当事人及其诉讼代理人因客观原因不能自行收集的证据，或者人民法院认为审理案件需要的证据，人民法院应当调查收集。人民法院应当按照法定程序，全面地、客观地审查核实证据。"

书面辩论为辅。但是在我国的司法实践中,确实存在庭审辩论被架空的倾向与现象,对于这样的不良现象,我们应该加以规制,加以改正。本部分主要从对书面辩论的规制和口头主义的加强两方面提出建议。

（一）对于书面辩论的规制

1. 正确定位庭审笔录的作用,对庭审笔录补正进行改革

日本民事诉讼法规定：法庭的口头辩论由法院书记员负责记录,称为口头辩论笔录。[1]从这个命名方式,就可以看出日本在笔录中更为强调记录辩论权利行使过程以及双方的辩论内容,而我国的笔录更为强调以法官为中心当事人展开辩论的过程,所以我国将当事人双方辩论过程中记载的笔录称为庭审笔录。

庭审笔录是用来记录当事人在庭审过程中的辩论内容的文书,是以第三方的中立、公正姿态对双方当事人在庭审过程中提出的攻击防御内容、庭审过程进行记载,以方便在庭审结束后,双方当事人核对。在查阅期间如有异议,可以提出申请。经过双方确认无异议之后,法官基于该内容作出判决,也能提高当事人对于判决的接受度。另外,由书记员对庭审过程进行记录,还可以方便结案后,法院或者相关机关对程序的审查,可以实现对庭审过程、庭审程序的监督。这些作用都是我们依据庭审笔录在庭审过程中发挥的功能性作用得出的,实际上并没有相关法律对庭审笔录做出准确定位,缺少"庭审笔录法定化"的相关规定。[2]如果可以通过立法形式对庭审笔录进行定位,就可以让法院以及司法工作人员更加重视庭审笔录,使庭审笔录在庭审过程中发挥更大的作用,我国现阶段出现庭审程序空洞化大部分原因也在于没有最大化地利用庭审笔录在庭审过程中的监督作用。

正确定位庭审笔录的作用后,对庭审笔录的补正申请应该更为严格。2013年全年,湖南省新田县人民法院审理的926件民商事案件中,有182件案件当事人提出补正法庭笔录的要求。[3]司法实践中关于补正庭审笔录的申请程序并不合理,有的时候会出现口头申请,而且在湖南省新田县人民法院

---

〔1〕 参见邓晓静："论对法庭笔录的规制——以民事诉讼法为对象",载《山东大学法律评论》2008年第0期。

〔2〕 参见张卫平："论庭审笔录的法定化",载《中外法学》2015年第4期。

〔3〕 参见陈毅清："补正法庭笔录存在的问题及建议",载《人民法院报》2014年6月22日,第7版。

审理的案件中，口头申请的次数远高于书面申请。笔者认为，不论有没有法定化庭审笔录的地位以及作用，都应当对补正庭审笔录的申请进行严格审查，在以立法形式确定了庭审笔录的地位和作用之后，更应该对其进行实质性审查，不能仅局限于形式性审查。对于补正庭审笔录的申请，可以要求当事人列明补正的情形或者要求。比如说，首先，就庭审笔录申请补正时，如果是要修改内容，则要注意，只能修改因为书记员本身记录技术不到位且有明确证据证明书记员记录内容出错的内容，如果是要修改语法，要注意会不会涉及语句文义的改变。其次，对于补正庭审笔录的申请方式应当统一，书面申请会显得更为正式。补正庭审笔录应当双方都在现场，如果说只有申请补正的一方在现场补正笔录，那么在笔录补正之后，必须将补正过的笔录内容通知没有在现场的一方。最后，应该明确申请补正的次数，不能无数次地提出补正申请，"申请补正的时间应当在阅读笔录过程中提出，至迟在阅读笔录完毕时提出，不允许在庭审结束后提出补正"[1]。

2. 规制代理律师庭后提交代理意见的行为

律师在庭审结束后向法官提交的书面代理意见是不对外公开的，法官也并不会向当事人告知代理意见的内容。因为代理意见的非公开化，会使得律师对于庭审结束后提交的书面代理意见存在侥幸心理，同时也会放松对法官的监督条件，如果在判决不合心意的时候，当事人可能会对判决有怀疑。因此，为了最大限度地减少当事人对判决合法性、合理性的质疑空间，我们应该主张将代理人的代理意见也予以公开，确保诉讼过程完全公正透明，结合判决，也可以让当事人更好地理解法官自由心证的过程，从而服判。如果说，委托诉讼代理人在代理词中发表了在庭审中没有提出的新意见，那么法官就应当及时通知对方当事人，或组织再次开庭，组织当事人当庭对质，充分发表对新意见的意见。

在《最高人民法院对十三届全国人大一次会议第 6059 号建议的答复》（以下简称《答复》）中，最高人民法院对将律师书面代理意见公开的主张

---

[1] 参见陈毅清："补正法庭笔录存在的问题及建议"，载《人民法院报》2014 年 6 月 22 日，第 7 版。

进行了回复，[1]综合各项原因，估计只能向公众公开一部分比较典型的代理意见。但是笔者认为可以采取像新政策在某个地区范围内开始试点一样的方式，尝试在某类诉讼中规定公开律师代理词，或者即使不向公众公开律师代理意见，在庭审结束后的5~7天之后，如果有律师在庭审结束后向法官提交代理意见，则有必要向当事人双方公开其庭后提交的代理意见。这样可以继续运用三方监督的力量，保证当事人的合法权利，保证程序合法，尽可能地规避突袭裁判。另外，法官应当自行裁量该案件是否有提交书面代理意见的必要，如果没有必要的话，应当告知代理律师没有提交的必要，避免开没有必要的庭。

另外，还应当要求当事人认真履行具体化义务，此处的当事人不仅指原被告，由于存在大量原被告并不到庭参加诉讼的情况，故还应当包括他们的委托诉讼代理人，一般来讲，他们都只是委托律师到场为自己辩论，而有的律师为了胜诉，可能会对某些关键线索有所保留，怀着侥幸心理，希望在庭后向法官提交书面代理意见。但是如果要求他们的代理人也履行具体化义务，就能从源头规制他们的行为。如果是因为庭审中发表新意见，使得庭审时间不足的情况，可以允许代理律师庭审结束后向法官提交书面代理意见，但是之后还是应当在一定时间内向当事人公开庭审结束后提交的书面代理意见，询问双方意见，看是否还有再次组织开庭的必要。

（二）口头主义的加强

1. 促进民事诉讼庭审实质化

我们可以从庭前准备程序与当事人具体化义务两角度来促进民事诉讼庭审实质化。

加强庭审实质化需要加强当事人在庭审过程中的对抗性，而庭审中的对抗最为直接的体现就是双方当事人之间当庭辩论。所以，加强庭审实质化可以从增强双方当事人在庭审中的对抗来实现，而想要增强其对抗性，可以通过构建、实施庭前准备程序来实现。

庭前准备程序指案件立案后至开庭审理前，法院和当事人及其代理人为

---

[1]《答复》："律师辩护词、代理词属于当事人委托作品，可能涉及知识产权、个人隐私等一系列问题，可能并非所有案件的律师、当事人均支持将辩护词、代理词等向社会公众公开。"

开庭审理所进行的实体性事项和程序性事项。[1]庭前会议本身是为了让法官在开庭审理之前通过阅读当事人双方提供的书状来了解案情,对案件形成初步印象,再通过询问当事人意见看是否能够实现调解,如调解不成,法官再通过阅读书状内容以及对当事人的询问来确定案件争点,为开庭审理做准备。但是在司法实践中,庭前准备程序出现了错位。实践中,存在法官直接忽略庭前准备程序,导致庭前准备程序错位到庭审程序中,庭审准备程序的错位又会削弱庭审应有的功能,[2]会导致庭审空洞化。

我国对于庭前准备程序的规定在民事诉讼法以及相关的法律规定中都有涉及,一共是29项事项。这就说明我国是有关于准备程序的相关规定的,更为重要的问题出在了实施过程中。法官本身没有给予庭前准备程序过多的重视,故需要向法官重申庭前准备程序的重要性,同时建议在法律中规定没有经过庭前准备程序的法律效果,以强制性方式推进准备程序的构建和实施。但是庭前准备程序的参与主体并不是只有法官,还有参与诉讼的当事人,尽管法官在庭前准备程序中居于主导地位,指引当事人做好提交诉讼资料的准备等工作,但是在"事实关系的解明问题上,应当同等地依靠法院和当事人"[3]。当事人在庭前准备程序中的主要任务是尽可能地提交完整真实的诉讼资料,将自己能力范围内可以搜集到的资料主动及时地提交,对于超出个人能力范围但认为有必要的证据可以申请法院依职权收集。同时,应当鼓励被告提交答辩状,以方便原告了解被告反驳的内容,也方便法官了解情况。在庭前准备程序中,法官与当事人应该互相配合协作,通过庭前辩论、讨论来确定案件争点、辩论内容。

积极推进庭前准备程序的构建与实施也可以促进庭审实质化,在开庭之前确定诉讼请求、审理对象、审理范围和案件争点,可以使当事人在后续庭审中的辩论更具针对性,使庭审辩论实质化,而不再是走过场,同时也可以实现集中审理,避免多次开庭情形下法官过于依赖书状信息的情况。

2. 集中审判,减少期日次数

分散的审判,会导致法官对于案件细节记忆淡化,这其实不利于法官作

---

[1] 参见姜启波、张力:《民事审前准备》,人民法院出版社2008年版,第1页。
[2] 参见郝廷婷:"民事诉讼庭前准备程序的归位与完善——以民事庭审中心主义的实现为目标",载《法律适用》2016年第6期。
[3] 唐力:"辩论主义的嬗变与协同主义的兴起",载《现代法学》2005年第6期。

出一个准确、公正的判决。如果说想要法官尽可能地记住案件中的重要或者细节证据以帮助其作出正确裁判，就应该集中审理，减少每次期日之间的间隔，尽可能地减少中间不必要的重复程序，减少期日次数，从而集中反馈给法官有效信息以帮助其快速地作出公正判决。期日过于分散且次数繁多，一方面会涉及案件审限是否充足的问题，如果案件审限不再充裕，可能会使得法官考虑问题不周全，匆忙结案，判决没办法达到息诉服判的效果，另一方面会使得法官更加依赖起诉状、答辩状和庭审笔录等书面材料，法官过于依赖这些书面材料在一定程度上会架空庭审的口头辩论程序。

庭审没有实质化和没有履行具体义务也会导致法官无法集中审判。庭审的空洞化导致分散审判的原因前文已有陈述，此处便不再赘述。

想要达到集中审判的目的需要当事人在提交诉讼资料的时候，遵守具体化义务，要注意诉讼资料应当是真实且完整的，要尽可能将自己能够收集的诉讼资料都提前收集好，一起交给法院，再由法院将相关资料交给被告，使其准备答辩，这体现出"具体化义务有利于保障诉讼相对人的防御利益"[1]。而且法院不可能对每一件证据都亲自、主动去收集，需要根据当事人的诉讼请求以及相关的诉讼资料来判断哪些是需要法院去收集的。如果说当事人不履行具体化义务，一方面可能会达不到自己的诉讼目的，另一方面，会影响法院的诉讼效率和工作效率。

另外，需要加强法官在诉讼过程中的引导作用。在庭前准备程序中，要指引双方当事人提供与案件相关联的诉讼资料与证据，向当事人阐明其作为原告或被告所享有的权利以及应当承担的义务。在庭审过程中，在适用法律的基础上，应当对双方当事人重要说辞中模糊的地方予以发问，有权要求当事人真实详细地陈述具体内容以让自己更好地了解事实真相。对于当事人陈述的与案件无关的内容，可以责令其停止不必要的陈述行为，引导其补充可能会影响案件判决的相关内容。

发挥法官在诉讼中的指挥作用，引导当事人遵守具体化义务，该处所指的诉讼中并不止庭审中，而是包括了民事诉讼在内的整个过程。从法官和当事人两方主体着手，共同为集中审判提高诉讼效率、节约司法资源，实现公

---

[1] 胡亚球："论民事诉讼当事人具体化义务的中国路径"，载《清华法学》2013年第4期。

3. 约束性辩论原则

从相关的法律规定以及结合相关司法实践来看，我国法院是将当事人在诉讼中的辩论权利当作是一项政治权利，当事人在诉讼庭审辩论中提出来的内容对于法官作出判决并没有约束力。我国没有像日本那样以立法的形式明确规定约束性辩论原则。

因为缺少了约束性辩论原则对于法官的约束，完全凭借法官自由心证作出判决，故有可能出现并不合理的判决，而且会打击当事人的积极性。我国可以像日本一样明确约束性辩论原则，使得法官自由心证的过程"公开化"，使法官的判决结果显得有理有据，更快地达到息讼服判的目的，也便于后续执行程序的实施。明确约束性辩论原则，加强庭审口头辩论在诉讼中的作用，避免庭审以及辩论形式化。

约束性辩论原则不仅可以约束法官，还可以鼓励当事人积极履行当事人具体化义务。"只要允许当事人对不愿主张的事实可以不作主张，则必然允许当事人具有背离事实的可能性"[1]，所以应当对当事人强制要求具体详细真实地陈述案件事实，不然就由自己承担败诉的不利后果。由此可见，约束性辩论原则和当事人的具体化义务也是有紧密联系的。如果当事人不遵守具体化义务，那么不遵守具体化义务的一方当事人就可能会承担不利后果。如果我国能够将约束性辩论原则明文规定进民事诉讼法中，不仅会鼓励当事人遵守具体化义务，还能避免口头辩论形骸化，进而促进庭审实质化，也能早日实现以审判为中心的司法制度改革目标，这一做法是百利而无一害的。

七、口头辩论的形骸化是书面辩论盛行导致的必然结果

而书面辩论的盛行，有四方面的原因。第一方面的原因是我国立法中没有强调口头辩论的重要性，这使得法官对于口头辩论程序并不重视；第二方面的原因是法官在庭前准备程序中没有能够准确定位争点，没有在诉讼过程中充分发挥引导作用；第三方面的原因是当事人自己没有重视自己的辩论权利，也没有意识到要履行当事人具体化义务，在庭审过程中常一言以蔽之，

---

[1] [日] 三月章：《日本民事诉讼法》，汪一凡译，五南图书出版公司1997年版，第191页。

没有在庭审中积极维护自己的权利，在诉讼过程中提交的诉讼资料有所欠缺，使法院不得已多次开庭，使口头辩论形骸化；第四方面的原因是庭审后提交的书面代理意见对庭审实质化的影响，允许庭审后提交书面代理意见，虽然在某种程度上节省了法官审理案件的时间，但是却没有注意到庭审后提交书面代理意见对于程序的影响，允许庭后提交书面代理意见是弊大于利的。

本部分对于四方面的问题，提出了自己的见解。从立法层面强调口头辩论的重要性，使法官能够重视口头辩论，能够在案件的诉讼过程中充分发挥自己的指挥权，履行释明义务，指引双方当事人进行诉讼，告知双方当事人其权利与义务，鼓励其积极行使辩论权利，引导其遵守当事人的具体化义务，使庭前准备程序、庭前调查以及庭审过程都能够顺利进行，避免法院为同一案件多次重复开庭，强调当事人具体化义务，避免委托诉讼代理人庭后提交书面代理意见，影响程序的正常开展。同时，本部分还建议我国借鉴日本民事诉讼法中的约束性辩论原则，引入约束性辩论原则不仅可以约束法官，使其重视当事人之间的口头辩论，还可以鼓励当事人积极履行具体化义务。

重视口头辩论在民事诉讼中的作用，加强口头辩论还能促进庭审实质化。刑事诉讼中针对庭审实质化提出了"四个在法庭"，即证据出示在法庭、案件事实查明在法庭、诉辩意见发表在法庭、裁判理由形成在法庭。"四个在法庭"对于民事诉讼其实也是适用的，如果能够对当前书面辩论盛行的现象予以规制的同时加强口头辩论、鼓励当事人履行具体化义务，民事诉讼也能早日实现"四个在法庭"。

第二节　当事人具体化义务视角下变更诉讼请求的时间规制

在民事诉讼中，当事人具体化义务是诉讼过程中当事人应承担的具体表明其意思的义务。在民事诉讼的不同阶段，当事人都需要对自己主张的内容、提交的证据以及诉讼请求等加以具体明确。当事人变更诉讼请求时也负有相应的具体化义务，当事人变更诉讼请求不履行具体化义务将承担诉讼的不利益。现有法律规范中变更诉讼请求的规定较为原则性，没有系统地设置变更诉讼请求的实质要件与程序要件，司法实践中对于变更诉讼请求的时间处理结果不一致。变更诉讼请求的时间规范，会影响原告诉权处分权，会影响被告防御权以及诉讼效率的提高与程序正义的实现。通过比较法上变更诉讼请求理论的研究，借鉴国外对于变更诉讼请求制度的设置，完善我国关于变更诉讼请求时间的程序规范，明晰当事人变更诉讼请求的具体化义务。

一、问题的提出

向法院提起民事诉讼是民事主体发生冲突、纠纷时的一个重要解决途径。处分主义与辩论主义是这一制度的基础。民事诉讼是一个动态的过程，在这个过程中，在处分主义的语境之下，要求当事人负有积极向法院主张于己有利的法律要件事实的义务。这也是主张责任的原理性要求，当事人具体化义务要求当事人的主张不能抽象、随意，诉讼主张必须符合具体化要求，当事人对于其主张的法律要件事实不仅要做具体化陈述，针对其主张当事人还应有一定线索和根据，[1]禁止摸索证明。法院对当事人诉讼利益的保护和支持程度会受到其主张的明确、具体、完整程度的影响。[2]辩论主义要求，就当事人未经主张的案件事实法官不得将其作为裁判考虑的内容，更不能据此主动地去收集以及审查与之相关的案件证据。当事人起诉为法官裁判划定了范围和审理对象，当事人才是案件诉讼程序的推动者，具有诉讼资料提出的责任。在当事人变更诉讼请求的诉讼活动中当事人同样应受制于其具体化义务。变更诉讼请求是当事人的诉权处分方式，我国对于变更诉讼请求的规范过于笼统，没有具体明确的规范加以确定。2021年《民事诉讼法》第54条规定原告可变更诉讼请求。[3]但是该条规定属于赋权性规定，只是抽象性宣誓条款，赋予原告变更诉讼请求的权利，但是当事人行使该权利的方式，行使该权利的时间限制，行使该权利的限制条件，无法行使权利时的救济方式等都没有具体的规定。

2022年《民事诉讼法解释》第251条中对于上述变更诉讼请求的实体要

---

〔1〕 参见占善刚："主张的具体化研究"，载《法学研究》2010年第2期。
〔2〕 参见胡亚球："论民事诉讼当事人具体化义务的中国路径"，载《清华法学》2013年第4期。
〔3〕 2021年《民事诉讼法》第54条规定："原告可以放弃或者变更诉讼请求。被告可以承认或者反驳诉讼请求，有权提起反诉。"

件与程序要件都没有进行细致的划分。《民事证据规定》的第 34 条第 3 项，[1]是司法实践中处理变更诉讼请求的时间依据。举证期限届满是当事人提出增加、变更诉讼请求的时间规定，但该法条规定的内容过于简单。因此在 2019 年已经对此条规定进行了调整。在《新民事证据规定》中将 34 条删除了，并在该证据规定的第 53 条[2]中规定当当事人与法院认定的法律关系性质存异时，当事人变更诉讼请求后法院根据裁判需要重新规定举证期限。在现有法律文件之中关于增加诉讼请求的时间规定主要体现在了 2022 年《民事诉讼法解释》第 232 条[3]中。

由于强调民事诉讼调解的趋势[4]以及涉及民事诉讼程序的规定不够细致，2021 年《民事诉讼法》第 54 条规定的关于原告变更诉讼请求的处理过于原则性，使当事人和法院在认识和处理变更诉讼请求时没有具体的程序能够依照，实践中对变更诉讼请求也存在不同的解读。当事人双方往往会围绕变更诉讼请求的合法性产生争议，从而使得案件的争议焦点模糊。法院处理变更诉讼请求时没有统一标准，当事人变更诉讼请求的处理多依赖于法官的办案习惯，造成司法实践中法官的自由裁量权过大的问题，因此需要对变更诉讼请求的实质要件、程序要件都予以进一步明确。

当事人变更诉讼请求之后，当事人对案件的相关要件事实例如起诉、抗辩、争执等的陈述、说明都应是详尽的、具体的。其具体化的程度会直接对诉讼程序顺利开展产生影响。当事人具体化义务起源于德国，目的是防止当事人没有线索和根据做摸索、射幸式的主张，借助证据调查从而获得对其有利但在此之前其并不持有的证据而产生的一种制度。当事人变更诉讼请求对

---

[1]《民事证据规定》第 34 条第 3 款规定："当事人增加、变更诉讼请求或者提起反诉的应在举证期限届满前提出。"

[2]《新民事证据规定》第 53 条规定："诉讼过程中，当事人主张的法律关系性质或者民事行为效力与人民法院根据案件事实作出的认定不一致的，人民法院应当将法律关系性质或者民事行为效力作为焦点问题进行审理。但法律关系性质对裁判理由及结果没有影响，或者有关问题已经当事人充分辩论的除外。存在前款情形，当事人根据法庭审理情况变更诉讼请求的，人民法院应当准许并可以根据案件的具体情况重新指定举证期限。"

[3] 2022 年《民事诉讼法解释》第 232 条规定："在案件受理后，法庭辩论结束前，原告增加诉讼请求，被告提出反诉，第三人提出与本案有关的诉讼请求，可以合并审理的，人民法院应当合并审理。"

[4] 参见张卫平："诉讼调解：时下势态的分析与思考"，载《法学》2007 年第 5 期。

于诉讼解决纠纷的效率、价值、公正都会有一定程度的影响。允许当事人变更诉讼请求的前提是，该变更后的诉讼请求能更为客观、妥帖地反映当事人的诉求。其中变更诉讼请求的时间规范对于原告行使诉权、被告实现防御利益也是尤为重要的，在某些案件中甚至能够对当事人进行诉讼以期达到的目的产生直接的影响。如若当事人没有在恰当时间提出变更诉讼请求，就会错失对自己权利的救济机会。另外若是不对变更诉讼请求加以限制，必定会使得某些原告滥用权利，随意变更诉讼请求，一方面会造成司法资源浪费，另一方面诉讼相对方的被告的正当诉讼权利也会受到相应的影响。因此有必要对变更诉讼请求时间进行严格规范，维护诉讼双方攻防利益的平衡。变更诉讼请求时间的规定贯穿于民事诉讼的一审、二审甚至再审程序之中，对变更诉讼请求时间进行严格规范也体现了民事诉讼解决民事纠纷公平、效率、经济的价值追求。因此，本部分通过对变更诉讼请求当事人的具体化义务的明晰，变更诉讼请求的理论研究，对变更诉讼请求的条件规范、时间规制要件等方面进行梳理，希望有助于变更诉讼请求时间规范理论的完善。此外，本部分整理了实践中法院对于变更诉讼请求的不同处理，结合现行法律规定对案例进行分析，总结实践中变更诉讼请求时间的实际处理方式，以求理论与实践相结合，更好地达到定分止争的目的。同时借鉴比较法上的变更诉讼请求的制度对我国处理变更诉讼请求的规定进行完善，借此完善我国处理当事人变更诉讼请求的程序规范。

二、变更诉讼请求与当事人具体化义务的联系

民事主体之间发生民事纠纷，原告通过诉讼的方式经过人民法院的裁判实现其诉讼主张，救济其民事权利。在整个诉讼过程之中，诉讼请求并不是一成不变的，由于种种的原因，原告会在诉讼的过程中变更诉讼请求以便更加妥当地实现其诉讼主张。因此法律应当允许当事人变更诉讼请求以便更好地实现诉讼目的。在探究变更诉讼请求问题时，首先要对诉讼请求的含义加以明确。"诉讼请求"的概念在民事诉讼中是一个非常基础且抽象的，其内容随着理论的不断演进而发生改变，其性质也从实体法向诉讼法转变。诉讼请

求是"原告以诉讼标的为基础提出的具体实体请求"〔1〕。2021年《民事诉讼法》第122条第3项〔2〕规定的内容就是当事人在起诉时必须满足的实质性要件之一即具体的诉讼请求以及事实、理由。第124条第3项〔3〕规定了，当事人在起诉状中应当载明的内容包括了诉讼请求和当事人提出该诉讼请求所根据的事实与理由。事实部分是当事人具体化义务约束的主要对象。"事实"指纠纷发生的全部事实经过，"理由"指在事实基础上提出诉讼请求的法律依据。"具体"具有两层含义，其一是对案件的事实陈述要符合诉讼标的的特定化要求；其二是对案件陈述的事实要有合理根据及证据线索。起诉状中所列的要件事实发挥主张的权利特定化作用，视为具体化程度符合要求。这是我国起诉制度中具体化义务的体现，虽然具体化义务在我国法律规定中并未予以明确，但是在起诉制度的法律条文中和理论研究中已经包含了具体化义务的内容。因"法官知法"原则，法官不受原告起诉状的理由的约束限制。具体化义务约束的主体仅限于原被告双方，具体化义务的客体是当事人的事实陈述。当事人主张的事实是确立诉讼请求是否成立的基础，也是法院判断当事人诉讼请求合理性的基础。当事人的主张具体化也有利于对案件的争议焦点加以确定，更好地促进法院审理。〔4〕理论上将当事人的具体化义务与真实义务、诉讼促进义务、摸索证明等理论相结合为具体化义务的研究提供法理依据。

（一）变更诉讼请求与法官释明

变更诉讼请求是涉及原告诉权实现、被告诉讼防御、法院彻底解决纠纷三方利益的诉讼活动。变更诉讼请求不仅只是涉及原告一方的诉讼利益，同样会对被告的利益产生影响，例如影响被告的防御权。不仅如此，整个诉讼的效率也会受到影响，相应的诉讼成本也会增加。同时，为了防止原告随意变更诉讼请求，对变更诉讼请求的实体要件与程序要件进行规制也是尤为必要的。明确当事人的主张责任在诉讼理论中是具有独立价值的，主要体现在，

---

〔1〕 江伟、肖建国主编：《民事诉讼法》，中国人民大学出版社2018年版，第26页。

〔2〕 2021年《民事诉讼法》第122条第3项规定："起诉必须符合下列条件：（三）有具体的诉讼请求和事实、理由。"

〔3〕 2021年《民事诉讼法》第124条第3项规定："起诉状应当记明下列事项：……（三）诉讼请求和所根据的事实与理由。"

〔4〕 参见黄毅、吴品："庭前会议视角下的主张具体化"，载《天中学刊》2018年第6期。

第四章 庭审后当事人具体化义务

当事人主张之后的下一阶段便是当事人举证阶段，只有处于上一阶段的主张完成之后，才能进行下一阶段的举证。辩论主义语境之下，当事人履行主张责任之后才会有后续的证明责任，而当事人是否履行主张责任的判定标准就是当事人是否完备地履行了具体化义务。当事人具体化义务制度主要涉及诉讼初始的起诉阶段和诉讼发展过程中的辩论阶段。变更诉讼请求是司法实践中的常有之事，法院之间对于变更诉讼请求的裁判标准以及处理模式也不尽相同。没有统一的规范模式会导致在处理变更诉讼请求时同案不同判情形的发生，司法公信力也会随之受到影响。在法律规定的特殊情形之下，法院需要对当事人变更诉讼请求进行释明。法官的释明义务与当事人具体化义务都能够对当事人主义起到修正的作用。在诉讼过程中当事人与法院都具有诉讼促进义务。制定释明制度的目的在于，法官通过释明的方式能一定程度上弥补当事人因法律专业知识的欠缺而导致当事人败诉的不利益。若在实践中出现了"证据偏在"的情况，法官能够视案件实际的具体情况，对纠纷相对方的事案协力义务作出要求，保障诉讼双方的攻防利益。最高人民法院《关于印发〈全国法院民商事审判工作会议纪要〉的通知》（以下简称《九民纪要》）也要求对于"不告不理"原则，法官不能机械地适用，以实现纠纷的一次性解决。受制于当事人主义，法官的积极释明应当是被禁止的，但是在特殊情况之下，为实现诉讼公平，法官有释明义务，《九民纪要》的第36条即"新诉讼资料释明"[1]。法官进行裁判的逻辑起点为彻底解决纠纷，力求在一次诉讼的过程中发现潜在纠纷，通过释明促使当事人变更、追加诉讼请求达到一次性解决纠纷的目的。此时，法官并未违背当事人主义要求的法官裁判须以当事人诉求为准，而是本着节约司法资源的目的，基于案件事实的具体情况做的有益探索，从而既能解决纠纷又能避免当事人另行起诉，造成讼累。在（2016）青民终53号案件中，被告认为原告在第一次庭审结束之后，才进行变更诉讼请求的做法属于程序违法，违反了证据规则所规定的变更诉讼请求的时间应在法庭辩论结束之前。原审被告上诉后，二审法院经过审理后认为，尽管原告变更诉讼请求是第一次法庭辩论之后，但是一审法院裁判的依据为《民事证据规定》的第35条，该条能够突破第34条规定的限

---

[1] 参见任重："释明变更诉讼请求的标准——兼论'证据规定'第35条第1款的规范目的"，载《法学研究》2019年第4期。

制。原审法院向原告进行了变更诉讼请求的释明，故其审判并没有构成程序违法。

《新民事证据规定》的第 53 条规定是法官主动释明情形之一，也是当事人合理变更诉讼请求的情形之一。适用该条法规必须满足两个前提条件，其一当事人与法院就案件所涉及的法律关系、民事行为效力在认定方面存在不同甚至是相反的结论，其二法院在认定的过程中所依据的是"案件的事实"，因此法院释明变更诉讼请求包含了两个方面内容，一是当事人请求的范围，二是要件事实主张。在法院的审理过程中，当事人产生争议的法律关系的性质都发生了改变，如若此时当事人的诉讼请求以及诉讼证据还没有随案件审理情况的变化而得到修正，当事人的诉讼请求将会极难得到法院支持进而产生败诉的风险。法官释明并没有直接处分当事人诉权，当事人仍然有选择是否变更诉讼请求的余地，是否变更诉讼请求由当事人自行选择，避免了"判超所请"，法院的审理裁判并未超出或者违背当事人的诉讼请求的范围。关于当事人拒绝变更诉讼请求，法院的处理方式大致有以下三种：一是驳回起诉；二是驳回诉讼请求；三是法院按照认知进行审理。公益诉讼、环境诉讼与上述情况的不同之处在于，在公益与环境的案件中，原告的处分权是会受到一定的限制的，若社会公共利益没有被原告诉讼请求完整保护，法院也会进行释明以促使原告增加诉讼请求或者变更诉讼请求。随着诉讼理论的不断发展完善，辩论主义的内涵不断丰富。追求当事人双方的实质平等是现代诉讼理论的重要考量因素。释明制度制定的目的在于促进当事人双方之间的案件信息的交流，尽量减少诉讼双方的实质性差异，将释明义务从举证扩充到主张层面有利于引导法官适度释明，防止法官怠于释明。

(二) 变更诉讼请求的理论研究

社会不断进步发展，现实生活复杂多变，各个主体之间的社会关系也更加纷繁复杂，因此当平等主体之间产生了民事纠纷会选择通过诉讼途径去解决。当事人一方基于一定的法律关系，提出自己的诉讼主张以求通过法院的判决实现其权利的救济。在一个案件中，诉讼请求在实体以及程序方面都是诉讼的起点和法院的裁判点。就同一个法律关系当事人可能提出不同的诉讼请求。比如，在合同纠纷中，拥有合同解除权的一方既可以提出要求对方继续履行合同的诉讼请求，亦可以提出解除合同的诉讼请求。在这个纠纷之中，诉讼的标的即双方当事人之间的合同关系并没有改变，只是基于这一合同关系而提出的诉讼请求发生了改变。在司法实践中为了更好地实现自己的权利救济，当事人会在不同的诉讼阶段提出不同的诉讼请求，此时为了更好地平衡双方的权益，法院会允许当事人在民事诉讼的过程之中变更诉讼请求。

在变更诉讼请求的研究中，变更诉讼请求与变更诉、变更请求理由、变更诉讼请求数额均不同。关于诉的变更学界有两种看法，一是诉的变更等同于诉讼标的变更；二是诉的变更等同于诉讼标的变更与诉讼请求变更，根据通说，诉具有三个要素，即诉的主体、诉的客体、诉的原因。诉的客体包含的是诉讼标的以及诉讼请求。将诉的构成要素划分为这三种也是被国际社会大体认同的。[1]直接将诉的变更等同于诉讼请求的变更显然是不合理的，诉讼请求的变更只是诉的客体发生了变更，作为诉的主体的法院与当事人并不能被包含其中，诉的变更实则包含了诉的主体的变更以及诉的客体的变更，在日本的民事诉讼法中使用的诉的变更实际上是不包含诉的主体的变更的。日本民事诉讼法中诉的变更指的是诉的客体的变更。[2]首先，在我国的民事诉讼法法规中，变更诉讼请求与追加诉讼请求具有不同的处理方式，不能将二者等同起来。从字面的意思来看，变更诉讼请求是一个新的诉讼请求代替旧的诉讼请求，而诉讼请求的追加则是诉讼请求的合并，2021年《民事诉讼法》第143条[3]增加诉讼请求是法院能够合并审理的情形之一，但未对时间进一步限定。2022年《民事诉讼法解释》第232条[4]规定当事人增加的时间为案件受理后、法庭辩论结束前。若当事人在法庭辩论终结后增加诉讼请求，则应当视为当事人提起一个新诉。在日本的民事诉讼法中将变更诉讼请求与诉讼请求的追加包含在诉的变更之中，因为二者在程序处理方面具有相似性，在德国的民事诉讼法中，变更、增加诉讼请求二者是不同的，关于

---

[1] 参见江伟、肖建国主编：《民事诉讼法》，中国人民大学出版社2018年版，第25页。
[2] 参见张卫平："诉讼请求变更的规制及法理"，载《政法论坛》2019年第6期。
[3] 2021年《民事诉讼法》第143条规定："原告增加诉讼请求，被告提出反诉，第三人提出与本案有关的诉讼请求，可以合并审理。"
[4] 1992年《最高人民法院关于适用〈中华人民共和国民事诉讼法〉若干问题的意见》（以下简称《民诉意见》）第156条明确规定了提出增加诉讼请求、反诉以及与本诉有关的诉讼请求的时间限制在案件受理后，法庭辩论结束前，如果是法庭辩论结束后，当事人应当提出一个新诉，该司法解释保留了1992年《民诉意见》的规定。

变更诉讼请求与诉讼请求的追加的规定是并列的；其次，当事人在提出诉讼请求之时会相应地提出请求的理由，这些理由是支撑其诉讼请求的，包含了事实层面的理由和法律层面的理由。因此，在某些情况之下，当事人如若变更其诉讼请求，出于使其诉讼请求能够得到法院最终支持的目的，与之关联的诉讼理由也会变化。依据诉讼标的理论，也要满足变更诉讼请求的实质要件及程序要件的要求，诉讼理由的变更在法律层面，诉讼标的并不会因为实体权利的性质发生了变化而改变，因此诉讼理由的法律判断发生改变不等同于诉讼请求的改变。最后是变更诉讼请求的数额，变更诉讼请求数额的处理在实践中应归入程序与管辖问题，不应当视为变更诉讼请求。(2014)沪一中民四（商）终字第1009号一案中，原告最终确认其诉讼请求的时间是在庭审之后，诉讼请求的金额是按照被告在庭审中承认的欠款金额进行主张的，该金额少于原告在起诉状中列明的金额。但是被告上诉认为一审法院允许原告在法庭辩论终结以后申请变更诉讼请求的做法属于程序违法，因为变更诉讼请求的时间是在庭审辩论结束之后，依照法律规定变更诉讼请求的时间应当是庭审辩论终结以前。二审法院经审理就此争议点判决认为，虽然原告申请变更诉讼请求的时间是在一审庭审之后，但原告变更诉讼请求的金额是同意按照被告在一审中承认的欠款数额进行主张，并且该数额相较于一审诉讼原告主张的金额是较低的，因此，原审法院对此予以支持，认为原告此举是放弃了自己的部分诉讼请求，另外在该案件中一审原告变更其诉讼请求并没有对一审被告造成负担加重的后果，应当视为当事人在法律规定允许的范围内对诉权以及民事权利的处分。二审法院认为一审法院允许原告变更诉讼请求的做法并没有违反法定程序。

从这个案例中也能看出，在司法实践中变更诉讼请求的数额在未加重另一方当事人负担的情况之下是能够被支持的，可以视为是当事人对自己诉讼权利在法律允许的范围的处分行为，并不受制于法庭辩论终结前这一时间的限制。法院在处理当事人变更诉讼请求时，并没有简单按照法条关于变更诉讼请求的时间规定，而是充分考虑了诉讼双方当事人的诉讼利益，尊重当事人诉讼权利的行使，是对当事人变更诉讼请求时间规范的灵活理解和适用。因此，为变更诉讼请求设置合理的程序也是保障诉讼公平的必然要求，以求达到简化程序、提高诉讼效率的目的。

（三）变更诉讼请求的比较研究

德国、日本对于诉的变更制度的规定不尽相同，这是由于各国对于诉讼标的的认定标准是不同的。而关于变更诉讼请求的研究，德国、日本等大陆法系国家和地区是予以有条件的承认。诉讼请求的变更经历了从完全禁止到相对缓和再到附条件许可的过程。对于变更诉讼请求完全禁止是由于当时的"诉权消耗理论"，当时人们认为诉一经提出后再变更诉讼请求就会消耗新的诉权。因此是禁止变更诉讼请求的，对于诉讼请求的追加也是同样予以禁止的。在德国的普通法时期，当事人的诉讼主张必须在辩论阶段全部提出，辩论阶段结束之后不允许当事人追加新的诉讼主张。这是为了保障诉讼程序的安定性以及另一方当事人的防御权，德国普通法时期同时提出主义要求当事人不能变更诉讼请求。当事人为了防止败诉的可能，会在诉讼之前进行大量诉讼主张的罗列，造成诉讼效率低下。这种同时提出主义会造成诉讼程序过于死板僵化，因此之后同时提出主义理论被摒弃，随着口头辩论的出现，德国采取了随时提出主义以及适时提出主义，当事人提出主张以及举证不再受限于辩论阶段。当事人变更诉讼请求也成为可能。德国民事诉讼法规定了对于变更诉讼请求需要经过被告认可，只要通过了被告认可就可以变更诉讼请求。在有些情况之下，被告同意对方当事人变更诉讼请求对其自身也是有利的，例如减轻讼累，避免原告重新起诉。在变更诉讼请求之时要求被告同意，被告的防御权也被考虑到了其中。这一制度的变更对于日本等地变更诉讼请求的制度都产生了影响。

我国对于变更诉讼请求的规定也经历了一些变革。但是我国变更诉讼请求的理论发展历程是完全不同于德国、日本的，在我国民事诉讼发展的初期，对于民事纠纷的解决更多倾向于民事调解，因此对于民事诉讼的程序没有精细的规定。尽管后来承认了当事人可以变更诉讼请求，但是这仅仅是从当事人的处分权出发的。我国民事诉讼法允许当事人变更诉讼请求，但变更诉讼请求的规定仅仅是一种原则性的规定。变更诉讼请求的实质性要件并没有进一步明确细化。变更诉讼请求的相关规定也只是在《新民事证据规定》中有一定的体现。正是由于对变更诉讼请求没有严格细致的规定，在实践之中，对于当事人变更诉讼请求的处理会存在分歧，这种分歧体现在变更诉讼请求时的程序问题。当事人变更诉讼请求的问题不仅仅在一审、二审之中，再审程序也会存在变更诉讼请求的情形，也是存在程序争议的。这种争议有时甚至会对法院裁决的公平性产生影响。因此对变更诉讼请求进行科学、合理地规制就显得尤为重要。与此同时，在我国的司法实践中当事人本人直接参与诉讼是常有之事。当事人受法律专业知识的限制，难以将自己的事实主张精确地达到具体化的要求，尽管有时当事人在庭审中未明确其有变更诉讼请求的意愿，但是在其陈述的过程中其实已包含变更诉讼请求的意图，此时，法官可以将当事人的意愿进一步明晰、具体，在必要时法官可向当事人就相关问题进行释明，逐步引导当事人变更其诉讼请求，并对变更后的诉讼请求展开证据调查，促使案件争议焦点的形成，法官就此问题作为案件的争议焦点展开审理，实现实体与程序的有效统一。

1. 变更诉讼请求的类型

（1）变更诉讼请求类型之量变与质变

在我国的司法实践中将变更诉讼请求分为量变型的变更诉讼请求以及质变型的变更诉讼请求。前者主要包含两种类型的诉讼请求的变更，一是诉讼中标的额的增加或者减少，例如将赔偿损失的数额从 5000 元增加为 10 000 元，反之亦然。对于减少诉讼标的数额的处理方式实践中将其看作当事人对其自身民事权利以及诉讼权利的处分，并未涉及争议基础法律关系的变动。二是诉讼中不同责任承担方式的变更。例如，在诉讼中原告的原诉讼请求为恢复原状，但是随后原告将诉讼请求变更为赔偿损失。原告变更诉讼请求的数额也是不同于诉讼标的的变更的，其仅仅只是诉讼请求量上的变化，并没有在法律适用以及诉讼程序上产生变化，对于此类的诉讼请求量上的改变也不用作特别的规定加以规制。从诉讼效率的方面进行考量也不宜将诉讼请求量上的变更视为诉讼请求的变更，而应要求适用变更诉讼请求的要件以及程序。对于变更诉讼请求数额的情况更加适合归到管辖程序适用的制度之中去。这一类型的变更诉讼请求的方式相较于质变型的变更诉讼请求更易于区分识别。因此对于变更诉讼请求的研究只需要集中于质变型的变更诉讼请求。对于质变型的变更诉讼请求的研究，有学者将变更诉讼请求分为"衍生型"和"替换型"，"衍生型"的诉讼请求的变更即将一种诉讼请求变更衍生出另外几种诉讼请求；"替换型"的诉讼请求变更，是将原本的诉讼请求完全替换为另一种诉讼请求。[1]衍生型的变更诉讼请求类型与替换型的变更诉讼请求类型一起构成质变型的变更诉讼请求的类型。当事人在变更诉讼请求时会导致诉讼争议的实体法律关系、案件的事实甚至诉的类型都发生改变。例如，有的案件起诉时是以借款合同纠纷为由请求另一方当事人还本付息，但是经过法院审查，双方之间的民事法律关系是融资租赁的关系。实践中，还存在因为一审的法院释明不当，导致原告在二审时诉讼请求不能够得到法院支持因而承担败诉的后果的情况。

(2) 实体法律关系变更与诉的变更

变更诉讼请求后产生的直接诉讼后果是原告诉讼请求依据的实体法律关系会变，在实践中，原告提起诉讼之时是基于双方之间的租赁合同关系，但是经过法院审理，原被告之间应当是侵权关系，法院向原告释明之后，原告变更诉讼请求，在此情况之下，法院实际审理的实体法律关系发生了变化，从合同关系转变成了侵权关系，诉讼请求也从 A 变到 B。此变更称为替代型诉讼请求的变更。除此之外，变更诉讼请求还会导致诉的种类变更的后果。例如，原告提起诉讼，要求被告基于合同关系给付钱款，但在之后的诉讼中变更诉讼请求，要求法院确认原被告之间的合同关系合法有效，在这种情况之下，原告变更诉讼请求导致诉的类型发生了变化，从给付之诉变更为确认之诉，但是法院审理的实体法律关系并没有发生变化。

2. 变更诉讼请求的条件

我国民事诉讼法中关于变更诉讼请求的规定属于原则性的规定，是出于对当事人诉权处分权的尊重。变更诉讼请求的实质要件具体是哪些，当事人完成诉讼请求需要经过的诉讼程序又有哪些等一系列的问题都没有细致系统地规定。这是由于我国的民事诉讼法的发展过程中追求的是一种简易化处理方式，民事纠纷的解决更多地偏向于一种调解的方式，对于诉讼的程序也是偏向于简易化的。在处理原告变更诉讼请求时要充分考虑到被告的诉讼利益，避免变更诉讼请求的随意性，兼顾原告的处分权以及被告的防御权。允许原告变更诉讼请求有助于提高诉讼效率减少司法资源的浪费，一定程度上能够避免原告重新提起诉讼，被告重新应诉，如若从这个角度考虑，变更诉讼请

---

[1] 参见陈杭平："发回重审案件当事人变更诉讼请求之探析——以《民诉法解释》第251条和252条为起点"，载《华东政法大学学报》2015年第6期。

求对于被告而言也是具有一定效益的,但是不可否认的是,原告变更诉讼请求会给被告造成突袭,被告的防御方式、防御的材料也会相应地更换,从而给被告增加负担。因此对于变更诉讼请求的要件设置必须科学合理,如何妥善地处置原告变更诉讼请求要件、程序是必须考虑的问题。变更诉讼请求要件的设置会对原被告双方实现其自身利益产生直接的影响,变更诉讼请求的要件设置一方面要在提高诉讼效率的同时平衡双方利益解决价值冲突,另一方面既要保证司法裁判的公平正义又要保障原被告双方的权益,原告的诉讼请求和被告的防御都需要考虑其中。

(1) 被告的同意

提出诉讼请求的一方当事人负有举证责任,且对于该当事人的具体化义务程度也是有要求的,评判该当事人是否达到具体化义务的程度标准是以保障实现辩论主义目的而定的,相对方的当事人具体化义务的程度则是取决于负有举证责任当事人主张的具体化程度。[1]由于变更诉讼请求会直接影响到被告一方的实际利益,诉讼的平等原则也同样要求原告在变更诉讼请求时必须考虑到被告一方的防御权问题,因此德国等大陆系国家(地区)在允许原告变更诉讼请求时都是将被告的同意作为变更诉讼请求的条件进行设置的。从表面来看,这一规定充分尊重了被告的防御权,保障了原被告双方的诉讼平等。但是不可避免的问题是,原告变更诉讼请求与否完全取决于被告是否同意,会使得被告有滥用这一权利的可能性。变更诉讼请求从而提高司法效率的目的也无从实现。因此对被告这种防御权的保护应该用法律规范进行一定限制。起初德国规定变更诉讼请求完全取决于被告,但是在司法实践中发现存在被告滥用这一权利的情况,因此,在之后德国修改了这一规定,将被告的防御难度作为衡量标准,当变更诉讼请求不会对被告的防御权产生较大的障碍时,法院会允许原告变更诉讼请求。1924年德国的民事诉讼法对原告变更诉讼请求的条件又进行了进一步的更改,被告防御权的难易不再作为变更诉讼请求的要件,而是将是否有利于查明案件事实作为变更诉讼请求的要件进行设置,这一变化也体现了对于变更诉讼请求的态度是从严格向缓和转变的。尽管放宽了对变更诉讼请求的限制,但是被告同意仍然是变更诉讼请

---

[1] 参见周成泓:"走向动态:民事诉讼当事人的具体化义务",载《华南农业大学学报(社会科学版)》2010年第2期。

求的要件。从德国《民事诉讼法》的第263条以及第264条的规定可以看出对于变更诉讼请求的处理，允许是常态，不允许是例外。[1]除此之外，在德国的民事诉讼法中，变更诉讼请求被限制在一审中。

(2) 请求基础的恒定

日本的民事诉讼法借鉴了德国民事诉讼法，在变更诉讼请求部分也是在德国民事诉讼法规定的基础上进行的创新。对于变更诉讼请求的实质要件的设置，日本民事诉讼法通常做法是"请求的基础不发生变更"，日本民事诉讼法认为德国民事诉讼法中被告同意变更诉讼请求的要件设置过于主观。日本民事诉讼追求的不仅仅是诉讼效率，还要求要保障民事诉讼的稳定。日本将请求的基础作为变更诉讼请求的基础有助于削减被告同意这一要件对变更诉讼请求的主观性影响，以求实现提高诉讼效率的同时兼顾诉讼的公平性。但是对于请求的基础的认定却是日本理论界的一大难题，对于请求的基础，在日本学界是存在多种说法的，例如，利益说、纠纷关系说、事实资料同一说等，这是基于同一事实从不同角度思考后得出的不同结论。因此，往往只能通过司法实务中的具体处理方式得以不断归纳总结。

(3) 变更诉讼请求不延迟审理

法院同意当事人变更诉讼请求的一个很重要的原因就是，变更诉讼请求有利于提高诉讼的效率，因此变更诉讼请求不会导致审判延迟也就成为变更诉讼请求的要件之一。在日本的民事诉讼法规定之中的请求的基础不变以及变更诉讼请求不会延迟审理都是变更诉讼请求的构成要件。如果当事人变更了诉讼请求会显著地增加诉讼的时间，也不符合诉讼效率的要求。如何判断变更诉讼请求之后是否会显著增加诉讼时间，从实践中来看，诉讼时间的消耗主要体现在对于案件材料的收集、案件证据的收集。因此，如果变更的诉讼请求与未变更之前的诉讼请求关联甚少，或者甚至没有关联，就意味着之前的案件材料都需要重新收集，必然会增加诉讼的时间消耗。因此变更诉讼请求是否会增加诉讼的时间主要从变更后的诉讼请求与未变更的诉讼请求之

---

[1] 德国《民事诉讼法》第263条规定："诉讼系属发生后，在被告同意或法院认为有助于诉讼时，准许为诉之变更。"第264条规定："如果不变更诉的理由，下列各种行为视为诉之变更：1. 补充或者更正事实上或法律的陈述；2. 扩张或者限制关系本案或附带请求的诉讼申请；3. 因事后发生的情事变更而请求其他诉讼标的或利益，以代替原来所请求的诉讼标的。"

间的关联性的大小来判断。在我国由于立案、起诉程序的原因，当事人往往会选择继续审理程序代替重新起诉立案程序，因此变更诉讼请求不延迟审理要件是否能够构成我国变更诉讼请求的要件是值得商榷的。

变更请求的设置不仅要科学合理，也要符合我国司法实践的实际需要。因此在借鉴国外变更诉讼请求要件设置的经验设置我国的变更诉讼请求要件时可以从以下几方面考虑：一是变更诉讼请求需要得到被告的同意；二是尽管被告同意但是变更诉讼请求会让整个诉讼严重延迟的，法院可拒绝当事人变更诉讼请求；三是当事人在法庭辩论结束以前变更诉讼请求才能被认定提出诉讼请求的时间是适时的。设置这三个要件是从被告的防御权、诉讼效率的提高以及当事人的诉讼平等权几个方面进行考量。

三、变更诉讼请求时间规制的实施路径

我国起诉制度改革后由立案审查制逐步向立案登记制转变，这种转变所要传达出的价值取向为保障当事人诉权，对比立案审查制的起诉条件，立案登记制实际上是降低了起诉条件，只进行了形式审查，将立案审查制中关于起诉条件的实质性审查放到了后面的审理程序中。很明显，立案登记制度功能的价值取向为当事人诉权保护优于防止滥诉。当事人陈述的具体化义务程度也会对起诉功能实现产生影响，过高的程度要求不利于当事人诉权保护，过低的程度要求又易诱发滥诉。法院审理案件处理民事纠纷的过程，实质上就是通过事实以及与之相关的证据相互佐证逐步将纠纷的真实情况加以还原。民事案件往往繁简程度相距甚大，起诉阶段的具体化陈述的难度也不甚相同，案件愈加复杂，完成具体化要求的难度就愈大。在起诉阶段就要求其完成标准过高的具体化陈述，显然是不恰当的，也不利于对当事人诉权的保护。在财产损害赔偿的案件中，举证一般比较困难，因为此类案件往往会涉及诸多事由的认定，例如损害发生的原因、财产损害的范围、当事人过错承担的比例等，要求当事人在诉讼的初期便将赔偿的数额以及损害的范围详细标明是不具有现实可行性的，应当允许当事人在诉讼的过程中随着诉讼的进展不断对其陈述予以修正。在一些案件中，由于客观原因，双方当事人并不具有同等的诉讼水平，如医疗纠纷案件中，与案件相关的大量诉讼资料可能掌握在一方当事人手中，此时要求原告的陈述具有较高的具体化程度显然有违实质

公平的价值取向。当事人具体化义务不仅及于起诉阶段，法庭辩论阶段也应有所涉及。辩论过程亦是案件争点的整理过程，因此辩论过程中当事人的事实陈述越具体，案件的争议焦点也会越明晰，围绕案件争议焦点展开的证据调查的范围也越容易固定。原告以事实、证据为其提出的诉讼请求提供理由依据。在诉讼过程中基于"诉讼资料适时提出主义"，当事人在不同的诉讼阶段所需达到的具体化程度应与诉讼程序阶段的发展相适应。当事人在变更诉讼请求之后，应提出相应的事实，该事实的具体化程度也应与当前的诉讼程序相当，以此保障诉讼程序持续向前运行。诉讼的初期，对于变更的诉讼请求所依据事实主张具体化程度的要求也只需达到特定诉讼请求的程度。在法庭辩论的阶段判断当事人是否达到具体化要求则是通过用当事人的事实主张与法条结合之后以常人思维能推导出当事人预期的法律后果。当事人主张的事实只有在达到具体化义务要求的程度之后，法官才能进行下一步的审理程序即证据调查阶段，并依据调查的结论综合研判当事人的诉讼请求是否能被支持。在法庭辩论的过程中，被告出于对其防御权的保护，同样是负有具体化义务的，其具体化义务的基础是根据原告诉讼请求所提出的抗辩事实，被告抗辩的前提在于对原告诉讼请求的认可，抗辩的后果是原告诉讼请求所期望达到的法律效果不能实现。在被告抗辩的基础上，原告针对被告抗辩再抗辩，从而在循环往复的过程中明晰争点。

（一）国内外变更诉讼请求时间的研究现状

对变更诉讼请求时间进行严格规范是变更诉讼请求规范的应有之义。因为变更诉讼请求的时间会直接对当事人的诉讼效率产生影响，当事人逾期未行使变更诉讼请求的权利甚至会直接影响其诉讼主张的实现以至于权利无法救济。目前我国关于变更诉讼请求时间的法律规范并不能完全适应司法实践的具体要求。对于变更诉讼请求的研究较少，对于变更诉讼请求时间的规范的研究更是少之又少，加之我国法律规范中对于变更诉讼请求时间的规范只有简单的规定，对于变更诉讼请求在不同诉讼阶段的时间是缺乏细致规定的。对于变更诉讼请求时间的规定的研究有助于提高民事诉讼的效率，更好地实现诉讼的公平正义。

1. 从比较法角度看变更诉讼请求的时间

在德国、日本等大陆法系国家（地区）对于变更的诉讼请求予以有条件的承认，法庭辩论终结以前允许当事人变更诉讼请求是大陆法系国家（地区）的通常做法，法庭辩论阶段是案件集中审理的阶段，纠纷的焦点处理也集中在该阶段，在辩论过程中变更诉讼请求也是具有正当性的，大陆法系国家（地区）有法律审以及事实审，[1]变更诉讼请求是在事实审理的辩论阶段发生的。在事实审理的阶段才会有案件事实的认定，相应证据的调查收集，而变更诉讼请求会涉及这些方面，也就是当事人如果要变更诉讼请求只能是在事实审的阶段进行。我国没有采用法律审以及事实审的审判区分方式，因此变更诉讼请求的时间当然是事实审的辩论阶段。对于变更诉讼请求的时间规定主要体现在日本《民事诉讼法》的第143条之中，其规定了原告变更诉讼请求的应在口头辩论结束以前。[2]日本民事诉讼法对变更诉讼请求要求以书面形式，这一点与德国是有所不同的，德国民事诉讼法对于变更诉讼请求是可以以口头辩论形式进行的，只要被告在辩论阶段没有对原告变更诉讼请求提出异议，并且就变更的诉讼请求进行应诉就视为被告已经同意了原告变更诉讼请求。

2. 国内变更诉讼请求时间的法律规定

我国法律关于变更诉讼请求的具体要件并没有系统的规定，而是散见于各项法条法规之中。我国关于变更诉讼请求时间的规定，在实践中存在争议的是变更诉讼请求的时间依据，《民事证据规定》中要求变更诉讼请求的时间是举证期限届满前，《民诉意见》规定增加诉讼请求的时间是法庭辩论终结以前。但在实践中法院对于变更诉讼请求的时间并不是举证期限届满之前。[3]更多的是允许当事人在法庭辩论之前变更诉讼请求，关于第34条中"应当"理解为"可以"更为恰当。原告变更诉讼请求的时间设定在举证期限届满以前，是为了方便证据收集，也是为了方便法院整理焦点。因此可以认为，之所以如此规定一方面是为鼓励当事人在举证期间提出变更诉讼请求的申请，另一方面，《民事证据规定》也没有就变更诉讼请求在举证期限届满之后当事人提

---

[1] 参见张卫平："民事诉讼法律审的功能及构造"，载《法学研究》2005年第5期。

[2] 《日本民事诉讼法》第143条规定："以下情形允许当事人进行质变型诉讼请求变更：一、原告在口头辩论终结前可变更请求或请求的原因，请求基础除外。但会导致诉讼程序显著迟延时不在此限。二、应以书状变更请求。三、前款书状应送达对方当事人。四、法院认为变更请求或请求原因不当时，应依申请或职权裁定不准变更。"

[3] 最高人民法院（2013）民申字第475号裁定书。

出变更诉讼请求就不予受理的规定，这也是对此观点的进一步佐证。但是在司法实践中也有法官处理当事人变更诉讼请求的时间依据是举证期限届满以前，而对于当事人增加诉讼请求的时间是法庭辩论结束之前。此种处理方式会导致司法实践的不一致，也会损害立法的严谨统一。因此在 2019 年将《民事证据规定》的第 34 条予以删除。法院在处理变更诉讼请求时间的根据是 2022 年《民事诉讼法解释》的第 232 条。[1]通过对司法案例的分析可以看出，在实践中原告变更诉讼请求的，只要是在法庭辩论终结以前提出的，法官大多会予以准允。但是通过对案例的分析，可以发现法官在处理当事人变更诉讼请求时并没有机械地适用"举证期限届满"或者是"法庭辩论结束前"这一变更诉讼请求的时间规范，而是基于案件的事实，从当事人合法利益保护的角度处理变更诉讼请求这一问题。在（2014）鲁民提字第 220 号案中，原告在开庭时将诉讼请求变更为解除合同，但是在庭审结束后又书面申请维持原来的诉讼请求要求被告继续履行合同。法院判决支持了原告的原诉讼请求，检察院抗诉认为该案件中原告的两次变更诉讼请求都是在举证期限已届满并且法庭辩论已经结束之后，不符合变更诉讼请求的条件，原一审法院对于当事人变更诉讼请求的处理属于适用法律错误。本案经过山东省高级人民法院提审后，判决最终支持了原告的原诉讼请求，支持了原审法院的判决。其理由是原告的确在案件的审理过程中两次变更了诉讼请求，但其诉讼请求仍是诉状中所列的诉讼请求，原告在法庭辩论结束后提出变更诉讼请求违反了《民事证据规定》第 34 条的规定，但原审法院的裁判思路是从避免讼累和不必要诉讼支出的角度出发，考虑到允许原告法庭辩论结束后变更诉讼请求并未损害被告的合法权益，将案件审理的焦点集中于合同是否应该继续履行上，维护了裁判结果的正当性。由此案也可以看出，在实践中对于变更诉讼请求的处理，法院会结合案件的具体情况加以判断。

（二）变更诉讼请求时间程序规范的完善

1. 申请变更诉讼请求时间规范与当事人的具体化义务

在处理变更诉讼请求的问题时，首先要解决的便是变更诉讼请求提出的

---

[1] 2022 年《民事诉讼法解释》第 232 条规定："在案件受理后，法庭辩论结束前，原告增加诉讼请求，被告提出反诉，第三人提出与本案有关的诉讼请求，可以合并审理的，人民法院应当合并审理。"

时间，这个时间关系到当事人变更诉讼请求能否实现。如果超过变更诉讼请求的申请时间，会使得当事人变更诉讼请求的诉讼目的无法实现，因此需要对申请变更诉讼请求的时间作一个明确的规定，以便法院对原告变更诉讼请求进行裁定，从而明确变更诉讼请求的有效性。当事人与法院都负有诉讼促进义务，当事人的具体化义务有助于防止要件事实的抽象化，避免滥诉的发生，对相对人的防御权进行保护。当事人负有推动诉讼程序的顺利进行，帮助法官查明事实的诉讼促进义务。法院在当事人的事实主张的陈述或者是相对方当事人的抗辩不够具体时行使释明义务，促进当事人对其主张进行补充和完善。要求当事人具体化义务的履行也是对诉讼相对方程序基本权的保护，使其能够进行合理有效的攻击防御。2022年《民事诉讼法解释》的225条第2项〔1〕，庭前会议包括审查当事人增加、变更诉讼请求的申请内容。庭前会议是庭审的过滤性程序，当事人双方在庭前会议中就案件焦点予以整理并加以明确，因此在庭前会议中当事人履行具体化义务，明确其诉讼主张，有助于后续诉讼活动的顺利进行。具体化义务对当事人参与诉讼的积极性有促进作用，当事人具体化义务是辩论主义的应有之义，是对当事人主义的修正，当事人对于自己提起的诉讼请求应负有积极主张的责任，积极主张的事实也应符合具体化义务的程度，才会有胜诉的可能性，支撑主张成立的要素是案件事实所依据的诉讼资料，通过证据调查进一步对当事人的主张进行佐证。当事人主张是客观真实的，其陈述是具体的而非射幸式的，当事人没有通过摸索证明获取原本不在己方的证据，则该主张是符合具体化义务的。一方面，在庭前会议中就对当事人履行具体化义务有所要求，庭前会议是审理的初始阶段，整理焦点，明确诉讼请求，后续的证明责任才会更清晰，案件的争议焦点也会更加明确，从而避免诉讼延迟，提高庭审的效率，减少不必要的司法资源的浪费。另一方面，在当事人履行具体化义务的过程中，法官能够更加全面地了解当事人起诉的目的和期望达到的诉讼效果。当事人主张符合具体化义务，该主张被采纳，不符合则主张不合格应予驳回，后续相关的证据调查当然不必再进行下去。这大大减少了诉讼资料的繁杂程度，有利于提高

---

〔1〕 2022年《民事诉讼法解释》第225条第2项规定："根据案件具体情况，庭前会议可以包括下列内容：（二）审查处理当事人增加、变更诉讼请求的申请和提出的反诉，以及第三人提出的与本案有关的诉讼请求。"

诉讼效率。通过上述的论述可知，诉讼请求应当是在起诉立案之后就能进行变更，最迟应当是在辩论终结以前提出。变更诉讼请求是当事人对自己诉权的一种处分，法院应当尊重当事人对自己权利进行处分的权利。处理变更诉讼请求的形式应当采取书面形式，书面形式有助于法官明确裁判的范围边界，明确具体的诉讼请求以及相应的内容原因，也有助于被告就行使防御权的对象范围准备相应的诉讼资料。当事人需要履行相应的变更程序包括对于变更诉讼请求的内容以及原因进行说明——这也是具体化义务对于当事人变更诉讼请求的明确要求，并且就变更后的诉讼请求，当事人所负担的具体化义务的程度应与变更诉讼请求之前所负担的具体化的程度相当。然后法院根据变更诉讼请求的实质要件进行判定，决定是否允许当事人变更诉讼请求。

原告变更诉讼请求后，若被告没有异议，且法院经过调查认为原告符合变更诉讼请求要求，则允许原告变更诉讼请求，并释明就变更之后的诉讼请求进行审理。被告也只需就变更后的诉讼请求采取相应的抗辩和防御。如果被告对变更诉讼请求存疑，需要对异议进行进一步描述，从而有利于法官对于被告异议的审查。当事人变更诉讼请求须符合程序要求，否则法院视为原告未变更诉讼请求，在审理时仍然以未变更的诉讼请求进行审理裁判。变更诉讼请求程序的处理应着眼于纠纷的解决，在变更诉讼请求之后旧的诉讼请求的材料视其与变更后的诉讼请求的关联性大小而选择是否继续沿用。[1] 对于不同意变更诉讼请求的可以向作出裁定的法院申请复议以求实现对其程序的救济。

2. 上诉审程序与再审程序中变更诉讼请求时间的规定

2022 年《民事诉讼法解释》第 251 条是二审裁定撤销一审判决发回重审当事人变更诉讼请求的规定，第 252 条是再审发回重审当事人变更或者增加诉讼请求特殊情形的规定。

在发回重审案件中，原判决撤销，当事人诉讼地位恢复，一审法院需对争议的事实重新审理。因此，当事人的诉讼请求在法律规定的特殊情形之下可以超出原审诉讼请求的范围，允许当事人变更其诉讼请求。按照一审程序的再审，由于原生效的判决并未撤销，诉讼请求不能超越原审范围，该条移

---

[1] 参见许尚豪、欧元捷："诉讼请求变更的理念与实践——以诉讼请求变更原因的类型化为切入点"，载《法律科学（西北政法大学学报）》2015 年第 3 期。

植于 2008 年《最高人民法院关于适用〈中华人民共和国民事诉讼法〉审判监督程序若干问题的解释》（以下简称《审判监督程序解释》）第 33 条第 2 款[1]，将发回重审等同于一个新的一审案件。2022 年《民事诉讼法解释》第 252 条根据司法实践进行了调整。列明允许的范围，第 1 项规定当事人未经合法传唤缺席判决，是保障当事人行使诉讼权利、保障程序正义的必然结果；该条的第 2 项规定亦是如此，追加进来的诉讼当事人提出的诉讼请求，有时会导致原审的原被告改变其诉讼请求，此种情形之下，原审当事人变更诉讼请求、增加诉讼请求都应当被允许；该条的第 3 项和第 4 项是当事人诉讼请求无法实现的特殊情形，即标的毁损灭失，当事人选择另诉也无法解决。

大陆法系的国家（地区）对于变更诉讼请求的处理一般限于一审程序中，并且不能晚于法庭辩论结束以前，对于其他审级变更诉讼请求则有着严格的限制。在研究上诉审程序中的变更诉讼请求的情形时首先需要对上诉审理模式进行梳理。上诉审有三种模式分别为复审制、续审制、事后审制。[2]复审制中，案件是对一审判决的复审，依据的是一审的诉讼材料，因此在这种模式之下变更诉讼请求应当是被允许的。而在后两种情形中，是对一审的延续审理，因此在后两种情形之中不应当允许当事人变更诉讼请求。为了实现公正裁决，我国的二审采取的是全面审查，提出上诉的原因是对一审的判决不服，因此当事人不得以变更诉讼请求为由提出上诉。除此之外，我国二审分为了书面审理以及开庭审理两种审理方式，如果二审是书面审理，此时并没有法庭辩论的阶段，因此不允许原告在采取书面审的二审时变更诉讼请求。上诉审在大陆法系国家（地区）是事实审，有口头辩论可变更诉讼请求。当事人满足上诉审变更诉讼请求的条件，也应当在法庭辩论终结以前提出，并且满足变更诉讼请求的实质要件与程序要件。再审程序的两个阶段之中对再审事由的审查不具有变更诉讼请求的可能，但再审有可能会撤销原判，但再审最主要的目的是解决纠纷，在此语境之下当事人只要满足变更诉讼请求的条件仍然是可以选择变更诉讼请求的。

---

[1]《审判监督程序解释》第 33 条第 2 款规定："经再审裁定撤销原判决，发回重审后，当事人增加诉讼请求的，人民法院依照民事诉讼法第一百二十六条的规定处理。"

[2] 参见王亚新、陈杭平、刘君博：《中国民事诉讼法重点讲义》，高等教育出版社 2017 年版，第 266 页。

当事人提出的主张应当明确、具体、完整，如果当事人没有完备地履行具体化义务会影响其自身诉讼利益的保护以及法院是否会对其提出的诉讼请求予以支持。此项义务虽然并未在法典之中予以明确提出，但是其设定对于所涉及的当事人诉讼利益保护、相对人防御权的保障、案件争议焦点的确定以及法院审理效率的提高等方面都具有重要的意义。变更诉讼请求不仅涉及原告对自己诉权的处分，也涉及被告防御权的问题以及案件的诉讼效率、程序正义的实现，故当事人必然受到具体化义务规制。当事人在变更诉讼请求之时，其变更之后的诉讼请求在内容、范围都必须是明确、具体的，以使其能够被确定。法官也应当灵活运用法解释论，根据案件的具体情况妥当行使释明权，敦促当事人在必要时变更其诉讼请求。变更诉讼请求是一个包含多方利益，涉及多项制度的综合性问题。但司法实践对于变更诉讼请求的处理方式没有统一的标准，关于变更诉讼请求时间的规定也过于模糊。在处理当事人变更诉讼请求的问题时既要考量纠纷的一次性解决，也要考量诉讼双方的权益保护以及节约司法资源。本部分对现有的变更诉讼请求的程序法规范进行梳理，借鉴各个国家和地区的变更诉讼请求制度的理论研究，初步构建我国关于变更诉讼请求的实质要件与程序要件，完善变更诉讼请求时间在诉讼阶段的程序规范，以期达到诉讼定分止争的目的。

结　语

究其根本，当事人具体化义务研究是对民事诉讼基础理论的拓展和反思，该义务虽未在民事诉讼制度中予以正式明确的规定，但在其整体制度中却投射出大量"影子"，并在司法实践中留存大量案例。民事诉讼当事人具体化义务理论发端于德国，在日本得到继受和发展，我们对其的研究也在蓬勃发展。若当事人具体化义务理论能得到合理运用，并在运用程序上精心设计，将对保护当事人的公平利益、提升诉讼效率、丰富和细化民事诉讼法律制度具有积极意义。

民事诉讼当事人具体化义务也是一个历久弥新的研究主题，随着我国民事诉讼法学的精细化发展，对该理论的研究及应用必将受到更多的关注。笔者将继续关注当事人具体化义务理论与实践的演进，与之相关的诸如当事人具体化义务的减轻、文书提出命令申请理由的具体化义务等问题将割爱于后续研究计划。张卫平教授指出，毋庸置疑，改革开放四十多年来我国民事诉讼立法取得了显著的成就。民事诉讼法经历制定到若干修改，逐步得以丰富和完善，为我国民事诉讼的运行提供有力的法律根据。但我们也应当客观地看到，我国民事诉讼法的立法任务还远远没有完成，还有许多修改事项亟需纳入立法日程予以成就。期待我国法律界对民事诉讼当事人具体化义务这一现实问题作出立法上的回应。不过，在民事立法和司法改革上，我们也应注意效率与公平的问题，做到"宁可慢些，但要好些"[1]。

---

[1] 参见李浩："宁可慢些，但要好些——中国民事司法改革的宏观思考"，载《中外法学》2010年第6期。

参考文献

一、中文类参考文献

（一）著作类

1. 白绿铉、卞建林译：《美国联邦民事诉讼规则·证据规则》，中国法制出版社2000年版。
2. （台）陈荣宗：《举证责任分配与民事程序法》（二），三民书局1984年版。
3. （台）陈荣宗：《民事程式法与诉讼权的理论》，台湾大学法律学系法学丛书编辑委员会1984年版。
4. （台）范光群：《民事程序法之问题及发展》，新学林出版股份有限公司2007年版。
5. （台）黄国昌：《民事诉讼理论之新开展》，北京大学出版社2008年版。
6. 李浩主编：《民事诉讼法学》，高等教育出版社2007年版。
7. 李龙：《民事诉讼标的理论研究》，法律出版社2003年版。
8. 李心鉴：《刑事诉讼构造论》，中国政法大学出版社1992年版。
9. 梁慧星：《法学学位论文写作方法》，法律出版社2006年版。
10. 廖永安等：《诉讼费用研究——以当事人诉权保护为分析视角》，中国政法大学出版社2006年版。
11. 林剑锋：《民事判决既判力客观范围研究》，厦门大学出版社2006年版。
12. （台）骆永家：《既判力之研究》，三民书局1999年版。
13. （台）邱联恭：《程序利益保护论》，三民书局2005年版。
14. （台）邱联恭：《口述民事诉讼法讲义笔记版》（二），许士宦整理，1997年版。
15. （台）王甲乙等：《民事诉讼法之研讨》（三），三民书局1990年版。
16. 王亚新：《社会变革中的民事诉讼》，中国法制出版社2001年版。
17. 魏振瀛主编：《民法》，北京大学出版社2007年版。

18. 吴庆宝主编：《最高人民法院专家法官阐释民商裁判疑难问题》，人民法院出版社 2007 年版。
19. 张卫平、陈刚编著：《法国民事诉讼法导论》，中国政法大学出版社 1997 年版。
20. 张卫平、李浩：《新民事诉讼法原理与适用》，人民法院出版社 2012 年版。
21. ［德］汉斯–约阿希姆·穆泽拉克：《德国民事诉讼法基础教程》，周翠译，中国政法大学出版社 2005 年版。
22. ［德］卡尔·拉伦茨：《法学方法论》，陈爱娥译，商务印书馆 2003 年版。
23. ［德］考夫曼：《法律哲学》，刘幸义等译，法律出版社 2004 年版。
24. ［美］理查德·A·波斯纳：《法律的经济分析》（下），蒋兆康译，中国大百科全书出版社 1997 年版。
25. ［美］理查德·A·波斯纳：《正义/司法的经济学》，苏力译，中国政法大学出版社 2002 年版。
26. ［美］迈克尔·D·贝勒斯：《法律的原则——一个规范的分析》，张文显等译，中国大百科全书出版社 1996 年版。
27. ［日］高桥宏志：《民事诉讼法：制度与理论的深层分析》，林剑锋译，法律出版社 2003 年版。
28. ［日］谷口安平：《程序的正义与诉讼》，王亚新、刘荣军译，中国政法大学出版社 2002 年版。
29. ［日］棚濑孝雄：《纠纷的解决与审判制度》，王亚新译，中国政法大学出版社 2004 年版。
30. ［日］新堂幸司：《新民事诉讼法（第三版补正版）》，林剑锋译，法律出版社 2005 年版。
31. ［日］新堂幸司：《新民事诉讼法》，林剑锋译，法律出版社 2008 年版。
32. ［日］中村英郎：《新民事诉讼法讲义》，陈刚、林剑锋、郭美松译，法律出版社 2001 年版。
33. ［德］罗森贝克、施瓦布、戈特瓦尔德：《德国民事诉讼法》（上）（下），李大雪译，中国法制出版社 2007 年版。
34. ［德］奥特马·尧厄尼希：《民事诉讼法》，周翠译，法律出版社 2003 年版。
35. ［德］鲁道夫·瓦萨曼：《社会性民事诉讼——社会法治国家中的民事诉讼理论和实务》，中国政法大学出版社 2005 年版。
36. （台）沈冠伶：《民事证据法与武器平等原则》，元照出版有限公司 2007 年版。

37. （台）邱联恭：《争点整理方法论》，三民书局 2001 年版。
38. （台）许士宦：《诉讼理论与审判实务》，元照出版有限公司 2011 年版。
39. 谢怀栻译：《德意志联邦共和国民事诉讼法》，中国法制出版社 2001 年版。

（二）论文类

1. 姜世明："民事诉讼中当事人之具体化义务"，载姜世明：《举证责任与真实义务》，厦门大学出版社 2017 年版。
2. 姜世明："论民事诉讼中之摸索证明"，载姜世明：《举证责任与真实义务》，新学林出版股份有限公司 2006 年版。
3. 沈冠伶："摸索证明与事证收集开示之协力"，载《月旦法学杂志》2005 年第 125 期。
4. 沈冠伶："论民事诉讼程序中当事人之不知陈述——兼评民事诉讼法中当事人之陈述义务与诉讼促进义务"，载《政大法学评论》2000 年第 63 期。
5. 胡亚球："论民事诉讼当事人具体化义务的中国路径"，载《清华法学》2013 年第 4 期。
6. 陈贤贵："当事人的具体化义务研究"，载《法律科学（西北政法大学学报）》2015 年第 5 期。
7. 曹志勋："立案形式审查中的事实主张具体化"，载《当代法学》2016 年第 1 期。
8. 占善刚："主张的具体化研究"，载《法学研究》2010 年第 2 期。
9. 占善刚："附理由的否认及其义务化研究"，载《中国法学》2013 年第 1 期。
10. 包冰锋："论民事诉讼中当事人的积极否认义务"，载《证据科学》2015 年第 4 期。
11. 纪格非："论我国民事起诉状的功能转型与内容再造"，载《现代法学》2013 年第 6 期。
12. 刘敏："功能、要素与内容：民事起诉状省思"，载《法律科学（西北政法大学学报）》2014 年第 3 期。

二、外文类参考文献

（一）著作类

1. ［日］山本和彦：『民事訴訟法の基本問題』，判例タイムズ社 2002 年版。
2. ［日］高橋宏志：『重点講義民事訴訟法』，有斐閣 2011 年版。
3. ［日］高橋宏志：『重点講義民事訴訟法』，有斐閣 1997 年版。
4. ［日］兼子一：『条解民事訴訟法』，弘文堂 1986 年版。
5. ［日］井上治典：『新民事訴訟法』，日本評論社 1987 年版。
6. ［日］酒井一：『判例評論』第 483 号。

7. ［日］林屋礼二：『民事訴訟法概要』，有斐閣 1991 年版。

8. ［日］鈴木正裕、青山善充：『注釈民事訴訟法』，有斐閣 1997 年版。

9. ［日］木川統一郎：『民事訴訟法重要問題講義』，成文堂 1992 年版。

10. ［日］三ヶ月章：『民事訴訟法』，有斐閣 1993 年版。

11. ［日］三ヶ月章：『日本民事訴訟法』，五南图书出版有限公司 1998 年版。

12. ［日］上田徹一郎：『民事訴訟法』，法学書院 1997 年版。

13. ［日］上田徹一郎：『判決効の範囲』，有斐閣 1985 年版。

14. ［日］松本博之、上野泰男：『民事訴訟法』，弘文堂 2010 年版。

15. ［日］我妻栄：『民法講義Ⅰ』，岩波书店新订 1965 年版。

16. ［日］小林秀之：『プロブレム・メソッド新民事訴訟法』，判例タイムズ社 1997 年版。

17. ［日］小林秀之：『新版アメリカ民事訴訟法』，弘文堂 1996 年版。

18. ［日］小林秀之：『新民事訴訟法がわかる』，日本評論社 2000 年版。

19. ［日］新堂幸司：『民事訴訟法』，弘文堂 1990 年版。

20. ［日］新堂幸司：『訴訟物と争点効』，有斐閣 1988 年版。

21. ［日］新堂幸司：『新民事訴訟法』，弘文堂 2011 年版。

22. ［日］新堂幸司：『新民事訴訟法』，弘文堂 1998 年版。

23. ［日］伊藤真：『民事訴訟法試験対策講座』，弘文堂 2002 年版。

24. ［日］中野貞一郎：『民事手続きの現在問題』，判例タイムズ社 1989 年版。

25. ［日］中野貞一郎：『民事訴訟法講義』，有斐閣 1995 年版。

（二）论文类

1. ［日］森勇："主張と否認の具体化について—西ドイツにおける議論の状況"，载《民事訴訟雑誌》1988 年第 3 期。

2. ［日］畑瑞穂："民事訴訟における主張過程の規律（一）"，载《法学協会雑誌》1995 年第 4 期。

3. ［日］畑瑞穂："民事訴訟における主張過程の規律（二）"，载《法学協会雑誌》1997 年第 1 期。

4. ［日］畑瑞穂："主張的具体化"，载《法学教室》2000 年第 11 期。

5. ［日］畑瑞穂："主張・否認のあたりについて"，载《民事訴訟雑誌》2001 年第 4 期。

6. ［日］畑瑞穂："模索的証明・事案解明義務論"，载鈴木正裕先生記念文集《民事訴訟法の史的展開》，有斐閣 2002 年版。

7. ［日］松本博之："民事訴訟における証明責任を負わない当事者の具体的事実陳述＝証拠提出義務について"，載《法曹時報》1997年第7期。
8. ［日］伊東俊明："主張過程における当事者の情報提供義務"，載《横浜国際経済法学》2007年第3期。
9. ［日］竹下守夫："模索証明と文書提出命令違反の効果"，載吉川大二郎博士追悼記念文集《手続法の理論と実践》（下），法律文化社1881年版。
10. ［日］小林秀之："民事訴訟における訴訟資料・証拠資料の収集（三）"，載《法学協会雑誌》1980年第8期。
11. ［德］アーレンス："民事訴訟法の体系における証明妨害について"，［日］松本博之译，載《民商法雑誌》1982年第1期。

三、其他类

1. 河南省西平县人民法院（2017）豫1721民初2198号判决书。
2. 湖南省湘乡市人民法院（2017）湘0381民初2702号判决书。
3. 宁夏回族自治区石嘴山市大武口区人民法院（2017）宁0202民初839号判决书。
4. 辽宁沈阳市于洪区人民法院（2018）辽0114民初670号判决书。
5. 山西省太原市中级人民法院（2020）晋01民终3589号裁定书。
6. 北京市朝阳区人民法院（2014）朝民初字第07701号判决书。
7. 重庆市第一中级人民法院（2017）渝01民初773号判决书。
8. 云南省高级人民法院（2005）云高民一终字第88号判决书。
9. 北京市第一中级人民法院（2014）一中民终字第09328号判决书。
10. 北京互联网法院（2019）京0491民初26518号调解书。
11. 新疆维吾尔自治区阿克苏地区中级人民法院（2017）新29民初33号判决书。
12. 吉林省长春市九台区人民法院（2017）吉0113民初2827号判决书。
13. 山东省武城县人民法院（2018）鲁1428民初493号裁定书。
14. 辽宁省辽中县人民法院（2016）辽0122民初4742号判决书。
15. 吉林省延边朝鲜族自治州中级人民法院（2016）吉24民初128号判决书。
16. 云南省昆明市盘龙区人民法院（2019）云0103民初11490号判决书。
17. 陕西省西安市雁塔区人民法院（2017）陕0113民初14424号裁定书。
18. 山东省威海市中级人民法院（2019）鲁10民初132号判决书。
19. 江苏省常州市新北区人民法院（2010）新民初字第1502号判决书。

20. 广东省珠海市珠海横琴新区人民法院（2016）粤 0491 民初 760 号调解书。
21. 河南省新乡市牧野区人民法院（2018）豫 0711 民初 627 号裁定书。
22. 河南省新乡市牧野区人民法院（2019）豫 0711 民初 814 号判决书。
23. 上海市闵行区人民法院（2016）沪 0112 民初 17296 号裁定书。

后 记

本书受教育部人文社会科学研究规划基金西部和边疆项目"民事诉讼当事人具体化义务研究"资助,项目批准号:17XJA820001。民事诉讼的审理过程可分为两阶段,一为事实审查,二为法律适用。其中,最难的当属事实审查,因为它是用证据重现过往事实的过程,然"昨日像那东流水"常难以再现。民事诉讼事实审查阶段的对抗也是当事人各自用理由说服法官支持自己的过程,然主张一方如何让自己主张的事实达到高度盖然性标准,抗辩一方如何让自己抗辩的事实陷入真伪不明的状况,都需要使自己的理由达到一定具体化程度。对真实的陈述而言,越具体的描述呈现出来的事实越生动;对虚假的陈述而言,越具体的描述越容易露出破绽。因此,当事人具体化义务理论自百余年前的德国发端以来,被德国、日本等大陆法系的民事诉讼理论和实务所重视,近年来我国对此也有日益丰富的理论研究和实务拓展。本书致力于当事人具体化义务的体系化建构,是前述教育部人文社会科学研究规划项目的最终成果。

曾有一段时间,我痴迷于推理小说。在宁静的夜晚,温暖的灯光下,阅读阿加莎·克里斯蒂、松本清张、东野圭吾、江户川乱步、金圣钟、都振棋的悬念推理小说,不仅能够使我收获新鲜离奇、快意迭起的阅读感受,还能开启一段颠覆性的思维探险历程。我发现,高明的推理小说家总是用具体形象的细节描写,将案件解谜线索精巧地布局在"既在情理之中又在意料之外"的具体细节之中。细节决定破案的成败,民事诉讼又何尝不是如此呢?细节常决定诉讼的成败，通过当事人佐以证据的具体化陈述，不仅能保障公平也能提升审理效率，这就是在民事诉讼中设立当事人具体化义务的目的，毕竟，"法治中国，不仅在于宏大的叙事，也在于细节的雕琢"。

黄 毅

2022年2月16日於缙云山下